기획에서 마케팅까지

디자인에
집중하라

기획에서———————
——————— 마케팅까지

TIM BROWN

디자인에
집중하라

IDEO를 세계에서 가장
혁신적인 기업으로 만든
디자인 씽킹의 모든 것

팀 브라운
고성연 옮김

김영사

기획에서 마케팅까지

디자인에 집중하라

1판 1쇄 발행 2010. 4. 20.
1판 14쇄 발행 2017. 5. 27.
개정판 1쇄 발행 2019. 4. 15.
개정판 4쇄 발행 2023. 10. 1.

저자 팀 브라운
역자 고성연

발행인 고세규
편집 권정민 | 디자인 정윤수
발행처 김영사
등록 1979년 5월 17일(제406-2003-036호)
주소 경기도 파주시 문발로 197(문발동) 우편번호 10881
전화 마케팅부 031)955-3100, 편집부 031)955-3200 | 팩스 031)955-3111

이 책의 한국어판 저작권은 Duran Kim Agency를 통한
Fletcher & Company와의 독점 계약으로 김영사에 있습니다.
저작권법에 의해 한국 내에서 보호를 받는 저작물이므로
무단 전재와 무단 복제를 금합니다.

값은 뒤표지에 있습니다.
ISBN 978-89-349-9532-6 03320

홈페이지 www.gimmyoung.com   블로그 blog.naver.com/gybook
인스타그램 instagram.com/gimmyoung   이메일 bestbook@gimmyoung.com

좋은 독자가 좋은 책을 만듭니다.
김영사는 독자 여러분의 의견에 항상 귀 기울이고 있습니다.

개정판 서문

___

중대한 변화는 이미 시작되었다

찰리 채플린Charlie Chaplin의 고전 영화 〈모던 타임스〉에 나오는 인상적인 장면이 있다. 영화 속 대표 캐릭터인 리틀 트램프Little Tramp가 지나가는 배달 트럭 뒤에서 떨어진 붉은색 깃발을 우연히 주워드는 장면이다. 그가 트럭 운전사의 주의를 끌기 위해 깃발을 흔들면서 소리를 지르자 소란스러운 한 무리의 군중이 길 모퉁이를 돌아 뒤에 선다. 그렇게 그는 자신의 의지와는 크게 상관없이, 다소 순진하게 혁명적인 시위의 선봉에 서게 된다. 리틀 트램프의 상황을 둘러싼 아이러니는 《디자인에 집중하라》가 10년 전 처음 출간된 이래 필자인 우리 둘(주 저자인 팀 브라운과 공동 저자인 배리 카츠)과 IDEO(미국 디자인 컨설팅 기업)에 일어난 모든 일들을 돌아볼 때 드는 감정과 크게 다르지 않은 듯하다. 우리는 '디자인 씽킹design thinking'을 만들어낸 주체가 아니다. 그 영예는 아직 연구 초기 단계에 있는 학문 분야에 돌아가야 마땅하다. 우리는 적재적소에 있었던 것이라고 말하는 편이 타당하다. 당시 우리는 혁명적인 변화의 움직임이 꿈틀거리고 있음을 발견했던 것이다.

간단히 말하자면《디자인에 집중하라》를 통해 우리가 설파하고자 했던 핵심은 두 가지이다. 첫째, 디자인 씽킹은 오늘날 디자인이라는 도구로 비즈니스와 사회가 맞닥뜨린 문제들을 다룰 수 있도록 판을 넓혀줬다. 다시 말해 인간중심적이고 창의적인 문제 해결 방식을 활용해 어떻게 새롭고 보다 효과적인 해결책을 제공할 수 있는지를 보여준다. 둘째, 디자인 씽킹은 숙달된 디자인 전문가의 작업능력으로만 쓰이는 것이 아니라, 그 사고방식과 방법론을 완전히 습득하기를 바라는 이들이라면 누구든지 접근할 수 있는 것이어야 한다. 디자이너들과 디자인 씽킹을 하는 이들의 공통된 관심사는 우리가 직면한 문제들에 대한 더 나은 답을 찾아내는 데 있다.《디자인에 집중하라》를 통해 이러한 생각들을 처음으로 세상과 공유한 지 10년이라는 시간이 흐른 지금, 우리는 그 어느 때보다도 이 생각들이 현 시대와 많은 연관성을 갖고 있다는 확신이 든다.

예전에 비해 훨씬 폭넓고 심도 있는 문제들을 해결하는 일을 맡게 되면서 IDEO에서의 여정은 부단한 발견의 연속이었다.《디자인에 집중하라》가 처음 출간된 이래 우리는 디자인 씽킹 이론을 적용해달라는 요청을 지구촌 곳곳에서 받아왔다. 남미 지역의 교육개혁 프로젝트 추진기관들부터 미국, 중동, 아시아 지역의 정부부처들, 아프리카, 인도, 동남아시아 지역에서 각종 서비스를 제공하는 신설 사회단체들, 그리고 디지털, 로봇공학, 바이오 분야의 첨단기술을 다루는 세계 곳곳의 스타트업들도 러브콜을 보내왔다.

더 놀라운 일은 세계 도처의 기업, 사회단체, 교육기관에서 우리가 디자인 씽킹이라고 부르는 접근방식들의 집합체를 수용했다는 사실이다. 수없이 많은 학생들이 비즈니스 스쿨, 엔지니어링 스쿨의 수업이나 온라인 과정, 무상으로 제공되는 툴킷을 통해 디자인 씽킹의 기본 개념들을 접했다. 이렇게 배출된 '디자인 씽킹 졸업생'들은 이제 영감, 아이디어, 실행으로 이어지는 프로젝트 단계에서 자신들의 기술을 갈고 닦고 있다. 각각의 단계에서 크고 작은 효과를 창출해내고 있음은 물론이다.

그리고 효과가 있다는 증거가 정말로 드러나고 있다. 애플, 알파벳, IBM, SAP 같은 지구상에서 가장 영향력 있는 기술기업들은 디자인을 사업의 중심부로 이동시켰다. 예컨대 기업용 소프트웨어 분야의 강자 SAP은 전 세계적으로 디자인 씽킹 교육에 자금을 지원하면서 기록적인 시간 내에 수십 억 달러 규모의 제품을 런칭하는 데 실제로 디자인 씽킹을 활용했다. IBM의 경우 디자인 씽킹을 자사의 제품과 서비스에 통합시켰으며, 한 걸음 더 나아가 기업 고객에 더 초점을 맞춘 결과물을 내놓았다. 그 과정에서 수백 명의 디자이너들이 고용됐다. 디자이너들은 실리콘밸리를 비롯해 전 세계에서 파괴적 혁신을 이끄는 스타트업들의 창업팀 일부로 자리매김하고 있다. 헬스케어 기관, 금융서비스업체, 경영컨설팅업체에서는 이제 디자이너들을 정기적으로 채용하고 있으며, 교사들은 새싹들이 자라나는 유치원의 수업부터 고등교육과정,

그리고 그 중간에 있는 모든 교육과정에 디자인 씽킹을 도입하고 있는 추세이다. 필자의 친구이기도 한 로저 마틴Roger Martin(경영학자 이자 디자인 씽킹 분야의 구루)이 몸소 보여줬듯이, 이 방법론은 군대에서도 수용했다. 그야말로 디자인 씽킹의 시대가 도래했다.

그렇지만 이제 겨우 시작 단계에 있기에 아직은 성급하게 자축할 때가 아니다. 그리고 당연한 일이지만 우리는 이제 그 다음 단계의 질문을 받고 있다. 디자인 씽킹으로 정말 중대한 변화를 가져오게 하려면 무엇이 필요한지 말이다.

이 지점에서 우리가 숙고해봐야 할 첫 번째 질문은 '완전한 숙달mastery'의 경지와 관련이 있다. 《디자인에 집중하라》의 책장을 넘기다 보면 디자인 씽킹에 굉장히 많은 방법론과 기술이 포함돼 있다는 것, 그리고 어떤 기술이라도 그렇듯 막 커리어를 시작한 초보자와 수천 시간의 연습으로 다듬어진 고수의 실행능력에는 차이가 있을 수밖에 없다는 걸 알 수 있다. 비슷한 맥락에서, 주로 신참내기들로 구성된 팀이라면 혹여 한두 명의 고수가 끼어 있다 하더라도 과거의 프로젝트 경험을 통해 신뢰와 이해를 쌓으면서 키워온 팀을 당해내기란 거의 불가능하다. 기술이 학습을 촉진하고 영향력을 증대시키는 데 큰 역할을 할 수 있는 것은 사실이지만, 그 어떤 것도 '완전한 숙달' 경지에 다다른 고수를 대신할 수는 없다. 그러한 권위자의 경지에 도달하려면 필자의 동료이자 디자인 씽커인 제인 풀턴 수리Jane Fulton Suri와 마이클 헨드릭스Michael Hendrix가 '디자인 감성design sensibilities'이라 부르는 능력을 습득해야 한다. 그들이 로트만 경영대학원에서 발간하는 〈로트만 경영 매거진Rotman Management Magazine〉에 실린 글에서 설명했듯이, 디자인 감성이란 환희, 아름다움, 개인적인 의미, 문화적 공명(울림) 같은 직관적인 특성들을 활용할 수 있는 능력으로 이뤄져 있다. 디자인을 적용하는 데 있어서 직관을 발휘하면 사람들과 정서적인 연결고리를 지닐 뿐만 아니라 고객에게서 더 높은 충성도를 이끌어내는, 보다 유의미하고 적절한 경험을 낳게 할 수 있다. 일정 수준의 디자인 씽킹 권위자들을 배출하기까지는 지금 세상의 난제들을 해결하는 데 디자인 씽킹을 적용함으로써 얻을 수 있는 결과물이 미흡할 게 분명하다. 그러므로 필자는 그저 디자인 씽킹의 개념들을 이해하고 적용해보는 수준에서 만족하지 말고 숙달의 경지에 이르기 위한 자신만의 길을 찾아보라고 권유하고 싶다. 필자 스스로의 경험을 가지고 조언하자면, 그렇게 에너지와 시간을 투입한다면 평생토록 가치 있는 창조적 만족을 얻을 수 있을 것이다.

두 번째 질문은 윤리와 관련된다. 소셜 미디어, 인공지능, 인터넷 사업의 비즈니스모델이 저마다 어두운 면면을 드러냄에 따라 우리는 갈수록 기술의 역풍에 맞닥뜨리고 있다. 이는 엄연한 현실이지만, 다른 한편으로는 인간중심적 디자인이 기술의 냉정한 지배와 인간의 기여를 평가절하하거나 대체해버리는 내재적 편견에 맞서 해독제 역할을 할 수 있는 것도 사실이다. 반면에 디자인이 우리로 하여금 소셜 미디어, 인공지능 서비스, 모바일 게임, 그리고 기타 매력적인 기술에 중독되도록 유혹하는 데 이용되고 있다는 사실을 뒷받침하는 증거 역시 흘러넘친다. 디자인 씽킹은 '보이지 않는 손' 같은 원리로 움직이지 않는다. 디자인 씽킹은 충분히 의도성을 품고 있다. 노벨경제학상 수상자인 허버트 사이먼Herbert Simon이 1969년 발표한 논문 〈The Sciences of the Artificial〉에서 주장했듯이, '기존의 상황을 더 바람직한 상황으로 바꾸기 위한 일련의 행동을 고안해내는 사람이라면 누구든지 "디자인을 한다"고 말할 수 있다.' 우리가 소셜 미디어 앱을 유혹적이고 중독성 있게 디자인한다면, 그건 우리가 그런 결과물을 바랐기 때문이다. 만약 바라지 않는 결과물을 갖게 된다면, 그건 우리가 아주 형편없는 디자이너이기 때문이다. 디자인 씽킹 전문가라면 현재 진행 중인 디자인 작업의 결과물이 될 대상에 대해 충분히 파악하고 그에 따른 자신들의 선택에 대해 자각해야 할 책임이 있다. 우리는 기술이 인간의 지능을 넘어설 잠재력을 보일 정도로 진화해버린, 중대한 상황에 처해 있다. 지금은 디자인의 '보이는 손'이 '기술이 인류를 어떻게 돕기를 희망하는지'에 대해 의도적인 선택을 해야 할 중요한 순간이기 때문이다.

마지막 질문은 '적용'에 관한 것이다. 우리의 에너지를 집중해야 하는 중대한 문제들은 무엇인가? 인간중심적인 인공지능을 디자인하는 일은 확실히 그 목록에 포함될 것이다. 하지만 전반적으로 볼 때, 우리는 현재 점진적 혁신(이미 시장에 존재하는 제품이나 기술을 부분적으로 개선하는 식의 혁신)에 과도한 초점을 맞추고 있고 진정으로 획기적인 아이디어를 향한 혁신에 충분히 공을 들이고 있지 않다. 단지 실리콘밸리 스타일의 신제품이나 신기술이라는 차원에서만 획기적이어야 한다는 뜻이 아니다. 21세기를 깊이 들여다볼 때 우리 사회의 시스템들은 대부분 본연의 용도에 적합하지 않다는 사실이 점점 명확해지고 있다. 이 제도들은 증기기관의 발명으로 열린 소위 '제1의 기계시대'에나 필요한 요건들을 충족시키도록 설계됐는데, 19세기와 20세기 초반 이래 근본적인 변화를 이뤄내지 못했다.

만약 우리가 디자인 씽킹 기술을 21세기를 멍들게 하는 '고약한 문제들'에 성공적으로 적용할 수 있다면 그 영향은 어떠할까? 어떻게 하면 각종 조직과 교육, 시민 참여, 산업 시스템, 시장, 헬스케어, 교통, 세금, 신념, 일, 그리고 물리적 커뮤니티와 가상커뮤니티 둘 다에 이르는 다양한 대상들을 우리 자신은 물론 자녀 세대와 손자 세대에게도 적합하게 디자인할 수 있을까? 바로 이러한 것들이 디자인 씽킹을 하는 이들에게 도전할 만한 가치가 있는 과제들이라고 주장하고 싶다.

디자인 씽킹을 둘러싼 논의는 이 책이 처음 나왔던 2009년보다 훨씬 더 강력해졌다고 믿는다. 우리는 그동안 아주 많은 것을 배웠고 이제 디자인 씽킹에 바탕을 둔 사고방식, 기술, 디자인 감성을 성공적으로 적용할 수 있는 방법을 더 잘 알게 됐다. 우리가 실천사례로 삼았던 회사들 중 몇몇은 예기치 않은 노선을 택했다. 그중 일부는 상당히 긍정적인 파장을 일으킨 데 반해 다른 회사들은 상대적으로 덜 성공적인 결과를 얻었고 실패로 끝난 경우도 있었다. 복잡하기 그지없는 혁신과 비즈니스의 세계에서 불가피한 운명의 귀결이라 하겠다. 우리는 그중 어떤 프로젝트도 도려내지 않기로 했다. 대신 뒤이은 그들의 여정에서 어떤 교훈을 얻을지는 독자 여러분의 판단에 맡기도록 하겠다. 그러나 이 책의 공저자인 배리 카츠와 나는 지난 10년에 걸쳐 쌓은 IDEO에서의 경험을 자산으로 활용한 한 챕터를 추가하기로 결정했다. 이 분야에서 그동안 이룬, 그리고 앞으로 이뤄낼 발전상을 살펴볼 수 있는 렌즈의 역할을 하도록 말이다. 이 책의 초판을 발행했을 때와 마찬가지로 이번에도 우리는 IDEO 동료들에게 깊은 감사의 뜻을 전하고자 한다. 회사 동료들의 반짝이는 창조적 우수성, 협업을 위한 헌신이 야말로 우리가 이처럼 세상과 공유할 수 있는 영감 넘치는 사례들을 품에 안게 된 유일한 이유이다.

디자인 씽킹을 숙달한 '마스터'의 경지를 향해 정진하는 독자 여러분 각자의 여정에서 《디자인에 집중하라》가 유용한 디딤돌이 되었으면 한다. 부디 여러분이 주변 사람들의 삶을 더 낫게 만들 수 있다고 여겨지는 방식으로 크고 작은 문제들을 해결하는 창조적 역량을 발휘하는 데 있어 번뜩이는 영감을 이 책 안에서 찾기를 바라는 마음이다.

2019년 샌프란시스코에서

팀 브라운

서문

디자인 씽킹의 힘

낡은 사고의
종식

잉글랜드 땅을 밟아본 대다수의 방문객들은 빅토리아 시대의 위대한 엔지니어 이점버드 킹덤 브루넬Isambard Kingdom Brunel(터널·교량·철도·조선 등 다양한 분야에서 기술혁신을 이룩한 19세기 최고의 공학자)이 남긴 그레이트웨스턴 철도를 직간접적으로 접해 보았을 것이다. 나는 대도시가 아닌 잉글랜드 중남부 옥스퍼드셔의 시골에서 어린 시절을 보냈기 때문에 이 철도와 그리 멀지 않은 곳에서 자랐다. 곧잘 자전거를 타고 이 철도를 따라 달리면서 시속 100마일이 넘는 속도로 운행하는 고속열차가 요란한 소리를 내며 지나가기를 기다리곤 했다.

오늘날엔 쿠션이 깔린 좌석과 튼튼한 용수철 덕분에 기차를 타는 일이 훨씬 더 편해졌으며 철도 주변의 경치도 확연히 바뀌었다. 하지만 완공된 지 한 세기 반이 지난 지금에도 그레이트웨스턴 철도는 산업혁명 시대의 아이콘으로 남아 있다. 또한 우리가 사는 세상의 모습을 만들어내는 디자인의 힘을 보여주는 대표적인 사례로 자리매김하고 있다.

브루넬은 엔지니어들을 위한 엔지니어라고 할 만큼 뛰어난 공학자였지만 단지 그가 만들어낸 고도의 창조적 기술만 뛰어난 것은 아니다. 이를테면 그는 공학적인 시스템의 디자인을 할 때 최대한 기울기를 낮춰 평평한 느낌을 내는 방식을 고집했는데, 그것은 보행자들이 '교외를 유유자적 거니는' 기분을 느낄 수 있도록 하기 위한 배려에서였다. 그는 이처럼 교량이나 육교, 터널 등을 건설할 때 단지 편리하고 효율적인 통행수단을 제공하는 데 그치지 않고 이용자들에게 최상의 경험을 선사하고자 각고의 노력을 기울였다. 심지어 여행자들이 런던 시내의 패딩턴 역에서 기차를 타고 출발해 증기선으로 갈아탄 뒤 뉴욕에서 내리는 일종의 '통합 교통시스템'을 구상하기까지 했다.

그가 주도했던 다수의 위대한 프로젝트를 보노라면 하나하나 빠짐없이 기술적, 상업적 그리고 인간적인 균형을 절묘하게 조화시키고 있다는 사실을 알 수 있다. 게다가 미래의 흐름을 내다보는 선견지명의 혜안까지 갖췄다. 브루넬은 단순히 위대한 엔지니어, 걸출한 재능을 자랑하는 엔지니어가 아니라 디자인 씽킹에 능한 진정한 혁신가, 다시 말해 선구자적 역할을 해낸 디자인 씽커 Design thinker(이 책에서는 디자인 씽킹을 실천으로 옮기는 혁신가를 지칭한다)였던 것이다.

1841년 그레이트웨스턴 철도의 완공 이래 급속히 진행된 산업화로 세상에는 믿기 어려울 정도의 놀라운 변화가 일어났다. 과학기술의 눈부신 발달로 수백만 명의 인구가 빈곤에서 벗어났고, 삶의 질이 전반적으로 크게 향상됐다. 그러나 21세기에 접어들면서 사람들은 인간이 살아가고 일하고 노는 방식을 획기적으로 바꿔놓은 기술혁명에서 단점들을 점차 감지하기 시작했다. 한때 맨체스터와 버밍엄의 하늘을 어둡게 물들였던 검댕 같은 구름은 지구의 기후를 대폭 변화시켰다.

공장과 소규모 작업장에서 봇물처럼 쏟아내는 값싼 물품들로 과잉소비와 터무니없는 낭비가 눈에 띄게 늘어났다. 또 농업의 기계화로 인해 인간은 자연재해와 인재에 훨씬 더 약한 존재가 됐다. 중국의 선전深圳이나 인도의 방갈로르 같은 도시에서 무럭무럭 성장하던 기업들마저 실리콘밸리와 디트로이트의 기업들이 열광했던 경영이론을 똑같이 답습하고 고부가가치를 지닌 제품이 아니라 일용품화의 물결에 휩쓸리면서, 과거에 혁신적인 발전으로 여겨졌던 시스템도 오늘날엔 평범하고 진부한 것이 되어버렸다.

현대의 첨단기술은 아직도 정점에 다다르지 않았다. 인터넷에 의해 촉발된 커뮤니케이션 혁명은 사람들이 소통의 벽을 허물고 서로에게 밀착하게 만들었고, 다양한 의견을 공유하고 신선한 발상을 꾀하는 기회를 제공했다. 생물학, 화학, 물리학 등의 과학은 바이오테크와 나노테크의 형태로 결합되면서 귀중한 생명을 구할 수 있는 신약과 경이로운 수준의 첨단소재를 쏟아냈다. 하지만 이처럼 찬란한 성과에도 불구하고 인류가 미래의 행로를 지혜롭게 이겨나갈지는 알 수 없다. 기술의 눈부신 발달은 오히려 미래에 어두운 그림자를 드리울 가능성이 농후하다.

새로운 선택의
필요성에 직면하다

혁신에 대해 전적으로 기술 중심적인 입장을 고집하는 이들이 있다. 하지만 '지속가능한 발전'이라는 차원에서 볼 때 지금은 그 어느 때보다도 그러한 인식이 한계에 부딪칠 수밖에 없는 시대다. 또 이미 보편화된 전략에만 의존하는 타성에 젖은 경영방식을 고집한다면 국내외에서 새롭게 싹트고 성장하는 변화의 물결에 압도당할 가능성이 높다. 우리에겐 새로운 선택이 필요하다. 다시 말해 개개인과 사회 전체의 요구가 균형을 맞출 수 있도록 보건, 빈곤, 교육 등의 분야에서 전 세계적으로 산재한 당면과제들을 해결할 수 있는 혁신적인 발상이 필요하다. 나아가 차별받는 모든 사람들을 아우르는 참신한 전략이 필요하다.

사실 현실의 당면과제가 아무리 심각하고 해결하기 어렵다 해도 인간이 가진 창조성을 압도하지는 못한다. 따라서 혁신의 물결에 휩쓸려 '나도 뭔가 해보겠다'고 소매를 걷어붙인 이들이라면 대부분 브레인스토밍 과정을 경험했거나 교묘한 꼼수와 책략을 체득했을지도 모른다. 하지만 이처럼 혁신에 대한 열망을 반짝 불태운다고 해도 고정관념을 깨는 신선한 제품과 서비스 또는 전략을 세상에 재빠르게 선보이기는 어렵다. 지금 우리에게 절실히 필요한 것은 사회와 비즈니스 세계의 모든 부분에 통합될 수 있고, 개인이나 조직 차원에서 실생활에 변화를 줄 수 있는 획기적인 아이디어이다. 이 아이디어는 아주 강력하고 효과적이며 접근범위가 넓은 혁신이어야 한다.

디자인 씽킹은 디자이너들이 수십 년의 세월에 걸쳐 습득한 그들만의 전문 역량이다. 그리고 이러한 역량은 비즈니스 세계에서 맞닥뜨리는 한정된 자원을 가지고 인간의 욕구를 해소하기 위한 노력에서 빚어진 산물이다. 그동안 디자이너들은 인간중심적인 사고의 관점에서 기술적 · 경제적으로 실현 가능한 것들을 적절히 결합시켜 오늘날 대중이 즐겨 사용하는 제품과 서비스를 탄생시킬 수 있었다. 디자인 씽킹은 그 다음 단계를 전개시키는 역할을 맡는다. 아마도 자신을 디자이너라고 꿈에도 생각해본 적이 없는 대중의 손에 이처럼 유용한 도구를 쥐어주고 보다 광범위한 문제를 해결하는 데 직접 쓰도록 뒷받침하는 일이 바로 디자인 씽킹의 역할이다.

디자인 씽킹은 우리 모두가 내부에 지니고 있지만 틀에 박힌 문제해결 방식에 묻혀 간과하기 쉬운 영역을 일깨운다. 이는 단지 인간중심적인 수준이 아니라 그 자체로 인간 본연의 모습을 지니고 있다. 우리 안에 깊숙이 내재돼 있는 본질의 일부인 것이다. 다시 말해 디자인 씽킹은 직관적인 능력, 일정한 패턴을 인식할 수 있는 능력, 감성적인 의미를 전달할 뿐 아니라 기능적인 아이디어를 생각해내는 능력이다. 나아가 인간의 언어나 기호가 아닌 다른 매개체를 통해 우리 자신을 표현하는 능력이다.

　감정과 직관, 영감에만 전적으로 의지해 사업을 운영하기를 원하는 사람은 없다. 하지만 합리적이고 분석적인 요소에 지나치게 의지하는 방식 역시 위험하긴 마찬가지이다. 이러한 맥락에서 볼 때 디자인 프로세스의 핵심에 자리잡고 있는 통합적인 접근방식이야말로 문제해결을 가능케 하는 '제3의 방식'이라 할 수 있다.

'행위'에서 '사고'로
진화하는 디자인

　　　　　　　　나는 산업디자이너가 되기 위한 교육을 받고 실제 현장에서 단련된 사람이다. 하지만 '디자이너가 된다' 는 것과 '디자이너처럼 생각한다'는 것의 차이점을 깨닫기까지는 오랜 시간이 필요했다. 학사와 석사 과정을 합쳐 대학에서 7년, 그리고 산업 현장에서 전문가로 왕성하게 활동한 15년의 세월을 보내고서야 비로소 '감'을 잡았다. 내가 하는 일이 단순히 고객사의 엔지니어링 부서와 마케팅 부서 직원들을 이어주는 연결고리 이상의 의미와 역할을 가지고 있다는 사실을 깨닫기까지 22년이나 걸린 것이다.

　내가 디자인 전문가로서 최초로 만든 작품은 와드킨 버스그린Wadkin Bursgreen이라는 잉글랜드의 유서 깊은 회사를 위한 것이었다. 이 회사의 목공용 기계를 한 단계 업그레이드시키는 작업에 신출내기 산업디자이너가 합류한 셈이다. 그리하여 나는 외관상 한결 보기 좋아진 둥근 톱의 프로토타입prototype(표준모형·원형·시제품) 도면을 완성하고 더 편리하게 사용할 수 있는 방추紡錘의 틀을 제작하기에 이르렀다. 솔직히 말하자면 나는 이 작업을 훌륭하게 해냈다고 생각한다. 30년이 지난 지금도 공장에서 당시 내가 선보였던 작품을 볼 수 있다. 하지만 애석하게도 와드킨 버스그린이라는 회사는 더 이상 존재하지 않는다. 이 회사는 꽤 오래 전에 문을 닫고 영원히 자취를 감춰버렸다. 당시의 나는 디자이너로서 그 작업이 단순히 기계를 설계하는 게 아니라 목공산업의 미래를 좌지우지하는 이정표를 세우는 일이라는 것을 깨닫지 못했던 것이다.

내 경우, 디자인이 '쇠사슬의 연결고리'가 아니라 '바퀴의 중심축'이라는 인식은 어느 한순간에 뇌리를 강타하듯 생긴 게 아니었다. 차츰차츰 시각이 바뀌었다. 모두 똑같이 보고 행동하고 말하는 예술학교의 울타리를 떠나 처음 비즈니스 세계로 들어갔을 때 나는 실제로 디자인 작업에 들이는 공력보다 고객들에게 디자인이 무엇인지를 설명하는 일에 훨씬 더 많은 시간을 쏟아야 했다. 그리고 그들의 영역에서 통용되는 '실전' 운영 원칙과는 다른 방식으로 열심히 바깥세상과 연결된 문을 두드리고 있는 나를 발견했다. 그렇게 해서 초래된 머릿속의 혼돈은 내가 지니고 있는 본연의 창의성과 생산성까지 저해하는 장애물로 작동했다.

나는 또한 내게 깊은 영감을 주는 사람들이 반드시 디자인 분야의 전문가들은 아니라는 사실도 깨달았다. 브루넬을 비롯해 토머스 에디슨Thomas Edison, 퍼디난드 포르셰Ferdinand Porsche처럼 기술 중심적 세계관에 치우치지 않고 인본주의적 견해를 가졌던 엔지니어들, 시장에서 판매되는 상품들이 왜 쓸데없는 혼란을 일으키는지 질문을 던졌던 행동심리학자 돈 노먼Don Norman, 작품을 감상하는 사람들이 작품의 일부가 되도록 참여를 유도했던 앤디 골즈워디Andy Goldsworthy와 안토니 곰리Antony Gormley 같은 예술가들, 의미 깊고 독특한 제품들을 세상에 선보인 애플의 스티브 잡스Steve Jobs와 소니의 모리타 아키오Morita Akio 회장 같은 경영자들이 그 대표적인 예다. 나는 이들을 통해 기발한 발상을 하는 소위 '천재'나 시대를 앞서는 통찰력을 지닌 '선각자'에게 쏟아지는 찬사와 미사여구가 디자인 씽킹을 지지하는 것이나 다름없다는 점을 깨달았다.

수년 전 미국의 실리콘밸리에서 주기적인 호황과 불황의 교차가 이뤄지고 있던 때, 나는 회사 동료들과 함께 어떻게 하면 IDEO를 세상에 뜻 깊은 기여를 할 수 있는 조직으로 만들 수 있을까에 대해 고민했다. 디자인 서비스 그 자체만으로도 이미 많은 수요가 있었지만 우리는 디자인에 대한 일반적인 시각과는 다른 차원에서 문제를 해결해달라는 요청이 증가하고 있다는 사실을 알게 됐다. 한 건강복지재단은 구조조정 프로젝트를 의뢰했고, 100년이 넘는 역사를 지닌 유서 깊은 제조사는 고객의 진정한 요구를 파악하는 일에 도움을 달라고 요청했으며, 어떤 명문대학은 대안교육 환경에 대한 연구를 부탁하기도 했다.

어느덧 IDEO는 그동안 편안하고 익숙하게 일을 해오던 안전지대의 바깥으로 떠밀리고 있었던 것이다. 하지만 이러한 변화는 우리가 보다 영향력을 갖고 세상에 기여할 수 있는 새로운 기회의 문을 열어줬다는 점에서 자못 흥미진진했다.

그리하여 우리는 이처럼 확장된 영역에서의 디자인에 대해 활발히 논의하기 시작했다. 라이프스타일 잡지에 등장하는 멋진 조각품이나 현대 미술관에서 볼 수 있는 근사한 받침대에 초점을 맞추는 수준을 넘어 한 단계 진보하기 위한 노력의 반영이라고 할 수 있었다. 그러나 단지 '다른 차원의 디자인'이라는 구절만으로는 뭔가 부족한 느낌이 들었다.

그러던 어느 날, 나는 IDEO의 공동창업자로 현재 미국 스탠퍼드대학 교수로 있는 데이비드 켈리David Kelley를 만나 이야기를 나누었다. 그는 누구에게든 디자이너들이 하는 일을 설명할 때마다 꼭 '사고thinking'라는 단어를 사용하게 된다는 말을 했다. 바로 그때, 내 머릿속에 '디자인 씽킹'이라는 표현이 번뜩 떠올랐다. 나는 그 후 다양한 사람들에게 광범위한 영역의 문제들에 대처하는 일련의 원칙을 설명할 때 디자인 씽킹이라는 말을 애용해왔다. 디자인 씽킹으로 전향했을 뿐 아니라 세상에 널리 전파하려고 애쓰는 '열성 팬'이 된 것이다.

물론 나 혼자만 고군분투하고 있지는 않다. 오늘날 진보세력의 첨병 역할을 하는 선구적인 기업들은 디자이너들로 하여금 이미 나와 있는 아이디어를 포장하는 일에 더는 집중하지 않도록 이끈다. 그보다는 기획단계부터 참신한 아이디어를 개진하도록 적극 장려한다. 전자가 전술적인 면이 강하다면 후자는 전략적인 성격이 짙다. 기존의 아이디어를 기반으로 한 단계 발전시키는 일에 기여하는 역할이 아니라 디자인을 스튜디오 밖으로 끄집어내 기존의 판을 바꾸고 고정관념을 붕괴시키는 역할을 하기 때문이다. 진보적인 회사들을 유심히 들여다보면 디자이너들이 회의실에서 열띤 토론을 벌이는 모습을 자주 볼 수 있다는 사실은 결코 우연이 아니다.

더욱이 디자인 씽킹의 법칙은 단지 획기적인 신제품을 개발하는 기업에 국한되지 않고 보다 다양한 영역과 형태의 조직에 적용될 수 있다. 유능한 디자이너라면 누구나 기존 주력상품의 성능과 디자인을 한 단계 끌어올리는 작업을 거뜬히 해낼 수 있다. 하지만 디자인 씽킹에 능수능란한 다방면의 전문가들이 뭉친 팀에서는 훨씬 더 복잡하고 어려운 문제를 해결할 수 있는 총체적인 능력이 발휘된다. 이제 디자인 씽킹은 소아비만에서부터 범죄예방, 기후변화 등, 카페의 예쁜 탁자 위에 놓여 있는 럭셔리 잡지에 실릴 만한 탐나는 물건들과는 관련이 없는 각종 사안을 해결하는 데 적용되고 있다.

디자인 세계에서 이 같은 수요가 급증하고 있는 배경에는 여러 가지 원인이 있다. 개발도상국에서 벌어지고 있는 경제활동의 중심축이 제조업에서 지식과 서비스 창출로 이동하는 현상이 확연한 현 시점에서, 혁신은 단지 생존전략 이상의 의미를 갖게 됐다. 혁신이라는 요소가 물리적으로 보고 만질 수 있는 상품을 선보이는 일에 머물지 않고 모든 과정과 서비스, 상호작용, 여가생활은 물론 세상과 소통하고 협력하는 방식에 적용되는 중요한 도구가 됐기 때문이다. 그리고 이러한 일들은 바로 디자이너들이 매일처럼 하는 인간중심적인 작업과 동일 선상에 있다. 디자인의 중심축이 '행위'에서 '사고'로 바뀌는 자연스러운 진화는 오늘날 디자인이 디자이너들의 손에만 맡겨놓을 수 없는 중요한 요소라는 인식이 경제계 리더들 사이에 확산되고 있음을 말해준다.

이 책은 크게 두 부분으로 나뉜다.

1부는 기업에 적용되는 전략적 도구로서 디자인 씽킹을 다룬다. 따라서 오늘날 세계에서 가장 혁신적이라고 여겨지는 기업들은 디자인 씽킹을 어떤 식으로 적용하고 있는지, 어떻게 디자인 씽킹을 통해 문제의 돌파구를 찾아내는지, 그리고 어떠한 시도가 도를 지나쳐 실패로 귀결되는지(아무리 혁신적인 개념이 담겨 있더라도 성공사례만을 소개한 경영서가 있다면 그 책은 '소설'로 분류해야 마땅하다) 등 디자인 씽킹과 얽힌 흥미로운 면면을 사례 중심으로 살펴본다.

2부는 틀에 박힌 협소한 사고에 머무르지 말고 보다 창조적이고 통이 크며 대담한 발상에 도전할 것을 주문한다. 경제활동, 소비활동, 사회활동 등 인간의 세 가지 주요 활동범주를 살펴봄으로써 디자인 씽킹이 어떤 식으로 현실 세계에서 마주치는 문제점들을 해결할 수 있는 혁신적인 아이디어를 창출하는지 보여준다. 예컨대 이 글을 읽는 당신이 호텔에서 일을 하고 있다면 디자인 씽킹은 '접객 서비스'의 본질이 무엇인지 다시 생각하도록 이끌 것이다. 자선기관을 운영하고 있다면 당신이 상대하는 사람들이 진정으로 갈구하는 것이 무엇인지를 파악하게 해줄 것이다. 혹시 벤처캐피털 업계에 몸담고 있는가? 그렇다면 디자인 씽킹은 미래를 꿰뚫어 볼 수 있도록 도와줄 것이다.

또 다른
시각

　　하퍼출판사의 편집자 벤 로넨Ben Loehnen은 양서에는 반드시 좋은 목차가 들어가야 한다고 조언했다. 나는 그의 기대를 충족시키기 위해 최선을 다했다. 하지만 사실 나는 조금 다른 시각을 가지고 있다. 우리에게는 분명 선형적(단선적) 사고가 필요한 경우가 있다. 그러나 IDEO에서는 마인드맵이라는 오래되고 풍부한 역사를 가진 기술을 이용해 마음속에 떠오르는 아이디어를 시각적으로 구체화하는 게 더욱 유용하다고 여긴다.

　선형적 사고가 순차적인 결과에 대한 것이라면 마인드맵은 논리적인 상관관계와 맥락에 대한 것이다. 마인드맵을 통한 시각화는 내가 독자들에게 들려주고 싶은 다채로운 주제들 간의 연관성을 파악할 수 있게 해준다. 나무가 아니라 숲, 즉 전체에 대한 직관적인 감각을 키우게 해주며 어떻게 하면 아이디어를 가장 명쾌하게 설명할 수 있을지를 알려준다.

　디자인 씽킹을 능숙하게 하는 사람이라면 이 책에 차례와 별도로 실린 마인드맵이야말로 내가 이야기하고자 하는 핵심을 모두 담은 요체임을 알아차릴 것이다.

지금부터 총 11장에 걸쳐 펼쳐질 이 책의 여정을 통해 디자인 씽킹의 세계는 물론 그로 인해 세상에 일어날 수 있는 뜻깊은 변화에 대한 통찰력을 얻기를 진심으로 소망한다. 그리고 만약 그렇게 된다면 필자에게도 그 반가운 소식이 날아들기를 바란다.

캘리포니아 팰로앨토에서

팀 브라운

차
례

디자인 씽킹이란
무엇인가?

2부

우리는 어디로
가야 하는가?

**CHANGE
BY
DESIGN**

디자인에 집중하라   Change by **Design**

o

디자인 씽킹이란 무엇인가?

What is Design Thinking?

디자인 씽킹이 단순한 스타일 이상의 힘을 갖는 이유

How Design Thinking is about more than Style

2004년 일본의 내로라하는 자전거 부품 기업인 시마노Shimano는 전통적으로 경쟁우위를 지켜왔던 시장에서 성장률이 주춤하는 바람에 고민에 빠졌다. 바로 고가·고사양 품목으로 분류되는 도로용 자전거와 산악자전거 시장에서 매출이 둔화되고 있다는 사실을 깨달은 것이다. 시마노는 신기술을 성장의 촉매제로 삼고 기술경영에 중점을 두어온 회사다. 차세대 시장을 이끌어나갈 혁신을 주도하기 위해 그동안 대규모 투자도 아끼지 않았다.

하지만 급변하는 시장 흐름에 대응하기 위해서는 지금까지와는 전혀 다른 새로운 시도를 해야 한다는 판단을 내렸으며 IDEO를 협력의 동반자로 택했다. 그렇게 진행된 시마노와 IDEO의 협력 프로젝트에서 주목할 점은 디자인 기업과 고객 기업과의 관계였다. 수십 년 전 또는 불과 수년 전과 비교하더라도 보기 힘들 정도로 전혀 다른 변화의 양상이 전개된 것이다. 시마노는 우리에게 기술과 관련한 구체적인 사항을 담은 목록과 시장조사 자료로 가득 찬 서류철을 건네지 않았다. 또한 자전거 부품을 디자인해달라는 요청도 하지 않았다. 그 대신 시마노와 IDEO는 서로 머리를 맞대고 자전거 시장의 변화양상을 탐색하기 위한 행보에 나섰다.

초기 단계에서 양사는 디자이너와 행동과학자, 마케팅 전문가, 엔지니어 등 서로 다른 영역의 전문가들로 이루어진 디자인팀을 구성하고 이 프로젝트에 어떤 제약사항들이 있는지부터 살펴봤다. 그 결과 시마노-IDEO의 공동 디자인팀은 고가 제품 시장만 유일한 시장이 아니라는 판단을 내렸다.

그런 다음 우리는 미국 성인 중 90퍼센트가 자전거를 타지 않는 이유를 분석하기 시작했다. 디자인팀은 이 문제에 대해 새로운 시각으로 접근할 수 있는 방안을 찾기 위해 다양한 계층의 소비자들과 함께 시간을 보냈다. 이를 통해 우리는 미국인의 대부분이 어린 시절 자전거에 대한 행복한 추억을 가지고 있다는 사실을 알아냈다. 그러나 현재는 자전거를 타는 것 자체에 불편함을 느끼고 있다는 사실 또한 알아냈다.

소비자가 주로 느끼는 불편함은 매장에서의 경험(자전거 판매점을 방문하면 스판덱스 소재의 사이클 복장을 한 판매원을 보게 되는데, 보통의 고객들은 사이클 복장을 한 그들을 불편하게 여겼다), 자전거 의류와 장비, 액세서리 등의 복잡한 구조와 지나치게 비싼 가격, 자전거전용도로가 아닌 곳에서 자전거를 탈 때 따르는 위험, 주말에만 탈 수 있는 '고매한 물건'을 유지하는 데 따르는 비용 등이었다.

디자인팀은 또한 미국인의 상당수가 고장 나거나 바람 빠진 자전거를 적어도 한 대씩 가지고 있다는 사실도 알아냈다. 자전거 애호가들과 더욱 중요하게는 시마노의 핵심 타깃층이 아닌 일반인들을 중심으로 조사해본 결과, 새로운 자전거를 만들어낸다면 미국 소비자들에게 어린 시절의 행복한 추억을 떠올리게 할 수 있음은 물론 거대한 시장을 새로 개척할 수 있다는 것도 알게 되었다.

공동 디자인팀은 슈윈Schwinn 브랜드의 구식 코스터 자전거에 영감을 받아 코스팅coasting이라는 개념을 활용하자는 아이디어를 떠올렸다. 이 개념은 자전거를 탄 기억이 가물가물한 '자전거 일탈자'들을 간단하고 단순하며, 건강하고 재미있는 페달 밟기 운동으로 유인할 수 있을 듯했다. 스포츠보다는 재미를 위해 고안된 코스팅 자전거는 핸들을 제어하는 기능이나 자전거 프레임을 따라 친친 감긴 복잡한 연결선이 없으며 심지어 정밀 기어도 없다. 닦고 조이고 수리하고 교환해야 할 귀찮은 존재들이 사라진 셈이다. 초기 자전거와 같이 페달을 거꾸로 밟으면 속도가 늦춰지도록 설계했다. 또한 푹신푹신한 패드를 장착해 안장을 편하게 했으며, 펑크방지기능이 있는 타이어를 장착해 특별한 유지보수가 필요 없도록 했다. 그렇다고 해서 코스팅 자전거를 단순한 복고풍 자전거로 생각해선 안 된다. 이 자전거는 속도의 완급에 따라 기어가 조절되는 자동변속기를 장착해 조작이 간편하게끔 만들어졌다.

트렉Trek, 롤리Raleigh, 자이언트Giant, 세 자전거 제조업체는 시마노로부터 공급받은 혁신적인 부품을 장착한 자전거를 주력 신제품으로 개발하기 시작했다. 하지만 우리 디자인팀은 거기에서 멈추지 않았다. 일반적인 디자이너라면 새로운 자전거 디자인을 선보이면서 프로젝트를 종결했을 것이다. 하지만 우리 디자인팀은 전체론적 접근방식을 취하는 디자인 씽커의 자세로 계속 전진했다.

우리 팀은 자전거 판매업자들을 위한 '인스토어(매장 내) 판매' 전략을 고안했다. 이 전략은 하이킹 전문가를 주 고객으로 하는 자전거 매장에서 초보자들이 느끼는 불편함을 해소하기 위한 비책이기도 했다. 또한 우리 팀은 코스팅 자전거 타기가 삶을 즐기는 하나의 방법임을 일깨우는 브랜드를 선보였으며, 지방정부 및 자전거 관련 조직들과 협력관계를 맺고 대중을 겨냥한 캠페인도 기획했다. 여기에는 자전거 타기에 안전한 장소들을 소개하는 웹사이트를 구축하는 일도 포함됐다.

영감이 아이디어로 이어지고, 아이디어가 실행단계로 전개되면서 이 프로젝트에는 더 많은 전문가와 조직이 가담했다. 주목할 점은 디자이너들이 가장 먼저 지적할 것으로 예상했던 자전거 외관에 대한 작업은 후순위로 밀렸다는 사실이다. 이 단계에 이르자 디자인팀은 자전거 제조사의 디자인팀들에게 자극과 영감을 제공하는 한편 실제로 어떠한 제품 디자인이 나올 수 있는지를 보여주기 위해 '참고 디자인'이라는 방식을 도입했다. 이렇게 해서 신제품이 성공적으로 탄생한 지 일 년도 지나지 않아 총 일곱 곳의 자전거 제조기업이 코스팅 자전거를 생산하기로 했다. 디자인 영역의 새로운 시도가 디자인 씽킹의 실천으로 이어진 셈이다.

13장

혁신을 관통하는
세 개의 공간

시마노의 사례처럼 모든 프로젝트가 성공적으로 끝날 수 있도록 간단하면서도 따라 하기 쉬운 '처방'이 있다면 얼마나 좋을까? 물론 디자이너로서 그러한 마음이야 굴뚝같다. 하지만 디자인 씽킹의 본질 자체가 그처럼 획일적인 처방을 불가능하게 만든다. 20세기 초의 과학경영 옹호론자들과 달리 디자인 씽커들은 모든 프로세스와 프로젝트를 아우르는 만병통치약은 존재하지 않는다는 사실을 잘 알고 있다. 물론 디자인 씽킹을 실천하는 데 있어 유용한 출발점이나 바람직한 길잡이가 되어줄 수는 있다.

하지만 지속적인 혁신은 일련의 수순을 질서정연하게 밟는 과정이라기보다는 상상의 공간들이 서로 겹쳐지고 포개지는 시스템이라는 것을 알아야 한다. 이 공간에 의미 있는 이름을 붙인다면 '영감inspiration'과 '아이디어ideation'와 '실행implementation'으로 부를 수 있을 것이다. 첫째, 영감의 공간은 해결책을 찾아 나서도록 동기를 부여하는 환경을 뜻한다. 그 환경은 걸림돌이 될 수도 있고 기회가 될 수도 있다. 둘째, 아이디어의 공간은 해결책을 도출하는 데 도움이 되는 아이디어를 제안하고 발전시키고 테스트하는 과정이다. 셋째, 실행의 공간은 작업실을 떠나 시장으로 나가는 발걸음을 의미한다. 디자인 프로젝트를 진행하다 보면 팀원들의 아이디어를 정교하게 가다듬고 새로운 방향을 탐색하는 과정을 여러 차례 거치는 만큼 최소한 한 번 이상 이 세 공간을 통과하게 된다.

디자인 씽커들이 산만하다든지 전문가로서의 훈련이 덜 되어 있기 때문에 디자인 씽킹의 여정이 반복적이고 비선형적인 것은 아니다. 그 이유는 근본적으로 실험적, 모험적 과정을 바탕으로 하는 디자인 씽킹의 속성 때문이다. 단언컨대 디자인 씽킹이 제대로 적용되면 모험의 여정에서 전혀 예기치 않았던 참신한 요소들이 종종 발견된다. 이러한 새로운 발견이 궁극적으로 어떤 방향으로 나아가는지를 살펴보지 않는 것은 정말 바보 같은 짓이다.

새롭게 발견된 요소들이 한창 진행되고 있는 프로젝트 과정에 아무 탈 없이 순조롭게 통합되는 경우도 종종 있다. 하지만 담당 팀으로 하여금 가장 기본적인 전제들을 되짚어보게 만드는 경우도 있다. 예를 들어 프로토타입 테스트를 계기로 보다 흥미롭고 유망할 뿐만 아니라 수익성이 더 풍부한 시장의 문을 두드릴 수 있는 탁월한 혜안을 소비자로부터 얻어낼 수도 있다. 이러한 종류의 통찰력은 최초의 계획안에만 매달린 채 성급하게 달리는 우리를 멈춰 세우고 초기의 전제를 다시 생각하고 개선하도록 이끈다. 컴퓨터업계에서 통용되는 용어를 빌려 쓰자면, 이러한 접근방식은 시스템을 전면적으로 복원한다기보다는 의미 있는 '업그레이드 작업'을 행하는 것이다.

이 같은 반복적인 접근방식에 따르는 위험은 아이디어를 실제로 시장에 선보이는 데 소요되는 시간이 자칫 길어질 수 있다는 점이다. 적어도 그렇게 될 것처럼 보일 수 있다. 하지만 이는 근시안적인 생각이다. 현재 벌어지고 있는 상황을 정확히 꿰뚫어 보는 프로젝트팀이라면 생산성을 저해하는 방향으로 발걸음을 내딛지 않는다. 다음 단계로 움직이는 게 마땅한 경우에라도 그렇다. 우리는 발상이 뛰어나지 못하다는 점이 명확해질 경우, 경영진이 가차 없이 프로젝트를 중단시키는 사례를 무수하게 목격해왔다.

수개월 혹은 수년의 시간이 흐른 뒤 프로젝트를 종료시키면 금전적인 측면이나 직원 사기 진작의 차원에서 치명적인 타격을 입을 수도 있다. 하지만 영리하고 발 빠른 디자인 씽커들로 이뤄진 팀은 이러한 위험에서 훨씬 더 자유롭다. 진정한 디자인 씽커라면 처음부터 프로토타입을 만들어내고 프로젝트를 진행하는 과정에서 오류를 수정해나가는 유연성과 민첩함을 발휘한다. IDEO에서는 이렇게 말한다. "성공에 더 빨리 도달하기 위해서는 일찌감치 실패해보는 게 낫다."

디자인 씽킹은 정해진 답이 따로 없고, 수용 가능한 범위에 제한이 없으며, 반복적인 접근방식을 처음 접하는 이들에겐 무질서해 보일 수도 있다. 하지만 프로젝트를 끝까지 수행하다 보면 디자인 씽킹의 프로세스가 매우 합리적이며 계획한 결과를 이루는 데 도움이 된다는 사실을 깨닫게 될 것이다. 어떤 경우에라도 예측 가능한 계획은 지루함을 낳고, 지루함은 재능이 뛰어난 사람들의 이탈로 이어지게 마련이다. 또한 경쟁자들이 쉽게 모방하는 결과를 제공한다. 그러므로 보다 실험적인 접근방식을 택하는 편이 낫다. 다시 말해 모든 과정을 함께 거치면서 아이디어를 집단적으로 공유하며 서로에게서 배울 수 있도록 팀을 꾸려가는 것이 더 나은 선택이다.

혁신의 과정에서 맞닥뜨리는 요소들을 적절하게 활용하는 두 번째 방법은 제약에 대한 포용적인 태도를 갖추는 것이다. 미를 추구하는 예술가나 진리를 찾는 과학자에게 프로젝트의 범위가 국한되는 일은 썩 내키지 않는 제약이다. 그러나 전설적인 디자이너 찰스 임스Charles Eames(20세기 중반 활약했던 미국의 디자이너로 편리하고 안락한 의자 디자인 혁신으로 유명하다)가 자주 언급했던 것처럼, 훌륭한 디자이너를 구별하는 특징은 제약을 기꺼이 포용하는 자세이다. 제약 없이는 디자인이 생겨날 수 없고, 최상의 디자인은 심각한 제약이 가해진 상태에서 나오는 경우가 꽤 많다(예를 들어 정밀 의료기기나 재난 피해자들을 위한 비상보호시설 등이 있다).

덜 극단적인 사례를 찾아보자면, 파격적으로 낮은 가격대로 많은 소비자들에게 디자인의 세계를 경험할 수 있도록 한 타깃www.target.com의 성공을 꼽을 수 있다. 마이클 그레이브스Michael Graves 같은 저명한 디자이너에게는 박물관에 전시될 수백 달러짜리 주전자를 만드는 것보다 저렴한 주방기구 세트를 선보이는 게 더 어려운 법이다. 마찬가지로 아이작 미즈라히Isaac Mizrahi 같은 럭셔리 패션디자이너로서는 고급 부티크에서나 취급하는 수천 달러짜리 명품 드레스를 디자인하는 것보다 기성복을 만드는 일이 더 힘들 수 있다.

이처럼 제약을 기꺼이 수용하고 나아가 열렬히 환영하는 자세야

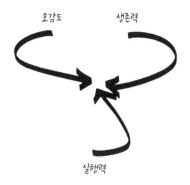

호감도　　　생존력

실행력

아이디어의 성공적 실현을 위한 세 가지 기준

말로 디자인 씽킹을 떠받치는 탄탄한 토대이다. 디자인 프로세스의 초기 단계에서는 중대한 제약을 발견하고 그런 제약을 평가하는 틀을 만드는 일에 시간을 할애하는 경우가 상당히 많다. 이러한 제약요소들을 아이디어의 성공적 구현을 위한 차원에서 구체화시키자면 다음의 세 가지 기준에서 설명할 수 있다. 실행력(가까운 미래에 기능적으로 구현 가능한가), 생존력(지속적인 비즈니스모델로 성장할 가능성이 있는가) 그리고 호감도(소비자들의 긍정적인 반응을 이끌어낼 수 있는가 또는 소비자들을 위한 장점을 갖추고 있는가)가 바로 그 3대 요소이다.

물론 유능한 디자이너라면 이러한 3대 요소를 충분히 해결할 수 있다. 하지만 디자인 씽커들은 한 걸음 더 나아가 각 요소들이 서로 멋지게 조화를 이루는 균형의 차원으로 승화시킬 수 있다. 닌텐도의 히트작 위Wii는 올바른 접근방식을 취했을 때 어떤 결과물을 얻을 수 있는지를 잘 보여주는 대표적인 예이다.

게임업계에서는 오랜 세월에 걸쳐 더 아름다우면서도 기능적이고, 세련되면서도 가격대가 높은 콘솔 게임기를 개발하기 위해 불꽃 튀는 경쟁을 벌여왔다. 닌텐도는 이 같은 악순환의 고리에서 빠져나올 가능성이 존재할 것이라는 믿음과 예전보다 흡입력 강한 게임을 만들 수 있다는 판단 아래 새로운 시도를 했다. 바로 몸 짓이나 손짓으로 게임을 컨트롤하는 신기술을 활용한 것이다. 닌텐도의 이러한 자각은 그래픽 해상도에 신경을 덜 써도 된다는 인식을 갖게 되는 효과를 낳았고, 이는 결국 콘솔의 가격을 낮추면서 상품 수익성은 높여주는 결과를 낳았다. 결론적으로 닌텐도 위는 실행력, 생존력, 호감도라는 3대 핵심요소의 균형을 완벽하게 갖춘 상품이 되었다. 사용자들의 활발한 참여를 유도했을 뿐 아니라 닌텐도라는 기업에 막대한 수익을 안겨준 매력적인 효자상품인 셈이다.

이처럼 3대 제약요소들의 평화로운 공존이 모든 제약들이 평등하게 구성돼 있다는 뜻은 아니다. 기술이나 예산의 문제로 인해, 또는 인간과 관련된 요소들이 마구 섞이면서 한쪽으로 치우칠 수도 있다. 조직의 종류와 성격에 따라 한 가지 요소에 집중적으로 초점이 맞춰질 수도 있다. 그렇다고 해서 단순한 형태의 단선적 프로세스라는 이야기 역시 아니다. 디자인팀들은 프로젝트가 처음 시작된 시점부터 마지막까지의 과정 전반에 걸쳐 세 가지 요소를 점검한다. 그러나 가장 근본적인 수요, 즉 순간적으로 스쳐 지나가는 욕구나 인공적으로 조작된 욕구와는 거리가 먼, 사용자의 필요성에 역점을 두는 일이야말로 디자인 씽킹이 정체되지 않고 진화하도록 뒷받침해주는 원동력이다.

기업들이 새로운 아이디어에 접근하는 방식은 저마다 다르다. 우선 기업들로서는 현재의 비즈니스모델의 틀 안에 잘 들어맞는 접근방식으로 시도하는 게 합리적이다. 경영시스템은 효율성을 고려해 고안된 것이기 때문에 새로운 발상은 양적으로 증가하고, 예측 가능성이 점점 더 높아지며, 경쟁자의 모방도 쉬워지는 경향이 있다. 이것이 바로 오늘날 시장에 진열돼 있는 상품들이 지닌 획일성의 이유이다. 혹시 최근 가정용품 매장을 방문한 적이 있는가? 또는 주차장에서 실수로 남의 차에 탈 뻔한 경험이 있는가? 그렇다면 내가 무슨 말을 하는지 알아차렸을 것이다.

두 번째 접근방식은 기술의 비약적인 발전을 추구하는 엔지니어링 중심의 기업에서 흔히 볼 수 있다. 연구원들로 구성된 팀은 '뭔가를 해낼 수 있는' 새로운 방법을 찾아낸 후에야 자신들이 추구하는 기술을 어떻게 회사의 경영시스템에 적용할 수 있는지, 그리고 가치를 창출할 수 있는지에 대해 생각한다. 피터 드러커Peter Drucker가《기업가 정신Innovation and Entrepreneurship》에서 강조했듯이 기술에 대한 지나친 의존은 엄청나게 큰 위험부담을 동반하게 마련이다. 게다가 상당한 시간과 자원의 투자를 정당화할 수 있을 만큼 기술혁신에 따른 경제적 혜택이 즉각적으로 유발되는 경우는 많지 않다.

이러한 현실의 제약이 제록스의 팰로앨토리서치센터PARC나 벨

연구소Bell Labs처럼 1960~1970년대에 강력한 인큐베이터 역할을 한 대기업의 R&D센터가 점진적인 감소세를 타게 된 이유를 설명해준다. 그 시대와는 달리 오늘날의 기업들은 보다 단기적인 사업 경쟁력을 갖춘 비즈니스모델에만 집중적인 혁신의 노력을 쏟으려 한다. 그러나 이는 큰 실수일 수 있다. 단기적 생존력에 초점을 맞춤으로써 양적 성장과 진정한 혁신을 맞바꾸고 있는지도 모르기 때문이다.

마지막으로 인간의 근본적인 수요와 욕구를 파악하는 접근방식을 빼놓을 수 없다. 이러한 접근방식은 분명 조직을 이끄는 동력이 될 수 있다. 하지만 이 같은 시도는 겉보기에는 굉장히 매력적이지만 결국은 쓰레기로 매립될, 아무런 의미 없는 제품 만들기를 꿈꾸는 것이나 마찬가지이다. 빅터 파파넥Victor Papanek(생태 디자인 개념을 설파한 오스트리아 출신의 디자인 이론가)의 거침없는 표현처럼 '관심도 없는 이웃에게 깊은 인상을 심어주기 위해, 있지도 않은 돈으로 필요 없는 물건을 사도록' 설득하는 것이다. 설사 그 목적이 훌륭하다 해도 한 가지 요소에만 집중하는 것은 프로그램의 지속성을 저해한다. 예컨대 여행자들이 위험지역을 안전하게 여행하도록 안내하는 일이나 가난하고 낙후된 나라에서 깨끗한 물이 잘 공급되도록 하는 일이라 할지라도 말이다.

개념을 현실로 변화시키는
프로젝트

숙련된 디자이너들은 대부분 한 가지 또는 세 가지 제약 전부라도 능숙하게 해결하는 요령을 알고 있다. 이와 대조적으로 디자인 씽커들은 세 가지 제약의 틈바구니에서 창의적인 방식으로 문제를 조율하는 방법을 터득하고자 부단히 노력한다. 이 같은 태도는 '문제해결'에만 치중하지 않고 '프로젝트' 전체를 바라보는 식으로 관점을 옮겼기 때문에 가능하다. 프로젝트는 하나의 아이디어를 '개념'에서 '현실'로 변환시키는 도구이다. 우리에게 익숙한 다른 많은 과정들과 달리 디자인 프로젝트는 끝을 모르고 굴러가는 '현재진행형'의 방식으로는 운영되지 않는다. 분명한 시작이 있고, 중간 과정이 있고, 끝이 있다. 바로 이러한 제약이 존재하기 때문에 아이디어가 현실세계에 닻을 내릴 수 있는 것이다.

디자인 씽킹이 프로젝트의 맥락 속에서 표현된다는 점은 애초에 출발선에 설 때 뚜렷한 목표를 밝히게 만드는 요소이다. 그리고 이는 자연스럽게 마감 시간을 만들어낸다. 정해진 기한은 규율을 부여하고 기강을 잡게 도와줄 뿐만 아니라 진행 상황을 점검하고 중도에 수정작업을 하면서 미래의 방향을 다시 잡을 수 있는 기회를 제공한다. 프로젝트의 명확성, 방향성, 제약성은 높은 수준의 창조적인 에너지를 유지하는 데 필수적인 요소이다.

그런 의미에서 '혁신하지 못하면 망한다'는 뜻의 'Innovate or

Die' 콘테스트는 좋은 사례이다. 구글은 스페셜라이즈드Specialized 라는 자전거 기업과 공동으로 자전거 관련 기술을 이용해 세상을 변화시킨다는 디자인 경연대회를 개최했다. 이 대회에서 승리한 IDEO 디자인팀은 아이디어를 짜내는 브레인스토밍부터 프로토타입 제작에 이르기까지 디자인 프로젝트의 필수과정을 밟은 후 중대한 문제를 찾아낼 수 있었다. 주어진 과제는 깨끗한 물을 얻는 방법에 관한 것이었다. 즉, 개발도상국에 사는 인구 11억 명의 물 부족 국가들의 경우, 턱없이 부족한 정수시설 때문에 오염된 물을 그대로 마셔 사망하는 악순환이 되풀이되고 있다. 디자인팀은 다양한 대안을 통해 실제로 작동되는 기능적 프로토타입을 제작하기에 이르렀다. 이렇게 해서 탄생한 제품이 바로 아쿠아덕트Aquaduct이다. 아쿠아덕트는 사람이 페달을 밟을 때마다 얻어지는 동력으로 큰 통 안에 저장된 물이 자전거 안에 장착된 필터기를 통해 정수되어 작은 정수탱크에 저장되는 세발자전거이다. 이제 아쿠아덕트는 전 세계를 누비며 '물의 혁신'을 적극적으로 장려하는 역할을 하고 있다.

아쿠아덕트의 성공은 기술의 제약(페달로 움직이는 방식), 빈약한 예산(0원), 그리고 한 치의 여유를 주지 않는 최종 마감(데드라인) 등에 기인한 것이다. 이러한 면에서 아쿠아덕트 팀은 대부분의 학교나 기업연구소와는 정반대의 성격을 띠고 있다. 학교나 기업연구소에서는 프로젝트의 수명을 무한정 늘리는 것을 목표로 삼을 수도 있고, 프로젝트의 종료가 단지 자금줄이 마르는 것 이상의 의미를 지니지 않을 수도 있기 때문이다.

중요한 출발점으로서의
디자인 개요

　　　　　　프로젝트의 종류를 막론하고 디자인 개요(디자인 브리프)는 매우 중요한 출발점이다. 디자인 개요는 어떤 작업부터 시작해야 할지에 대한 윤곽을 잡아주고 진행 수준을 측정하는 기준을 제공하는 일종의 심적인 제약이다. 동시에 가격대의 결정, 동원 가능한 기술의 파악, 시장 세분화 등 수행해야 할 과제들을 모은 하나의 집합이기도 하다. 과학 분야에서의 가설과 비슷하다고 볼 수 있다. 이러한 유추는 한 걸음 더 나아갈 수도 있다. 가설이 알고리즘과는 다른 성격을 지닌 것과 마찬가지로, 디자인 프로젝트의 개요작업은 온갖 지침들을 열거하거나 문제가 실제로 불거지기 전에 해답을 내놓으려는 시도가 아니다.

　논리정연하게 구성된 디자인 개요는 기대하지 않았던 뜻밖의 것을 찾아내는 행운이나 예측 불가능한 것, 도무지 알 수 없는 변덕스러운 운명 등을 끄집어내는 작업이다. 이 같은 불확실한 속성들이야말로 혁신적인 아이디어가 무럭무럭 샘솟는 창조의 영역이기 때문이다. 스스로 무엇을 추구하는지를 이미 알고 있다면 그것을 찾아 나서는 일은 큰 의미가 없지 않은가.

　내가 산업디자이너로서 막 첫발을 내디뎠을 무렵엔 프로젝트 개요가 얌전히 봉투에 담겨 소속팀에 전달되었다. 우리에게 맡겨진 프로젝트에는 대개 고도의 제약이 있었다. 따라서 우리는 이미 기본적인 개념이 잡힌 상품을 더 매력적인 껍데기로 포장하는 수준의 디자인을 수행할 뿐이었다. 내가 초기에 맡았던 과제 중 하나는 덴마크 전자회사에서 개발한 새로운 개인용 팩스기를 디자인하는 일이었다. 자사가 아닌 타사로부터 조달한 부품으로 조립한 팩스기였다. 이 기업의 시장경쟁력, 즉 생존력은 통상적인 '경영시스템'에 의해 구축된 것으로 기존 시장에 초점을 맞추고 있었다. 심지어는 '호감도'조차도 일반 사용자가 팩스에 대해 품는 기대 이상은 아니었다.

뭔가 다른 조치를 취할 수 있는 여지가 별로 없는 상황에서 나는 고만고만한 작업을 하는 다른 디자이너들과 대적해 경쟁 제품을 압도할 만큼 눈에 띄는 팩스기를 내놓기 위한 작업을 맡아야 했다. 이 같은 게임의 법칙을 익히는 기업이 점점 늘어날수록 경쟁은 점점 더 치열해진다. 그런데 시간이 흘러도 상황은 크게 바뀌지 않는다. 최근 몹시 낙담한 고객 한 명이 이렇게 한탄하는 걸 들은 적이 있다. "우리는 1퍼센트에도 미치지 못하는 시장점유율을 위해 이러한 곤욕을 매번 치르고 있습니다." 이런 상황에서 수익과 가치의 침식은 불가피한 결과이다.

이러한 주장을 뒷받침할 수 있는 근거는 가전제품을 취급하는 상점이라면 어디에서든 발견할 수 있다. 조명이 반짝거리는 상점 안에는 수천 가지 종류의 상품들이 진열되어 소비자의 시선을 잡기 위해 야단법석이다. 그러나 대부분 불필요하거나 이해 불가능한 기능이 더해진, 차별화가 이뤄지지 않은 상품들이 대부분이다. 그럴듯한 스타일과 시각적 효과가 강한 그래픽, 근사한 포장에만 치중할 경우 일시적으로 소비자의 눈을 사로잡을 수는 있으나 상품으로서의 진정한 역할은 해내지 못한다. 너무나 추상적인 개요는 프로젝트팀을 안개 속에서 헤매는 상황에 빠트린다. 반면 지나친 제약의 틀 안에서 시작된 프로젝트도 골칫거리가 된다. 가시적인 결과물은 증가하겠지만 대다수가 조악한 수준에 그칠 가능성이 높기 때문이다.

디자인 개요의 미학은 제약의 벽을 허물고 뛰어난 성적을 낸 팀이 평범한 수준의 성공을 거둔 팀과 뚜렷한 차이를 보이는 데 있다. 이러한 맥락에서 볼 때 프록터앤드갬블P&G은 아주 적절한 사례이다. 2002년 P&G는 디자인을 혁신과 성장의 원천으로 삼기 위한 대대적인 작업에 착수했다. 명성에 걸맞은 강력한 R&D 투자를 바탕으로 기술적인 강점을 갖춘 각 사업부서가 최고혁신책임자CIO인 클라우디아 코츠카Claudia Kotchka의 주도 하에 디자인 혁신을 도모하고 나선 것이다. 이쯤에서 P&G 홈케어 부문의 R&D 총괄책임자인 칼 론Karl Ronn을 언급하지 않을 수 없다. 그는 디자인의 잠재력을 꿰뚫어 본 뛰어난 인물이다.

칼 론이 공개적으로 명시한 목표는 기존 상품과 브랜드에 새로운 용도와 성능을 추가하는 점진적 혁신을 꾀하는 게 아니라 큰 폭의 성장을 가능케 할 혁신을 이뤄내는 것이었다. 그리고 이러한 동기는 그를 IDEO로 이끌었다. 자유와 제약이 이상적으로 조합된 디자인 브리프를 손에 들고 우리를 찾아온 것이다. '욕실 청소의 혁명'이 이 프로젝트의 발상이었는데, 수수께끼를 연상케 하는 '에브리데이 클린everyday clean'이라는 이름이 붙여진 아이디어에 강점을 두고 있었다.

론은 연구실에서 방금 끄집어낸 최첨단 기술을 내세우지도 않았으며, 포장할 때 끝부분을 지느러미 장식으로 처리하라는 식의 까다롭고 시시콜콜한 지시를 내리지도 않았다. 또 P&G 제품의 시장점유율을 몇 퍼센트 정도 끌어올릴 수 있게 해달라는 요청도 하지 않았다. 이처럼 그는 지나치게 구체적인 내용을 내밀지 않음으로써 IDEO의 프로젝트팀이 직접 현실적인 목표를 설정할 수 있도록 했다. 또 그가 전달한 프로젝트 개요는 지나치게 광범위하고 두루뭉술한 내용을 담고 있지도 않았기에 IDEO 프로젝트팀은 혁신의 개념을 스스로 해석하고 시도하면서 새로운 깨달음을 얻을 수 있는 기회를 부여받았다.

우리는 P&G와 프로젝트를 진행하면서 새로운 통찰력이 축적됨에 따라 초기의 개요를 수정했다. 즉, 전자모터를 사용하지 않는다든지 가격을 조정하는 식으로 제약사항을 덧붙인 것이다. 이 같은 중도 수정작업은 흔한 일이며 유연하고 역동적인 프로세스에서 자연스럽게 볼 수 있는 과정이다. 최초의 디자인 개요를 수정하는 작업을 통해 칼 론은 적정한 가격수준 등을 구체적으로 명시할 수 있게 됐다. 우리 팀은 프로젝트 최초 개요를 섬세하게 다듬어가면서 실행력, 생존력, 호감도라는 세 가지 요소가 적절한 균형을 맞출 수 있도록 조율하는 것도 잊지 않았다.

이렇게 짜임새 있게 구성된 디자인 개요는 대략 12주의 기간을 거치면서 350가지의 제품 콘셉트와 60가지의 프로토타입, 세 가지의 아이디어를 생산하는 성과를 이뤄냈다. 그리고 18개월 뒤, 우리는 프로젝트 개요에서 명시된 핵심기준을 모두 충족시키는 욕실 전용 청소기 '미스터클린 매직 리치 Mr. Clean Magic Reach'를 개발하는 데 성공했다.

P&G와의 프로젝트 경험을 통해 나는 디자인 씽킹은 어느 한쪽의 노력이나 역할만으로 이뤄지지 않는다는 사실을 깨달았다. 디자인팀뿐 아니라 고객사가 서로 손바닥을 마주쳐야 가능하다. 지금까지 우리 회사에 성큼 들어와 "제2의 아이팟iPod을 만들어주시오" 하고 주문하는 고객은 너무도 많아 셀 수조차 없다. 여기에 대한 우리의 대답은 단 한 가지뿐이다. "그럼 제게 제2의 스티브 잡스를 데려와 주십시오!"

적절한 수준의 제약으로 구성된 디자인 개요와 지나치게 모호하거나 지나치게 협소한 틀로 구성된 개요의 차이점은 크다. 혁신적인 아이디어로 무장한 열정적인 팀이 구성될 수도, 기존 제품과 별 다를 바 없는 지겨운 복제품 생산에 매달리는 생기 없는 팀이 만들어질 수도 있기 때문이다.

팀워크의
미학

디자인 프로젝트 개요에 뒤이어 살펴볼 요소는 '프
로젝트팀'이다. 어떤 일을 개인의 힘으로 해내는 것이 꼭 불가능
한 일은 아니다. 실제로 실리콘밸리 곳곳에는 낡은 창고에 틀어박
혀 연구에 매진하면서 제2의 빌 휼렛Bill Hewlett이나 데이비드 패커
드David Packard가 되기를 열망하는 외로운 발명가들이 무수히 존재
한다. 하지만 오늘날 기업 차원에서 진행되는 프로젝트는 대부분
굉장히 복잡하기 때문에 '단독' 행보는 그다지 주목받지 못한다.
건축은 물론 산업디자인이나 그래픽디자인처럼 전통적인 디자인
영역에서조차도 '팀' 단위의 작업은 오랜 세월 동안 일종의 '기준'
으로 자리 잡아 왔다.

모터사이클 회사에서 신종 모델을 내놓기 위해 수십 명의 디자
이너가 들러붙어 작업을 하거나 한 채의 건물을 짓기 위해 수백
명의 건축가들이 하나의 거대한 팀을 이루는 모습은 익숙하다. 디
자인이 보다 넓은 범위의 문제들을 포용하게 되고 혁신의 과정에
서 의사결정자와 직접 소통하는 일이 잦아지면서, 스튜디오 한편
에서 외롭게 연구하는 고독한 디자이너는 다양한 영역의 전문가
들로 구성된 팀에 자리를 내주게 된 것이다.

나는 우리가 영감이 넘치는 '형태의 창조자'로서의 디자이너 역
할에 대해 존경심을 잃는 일이 없기를 바란다. 하지만 디자이너
가 심리학자나 엔지니어, 과학자, 전문경영인, 작가, 영화 제작자

등과 하나의 팀을 이뤄 일하는 모습은 이미 흔하게 볼 수 있다. 위에 열거한 분야를 비롯해 더 많은 영역의 전문가들이 새로운 제품과 서비스의 발명에 오랫동안 기여한 것도 사실이다. 이제 그들은 한 공간에서 동일한 프로세스를 활용해 작업하는 하나의 팀으로 묶이고 있다. MBA 출신들이 전문영역의 경계를 뛰어넘어 MFA Master of Fine Arts(순수미술 석사)나 박사학위 소지자들(CEO, CFO, CTO 등을 포함해)과 소통하는 방법을 익히게 됨에 따라 그들의 활동과 책임 영역에서의 공통분모는 점점 더 커질 것이다.

IDEO에는 '우리 모두가 힘을 합치면 어떤 개인보다도 뛰어나다'는 말이 있다. 한 개인의 재능이 아무리 뛰어나다 해도 전체의 힘을 모은 역량을 당해내지는 못한다. 이는 어떤 조직에도 적용되는 창조적 능력의 핵심이다. IDEO의 고객 기업들은 재료나 행동, 소프트웨어 등 한 가지 문제에 대해서만 전문적인 조언을 제공해달라고 요청하지 않는다. '영감', '아이디어', '실행' 등 혁신의 세 가지 영역 모두에서 적극적인 활약을 펼쳐줄 것을 원한다. 하지만 다채로운 배경과 다방면의 전문가로 이뤄진 프로젝트팀을 구성하는 일은 상당한 인내심을 요구한다. 자신의 전문지식에 대해 자신감을 갖췄을 뿐만 아니라 현재의 수준을 뛰어넘으려는 부단한 의지까지 지닌 개개인들을 발굴해야 하기 때문이다.

이처럼 다양한 학문영역을 아우르는 환경에서 원활한 작업이 이뤄지기 위해서는 두 가지 차원에서 경쟁력을 갖춘 인재가 필요하다. 바로 경영컨설팅기업 맥킨지의 인재육성 방식인 'T자형 인재'이다. T자형 인재는 다방면에 박식하면서도 한 가지 분야에서 전문가 수준의 깊이를 지닌 인재를 말한다. 두 가지 차원을 가로 축과 세로축으로 놓았을 때, 우선 세로축은 전문성이다. 팀 구성원 모두가 저마다 최종 결과물에 명백한 기여를 할 수 있는 전문성을 지니고 있어야 한다. 이 같은 역량을 지닌 인재는 컴퓨터실에서든 기계공장에서든 현장에서든, 장소에 상관없이 어디에나 있겠지만 그들을 찾아내기는 결코 쉽지 않다. 아마도 이런 재능을 지닌 인재를 구하려면 수천 장의 이력서를 뒤적여야 할지도 모른다. 하지만 전문적인 인적 자산은 반드시 필요하다.

그러나 그것만으로는 충분치 않다. 고도로 숙련된 기술자, 장인, 연구원이라는 이름으로도 불리는 수많은 디자이너들은 우리 사회의 복잡한 문제점을 해결해야 하는 환경에서 살아남기 위해 고군분투해왔다. 그들은 부가가치가 높은 역할을 수행해야 하며 디자인 아이디어를 실제로 집행하고 소비자에게 다가가기 위해 현실적인 문제와 씨름하며 살아야 한다.

디자인 씽커들은 서로 다른 분야를 두루 섭렵한 'T'자형 인재들이다. 그들은 심리학을 공부한 건축가, MBA 학위를 취득한 예술가 또는 마케팅 경험이 풍부한 엔지니어일 수도 있다. 이들 모두는 지식의 넓이와 깊이가 공존한다는 점에서 공통분모를 갖고 있다. 창의적인 조직에서는 이처럼 전문적인 지식과 기술은 물론 영역의 경계를 뛰어넘어 협력을 추구하는 인재를 끊임없이 찾는다. 결국 T자형 인재야말로 단지 여러 분야의 전문가들로 이뤄진 팀multidisciplinary team과 둘 이상의 학문영역을 유기적으로 아우르는, 진정한 의미의 다학제적 팀interdisciplinary team을 구별하는 요소이다. 전자의 경우 각자가 자신의 전문 분야를 중점적으로 지지함에 따라 구성원들 간에 뜻을 모으는 일이 힘들어지고 결국은 이도저도 아닌 불분명한 색깔로 귀결되는 데 반해, 후자의 경우엔 아이디어를 공유하고 모든 팀 구성원들이 그에 대한 책임을 진다.

작은 단위의
수많은 팀

디자인 씽킹은 '집단적 사고'와 정반대 개념이긴 하지만 역설적이게도 집단 안에서 생성되고 구현된다. 1952년, 사회학자이자 저널리스트였던 윌리엄 H. 화이트William H. Whyte가 편집을 총괄했던 〈포춘〉에서 설명한 바에 따르면, 집단의 부실한 의사결정을 가리키는 '집단적 사고'는 대개 인간의 창의성을 짓누른다. 하지만 디자인 씽킹은 이와 대조적으로 창의성을 자유롭게 펼칠 수 있도록 해준다. 재능이 있고, 낙천적이며, 협동심이 강한 디자인 씽커들로 구성된 팀이 하나로 뭉치면 예측을 불허할 정도의 강력한 작용과 반작용을 유발하는 화학적 변화가 일어난다. 그러나 이러한 수준에 도달하려면 에너지를 생산적으로 발산할 수 있는 방법을 터득해야 한다. 그리고 그러한 방법을 익히는 한 가지 조건은 규모가 큰 하나의 팀이 아니라 다수의 소규모 팀을 꾸리는 데 주안점을 두는 것이다.

창의적 과제를 담당하는 디자인팀의 규모가 큰 경우도 있지만, 대규모의 디자인팀은 사실 프로젝트의 '실행' 단계에서나 볼 수 있는 게 대부분이다. 전반적인 뼈대를 만드는 '영감'의 단계에서는 소규모 집단이 필요하다. 1984년 8월, 마쯔다의 최고디자인책임자인 톰 마타노Tom Matano가 마쯔다의 수뇌부에게 미아타Miata라는 소형 스포츠카 콘셉트를 선보였을 때, 그의 곁에는 두 명의 디자이너와 한 명의 상품기획자 그리고 두세 명의 엔지니어가 함께했을 뿐이었다. 이 프로젝트가 완성 단계에 이르렀을 무렵, 마타노가 이끄는 팀은 30~40명으로 규모가 확대됐다.

이 같은 팀 규모의 변화는 건축 프로젝트, 소프트웨어 개발 프로젝트, 예능 프로젝트에서도 목격할 수 있다. 영화가 끝날 때 올라가는 자막을 유심히 살펴보면 한 편의 영화제작에 얼마나 많은 사람들이 참여하는지를 알 수 있다. 이때 제작 준비작업 단계에서는 대개 감독, 작가, 프로듀서 등으로 구성된 소규모 팀을 볼 수 있다. 바로 영화의 기초적인 개념을 정립하는 작업에 참여한 핵심 인물들로 구성된 작은 팀이다. '군대' 수준의 대규모 인력이 투입되는 것은 그로부터 한참 뒤의 일이다.

프로젝트의 목적이 간단명료하고 일정한 한계가 있다면 이러한 접근방식은 효과적이다. 물론 좀 더 복잡한 문제들과 맞닥뜨릴 때면 팀의 규모를 키워야 한다는 생각에 사로잡힐 수도 있다. 하지만 그렇게 되면 창조적인 작업과정 자체보다 팀 내부의 의사소통에 소요되는 시간이 더 길어지면서 프로젝트의 속도와 효율성이 급격히 떨어지는 결과를 낳는다. 그렇다면 효과적인 다른 대안이 있는가? 시스템 전체 수준에서 복잡한 문제들과 씨름하면서 소규모 팀의 효율성을 유지할 수 있는 방법은 과연 존재할까? 다행히도 신기술의 등장으로 소규모 팀의 역량을 보강할 수 있는 환경이 조성되고 있다.

전자협업은 인력이 분산되면서 팀 규모는 갈수록 커지는 식으로 이루어져서는 안 된다. 그렇게 되면 관료주의와 정치적 문제가 더욱 심화될 것이기 때문이다. 우리의 목표는 온라인에서 혁신의 아이디어를 교환하는 공간 이노센티브InnoCentive(과학적인 문제나 경영 문제가 생겼을 때 해법을 구하기 위한 웹사이트)가 시도한 것처럼 소규모 팀들의 상호의존적인 네트워크를 만드는 것이다. R&D와 관련한 고민을 안고 있다면 어느 기업이든 이노센티브에 그 문제를 의뢰할 수 있다. 그러면 수만 명에 이르는 과학자, 엔지니어, 디자이너들에게 문제가 공개되고, 그중에서 해법을 제공할 수 있는 사람이 나온다. 다시 말하면, 분산돼 있고 상호보완적인 특성을 지닌 인터넷은 단지 수단이라기보다는 점차 자리를 잡아가고 있는 새로운 유형의 조직에 가깝다. 인터넷은 제약이 없고 자료가 공개되기 때문에 많은 소규모 팀들이 가진 에너지가 하나의 문제를 해결하는 데 집중될 수 있는 효과를 발휘한다.

오늘날 진보적인 성향을 지닌 기업들은 다양한 문제를 해결하고자 노력하고 있다. 우리의 당면과제가 점점 더 복잡해지면서(미묘하게 얽혀 있는 다국적 공급망이나 기술 플랫폼의 급격한 변화, 까다로운 소비자 집단의 갑작스러운 등장 등) 다수의 전문가들을 한꺼번에 동원하려는 니즈가 증가하는 추세이다. 그러나 하나의 집단이 물리적으로 같은 공간에서 일을 한다는 것은 쉽지 않다. 지구촌 곳곳에 흩어져 있는 전문가들로부터 중요한 지식이나 기술을 조달하는 일은 훨씬 더 어렵다. 그래서 사람들은 원격협력의 문제를 해결하기 위해 상당히 많은 노력을 기울여왔다. 사실 화상회의 시스템을 처음 개발한 시기는 1960년대로 거슬러 올라가지만 최근 들어서야 널리 확산되고 있다. 1980년대에 접어들어 디지털 전화망이 기술적으로 가능해지면서부터 화상회의가 원격협력을 도모하는 효과적인 역할을 맡기 시작한 것이다.

이메일은 집단적인 협업을 강화시키는 데는 별 도움이 되지 못한다. 인터넷이 정보를 널리 퍼뜨리는 역할을 하지만 사람들을 한데 모이게 만들지는 못하기 때문이다. 창조적 팀은 서로의 생각을 공유해야 한다. 단지 말로써만이 아니라 물리적으로 함께하고, 시각적으로 마주 보면서 해야 한다. 나는 메모에 탁월한 재능이 있는 사람이 아니다. 하지만 팀 동료들과 함께 있으면 얘기가 달라진다. 누군가 화이트보드에 스케치를 하고 있고, 누군가는 포스트잇 메모지에 뭔가를 열심히 적고 있거나 폴라로이드 사진을 벽에 붙이고 있으며, 또 다른 누군가는 바닥에 주저앉아 제품의 프로토타입을 만들고 있는 상황이라면 내 숨겨진 능력이 나타난다. 나는 이처럼 실시간으로 의견을 주고받으며 아이디어를 공유할 때 발생하는 엄청난 시너지보다 더 뛰어난 원격 협력도구에 대한 이야기를 아직 듣지 못했다.

지금까지는 그룹이 멀리 떨어져 있기 때문에 혁신의 노력에 늘 딜레마가 뒤따랐다. 무엇이 창작팀을 고무시키고 집단 내 협력을 뒷받침하는지에 대한 이해의 부족으로 고통을 겪어온 것이다. 예컨대 데이터를 저장, 공유하거나 형식이 정해진 회의를 하는 등 기계적인 과제를 수행하는 일에 지나치게 초점이 맞춰져왔다. 또 아이디어를 생성시키고 합의를 이끌어내는, 훨씬 복잡한 과제에 대해 충분한 관심을 기울이지 않았다.

하지만 최근에는 긍정적인 변화의 조짐이 보이고 있다. 친목을 다지는 웹사이트 출현을 계기로 사람들은 즉각적인 보상이 주어지지 않더라도 서로 연결되고, 공유하고, 공개하는 일에 굉장한 매력을 느끼는 것이다. 어떠한 경제 모델도 마이스페이스와 페이스북의 성공을 예측하지 못했다. HP와 시스코시스템즈가 개발 중인 차세대 원격 영상회의 솔루션 텔레프레즌스Telepresence가 지닌 기술적인 진취성은 현재 사용되고 있는 화상회의 시스템보다 비약적인 발전을 이룰 것이다.

그보다 더 작고 유용한 도구들은 이미 많이 찾아볼 수 있다. 세계적인 소셜 네트워크 서비스 기업 올웨이즈온AlwaysOn이 제공하는 비디오링크 서비스는 각기 다른 장소에 있는 팀 구성원들 간의 자연스러운 상호작용을 촉진시키고 다른 도시, 국가, 대륙에 있는 전문가와 집단적으로 소통하는 길을 더욱더 원활하게 해준다. 이러한 장점에 함축된 의미는 굉장히 중요하다. 좋은 아이디어는 제때 떠오르기 어려우며, 이번 주 회의를 놓치면 다음 주에 기회가 돌아오기까지 단 일주일을 버티지 못하고 시들어버리거나 사장될 수 있기 때문이다.

인스턴트 메신저, 블로그, 위키피디아 같은 서비스는 누구라도 새로운 아이디어와 통찰력을 공개하고 공유할 수 있게 해준다. 더구나 이러한 서비스는 비용이 많이 드는 IT 지원팀을 굳이 동원할 필요 없이 중학교에 다니는 친척의 도움만 있어도 쉽게 이용할 수 있다. 이러한 첨단도구들은 10년 전만 해도 존재하지 않았다(인터넷만 해도 혁신적인 기술 이론가 케빈 켈리Kevin Kelly가 말했듯이 발명된 지 5,000일도 지나지 않은 도구이지 않은가). 모든 것은 협력의 토대 위에서 새로운 차원으로 도약하고 있다. 그리하여 팀원들 간의 상호작용에 새로운 통찰력을 주입시키고 있다. 조직 전반에 흐르는 디자인 씽킹에 관심을 갖고 있는 사람이라면 누구나 이 같은 신선한 도약을 장려한다.

혁신의 문화

구글의 미국 본사에 가면 미끄럼틀과 분홍빛 홍학 그리고 거의 실물 크기로 부풀릴 수 있는 모형 공룡을 볼 수 있다. 픽사에 가면 해변의 오두막이 있으며 IDEO에서는 핑거 블래스터finger blaster(손가락으로 당긴 다음에 놓으면 멀리 발사되는 장난감)를 가지고 놀 수 있다. 이 회사들은 각각의 창조적 문화를 보유한 것으로 유명하다.

하지만 혁신의 상징은 역시 상징일 뿐이다. 창조적인 조직을 꾸리기 위한 장소가 반드시 괴상하고 엉뚱하며 캘리포니아 북부에 위치할 필요는 없다. 필수 전제조건은 다른 것이 아니라 사회적이고 공간적인 환경이다. 그 공간에서 일을 하는 사람들에게 스스로 뭔가를 시도할 수 있고, 위험을 기꺼이 감수할 수 있으며, 경계를 허물고 모든 분야의 지식을 동원해 작업을 진행할 수 있는 환경을 조성해주는 일이 더 중요하다.

가장 뛰어난 T자형 인재를 발굴해 다학제 방식으로 운영되는 프로젝트팀에 투입하고 다른 팀과 소통할 수 있는 네트워크를 만든다고 해서 반드시 좋은 것은 아니다. 애초부터 일이 어떤 식으로 굴러갈지 결정돼 있는 환경에서 억지로 일을 해야 하는 상황이라면 다 소용없는 일이다. 한 조직의 물리적·심리적 공간은 그 안에서 일하는 사람들의 효율성을 정의한다.

미리 허가를 요청하는 것보다 나중에 양해를 구하는 편이 낫다고 생각하는 문화 그리고 성공에 대한 보상을 제공하지만 실패도 허락하는 문화를 구축할 수 있다면 신선한 아이디어를 가로막는 핵심적인 장애물을 제거한 것이다. 만약 21세기에는 '적응력'과 '지속적인 혁신'이라는 두 요소가 각광받을 것이라는 경영 전략가 게리 하멜Gary Hamel의 주장이 옳다면, 창의성을 강조하는 조직은 이러한 요소들을 적극적으로 반영할 뿐 아니라 강화시키는 환경을 만드는 데에도 힘을 쏟아야 한다.

규제를 완화하는 조치는 사람들이 어리석은 짓을 하도록 내버려두는 게 아니라 온전한 사람으로서 역할을 할 수 있도록 하는 데 그 의미가 있다. 하지만 이는 많은 기업들이 선뜻 취하기 꺼려하는 방식이다. 그도 그럴 것이 조직에 속한 개개인들이 뿔뿔이 흩어지는 현상은 바로 조직 자체의 분열을 의미하기 때문이다. 나 역시 '창의적인' 역할을 할 것으로 기대되는 디자이너들이 회사 조직과 분리되는 상황을 수없이 목격해왔다.

자신의 스튜디오에서는 즐거운 시간을 보내고 있을지 모르지만, 이렇게 고립된 상황은 디자이너들을 격리시킬 뿐 아니라 다른 시각에서 보면 조직 전체의 창조적 노력을 망가뜨리기도 한다. 그렇게 되면 디자이너들은 지식과 전문성을 얻을 수 있는 또 다른 원천을 차단당하게 된다. 그러는 동안에 이들을 제외한 나머지 회사 동료들은 '비즈니스 세계의 엄격한 윤리와 깔끔한 복장 예절을 지켜야 하는 것이 본분'이라는 의기소침해지는 메시지를 전달받게 될 것이다.

문득 하나의 의문이 떠오른다. 만약 디자이너와 마케팅 담당자, 엔지니어들이 머리를 맞대고 앉아 해결책을 강구했더라면 미국의 자동차기업들은 시장의 변화에 더 신속하게 대응할 수 있었을까? 내 생각엔 아마도 그랬을 것이다.

'진지한 놀이'라는 개념은 미국의 사회과학 분야에서 길고 풍부한 역사를 지니고 있다. 하지만 실용적인 의미에서 미국 완구회사 마텔Mattel의 부사장을 역임한 아이비 로스Ivy Ross보다 이 개념을 더 잘 이해하는 사람은 없다. 마텔의 여아용 완구 디자인 개발부의 수석부사장을 지냈던 그는 회사 내의 모든 부서가 서로 소통하고 협력하는 관계로 승화되기가 쉽지 않다는 점을 깨달았다. 이 문제에 대처하기 위해 그는 플래티퍼스platypus(오리너구리)라는 코드명이 붙은 12주 과정의 새로운 실험을 시도했다. 다양한 기술과 배경, 경험을 가진 사람들을 뽑아 기존의 고정관념을 깨는 신선한 아이디어를 찾아내는 임무를 주고, 놀이터처럼 보이는 별도의 공간에서 작업하도록 했다. 이에 대해 아이비 로스는 미국 경제지 〈패스트 컴퍼니Fast Company〉에서 이렇게 말했다. "다른 회사들은 흔히 '스컹크 작업'이라 불리는 비밀 연구 프로젝트를 운영하고 있지만 우리에겐 플래티퍼스가 있습니다. 이 단어를 사전에서 찾아봤는데 '서로 다른 종種이 섞인 흔하지 않은 조합'이라고 나왔습니다."

실제로 재무, 마케팅, 엔지니어링, 디자인 등 여러 분야에 종사하는 직원들이 플래티퍼스 프로젝트에 참여했다. 프로젝트에 필요한 유일한 조건은 참가자들이 세 달 동안 전적으로 플래티퍼스에만 매달려야 한다는 것이었다. 먼저 이들은 처음 2주 동안 '창의력 훈련소'에서 교육을 받았다. 참석자 중 상당수가 한 번도 신상품 개발 프로젝트에 가담한 적도 없고 어떤 종류의 창의적인 훈련에도 참여해본 적이 없었기 때문에 '기초 다지기' 차원에서 교육이 이루어졌다. 그들은 2주 동안 아동발달심리와 집단심리학은 물론 즉흥연기, 토론을 통한 아이디어 짜내기, 프로토타입 만들기 등 다채로운 교육을 체험할 수 있었다. 이어 나머지 10주 동안에는 소녀들의 놀이방식에 대한 새로운 방향을 탐구하고 몇 가지 혁신적인 상품 개념을 도출해내는 과제에 집중했다. 프로젝트가 끝나면서 그들은 그동안 열심히 짜내고 가다듬은 아이디어를 회사 경영진에 제출했다.

그들은 물리적으로 캘리포니아 엘세군도El Segundo에 자리 잡은 마텔 본사에 속해 있었지만 플래티퍼스는 회사의 모든 규칙을 무색하게 하는 새로운 공간을 창조했다. 로스 부사장은 정기적으로 팀원들을 선발해 새로운 팀을 구성했고, 그들이 평상시에는 절대로 할 수 없다고 생각했던 시도를 할 수 있는 환경을 조성해주었다. 그녀가 예측했듯이 많은 플래티퍼스 수료생들은 각자 자기 일터로 돌아가 새롭게 터득한 아이디어와 업무방식을 활용했다. 하지만 그들은 효율성을 중시하는 기업문화가 그런 시도를 어렵게 만든다는 점을 깨달았다. 그 결과 상당수가 심각한 좌절감을 느꼈으며 너무 낙담한 나머지 결국 회사를 떠나는 사례도 발생했다.

이 사례에서 보듯이 특별히 조성된 작업환경을 마련하고 선택된 소수의 사람들을 투입하는 것만으로는 충분하지 않다. 그곳에서는 고삐 풀린 듯 자유롭고 창의적인 상상력을 발산할 수 있지만 조직으로 복귀함에 따라 원래의 장벽과 부딪히게 된다. 그러므로 창의력을 발휘할 수 있는 기업문화를 만들어야 한다.

클라우디아 코츠카는 P&G를 위한 클레이스트리트Clay Street 프로젝트를 맡았을 때 이러한 필요성을 제대로 인식했다. 클레이스트리트라는 프로젝트 이름은 팀원들이 일상적인 업무에서 벗어나 디자이너처럼 사고할 수 있도록 제공된 신시내티의 한 빌딩 이름에서 따온 것이다. 클레이스트리트의 원칙에 따르면 새롭게 구성된 팀(모발 관리제품담당팀이든 애완동물 관련 팀이든)은 재정조달이나 인력확충, 프로젝트 진행 등을 모두 팀 내에서 독립적으로 결정하고 해결해야 한다. 그리고 뛰어난 아이디어를 제시한 팀은 프로젝트를 실제로 진행하고 제품을 내놓는 일까지 완수해야 한다. 이것이 바로 허벌에센스 Herbal Essence처럼 오래된 브랜드가 참신함을 갖춘 성공적인 상품으로 다시 주목받을 수 있게 만든 '혁신의 온상'이다. 클레이스트리트를 경험한 사람들은 회사의 지원 아래 현실에서 적용할 수 있는 새로운 기술과 아이디어로 단단히 무장한 뒤 각자의 부서로 돌아간다.

현실의 공간을 이용하라

디자인 씽킹은 때때로 가까이하기 어려울 만큼 추상적으로 보이기도 하지만 사실 매우 구체화된 사고방식의 하나이다. 팀 내부에서나 프로젝트 과정에서는 물론이고 혁신이 이루어지는 물리적인 공간에서도 구체적으로 나타날 수 있다. 회의를 강조하고 중대한 일정이나 굵직굵직한 사건에 초점을 맞추는 기업문화에서는 창조의 핵심이라 할 수 있는 실험 위주의 반복적인 과정을 지지하기 어렵다. 다행히도 주변에 있는 '시설'들이 그런 역할을 할 수 있다. 그러므로 그러한 시설들이 실제로 부단히 이용될 수 있도록 적극적인 행동을 취해야 한다.

IDEO에는 작업이 진행되는 기간 내내 팀에게 할당되는 특별한 '프로젝트 룸'이 있다. 어떤 방에는 신용카드의 미래에 대해 몰두하는 그룹이 있고, 그 옆방에는 심부정맥혈전증 예방 장비를 고안하는 팀이 있으며, 또 다른 방에는 빌앤드멜린다게이츠재단에서 추진하는 사업으로 인도의 시골에 정수를 공급하는 시스템을 연구하는 팀이 있다. 그들이 머물고 있는 프로젝트 공간은 축적된 연구자료와 사진, 스토리보드(TV · 영화의 주요 장면을 간단히 그린 그림), 모형 등이 모두 쌓여 있어도 쉽게 찾을 수 있을 만큼 넓다.

프로젝트 자료들이 한번에 시야에 들어오면 일정한 패턴을 유지하는 게 수월해진다. 또 이러한 자료들이 서류철이나 노트 또는 파워포인트에 담겨 있을 때보다 창조적인 조합작업이 훨씬 더 쉽게 이루어진다. 이처럼 적절히 디자인된 공간은 프로젝트 웹사이트나 위키디피아 등을 통해 더욱 확장될 수 있으며, 이를 통해 팀원들이 프로젝트 룸을 떠나 현장에서 일을 할 때에도 서로 협력할수 있다. 이는 팀원들 간의 활발한 협력을 도모하고 외부 파트너와 고객 기업들과의 원활한 의사소통을 지원함으로써 팀 전체의 생산성을 큰 폭으로 향상시키는 효과를 낳는다.

IDEO의 창작과정에서 프로젝트 공간이 차지하는 비중은 매우 크기 때문에 우리는 고객들에게도 그 중요성을 전파하고자 노력해왔다. 그 결과 P&G는 짐 Gym이라는 이노베이션센터를 신시내티에 설립했다. R&D 팀이 프로젝트의 속도와 역량을 키우는 한편 실제 모형을 제작하는 단계로 신속하게 이동하기 위한 목적으로 활용하는 곳이다. 사무용 가구업체 스틸케이스Steelcase는 디자인 씽킹을 촉진하기 위한 사내 학습센터를 미시건주의 그랜드래피즈에 세웠다. 이 센터의 회의실과 프로젝트 공간은 조직관리 교육을 받는 직원, 기업상품들의 제휴를 강화하는 방법에 대해 배우는 고객, 미래 전략을 논의하기 위한 고위급 임원들이 언제라도 사용할 수 있다.

이처럼 혁신의 공간을 마련해야 한다는 아이디어는 고등교육의 영역에까지 확장됐다. 스탠퍼드대학의 혁신센터인 SCIL의 교육연구 전문가들과 함께 작업을 진행한 IDEO 팀은 구조를 손쉽게 변경하거나 다시 만드는 일이 가능한 작업공간을 개발했다. 디자인 씽킹에서는 실험적인 속성 때문에 융통성이 성공을 좌우하는 열쇠가 된다. 획일화된 공간은 획일화된 아이디어를 낳는 경향이 있다.

수직적인 위계질서와 효율성이 강조되는 문화를 도전과 모험을 꺼리지 않는 창조적인 문화로 탈바꿈시키는 과제를 논하자면 중요한 교훈 한 가지를 빼놓을 수 없다. 이러한 전환을 성공적으로 해낼 수 있는 이들이라면 생산성이 풍부하게 흘러넘치는 적극적 인재로 거듭날 가능성이 크다는 점이다. 새로운 아이디어에 형태를 입히고 그 결과물을 세상에 내놓는 일에 따르는 만족감 때문에 많은 사람들이 아침 일찍 출근하고 밤늦게까지 일하는 것을 기꺼이 받아들인다. 그리고 이러한 성취감을 느껴본 사람들은 디자인 씽킹의 실험을 포기하지 않는다.

지난 한 세기에 걸쳐 창조적인 문제해결 방식에 몰두해왔던 디자이너들은 앞에서 누차 언급한 '세 가지 혁신의 공간', 즉 영감, 아이디어, 실행의 단계를 유연하게 통과할 수 있는 도구들을 충분히 마련할 수 있었다. 이러한 귀중한 체험은 조직 내에 전반적으로 확산돼야 한다. 특히 디자인 씽킹은 조직의 상층부로 이동할 필요가 있다. 전략적 의사결정이 이뤄지는 임원실에 더 가깝게 다가가야 한다. 이제 디자인은 단지 디자이너들의 손에만 맡겨지기에는 너무나 중요한 것이 되었다.

아마도 고생 끝에 힘들게 디자인 학위를 획득한 사람들에겐 스튜디오를 벗어나 일을 한다는 상상 자체가 몹시 당혹스러울 수도 있다. 마찬가지로 기업의 실무를 지휘하는 관리자들의 귀에는 '디자이너처럼 사고하라'는 요구가 황당하고 이상하게 들릴지도 모른다. 하지만 디자인의 시대가 도래한 현 상황에서는 피할 수 없는 일이다.

20세기에 디자이너들이 떠안았던 과제는 새로운 물건을 만들고, 로고를 디자인하고, 소비자들에게 즐거움을 주는 혹은 자그마한 상자에 제법 무시무시한 첨단기술을 장착하는 일 등이었다. 하지만 21세기에 디자이너의 세계를 수놓게 될 일들은 결코 이러한 종류가 아니다. 브루스 마우Bruce Mau(캐나다 출신의 세계적인 그래픽 디자이너)가 말한 것처럼, 현 시대의 흐름에 대응하기 위해서는 우리 모두 디자이너처럼 사고해야 한다. 나는 디자인이란 요소를 '조직

DNA'에 통합시킬 것을 기업들에 소리 높여 요구하는 것처럼 디자이너들에게도 도전적인 과제를 던져주고 싶다. 디자인 관행 자체를 완전히 변혁시키는 작업을 계속하라는 것이다. 물론 빠른 속도로 변하는 이 혼란스런 세상에도 예술가와 장인, 외로운 발명가를 위한 자리는 언제나 존재한다.

하지만 모든 산업 분야에서 일어나고 있는 지각변동으로 인해 새로운 디자인 관행이 절실히 요구되고 있다. 개개인의 창조적 능력을 억누르기보다는 확장시키는 협력성, 예기치 않은 기회에 집중함과 동시에 상황에 따라 유연하고 빠른 반응을 취하는 태도, 상품의 사회적 · 기술적 · 사업적인 구성요소들을 극대화시키는 데만 초점을 맞추는 게 아니라 조화로운 균형을 유도할 수 있는 디자인 업무방식이 필요한 것이다.

차세대 디자이너들은 스튜디오나 상점에서처럼 기업의 중역회의실에서도 편안함을 느낄 수 있어야 한다. 또한 성인 문맹부터 지구온난화에 이르기까지 모든 문제를 디자인 과제로 바라볼 수 있는 시각을 키워야 한다.

욕구를 수요로
전환시키는 방법

Converting Need into Demand

몇 년 전 우리는 사무실의 다자간 전화회의 서비스 시스템 개발과 관련한 프로젝트에서 깜짝 놀랄 정도로 효과적인 '예비수단'을 개발한 여행사 에이전트를 인터뷰했다. 그녀는 회사가 설치한 말도 안 될 정도로 복잡한 전화시스템과 씨름하는 대신 전화기 몇 대를 가져와 자신의 책상 위에 쭉 늘어놓고 스피커폰을 켜놓는 방법을 택했다. 미니애폴리스에 사는 고객을 위한 수화기는 그녀의 왼편에, 탬파에 사는 고객을 위한 수화기는 오른편에 놓는 식이었다. 아마도 사용자 인터페이스를 놓고 오랫동안 고군분투해온 소프트웨어 엔지니어들은 이런 상황에서 통상적으로 쓰는 탄식 어린 말을 내뱉을 것이다. "그냥 설명서를 읽으라." 하지만 디자인 씽커들은 한 가지 행동을 놓고 '옳다', '그르다'라는 이분법적인 해석을 결코 하지 않는다. 이들에겐 모든 행동이 나름의 의미를 지닌다.

피터 드러커의 근사한 표현을 빌리자면, 디자이너의 임무는 '필요를 수요로 전환시키는 것'이다. 언뜻 듣기에는 간단해 보일 수도 있는 말이다. 사람들이 원하는 것을 알아낸 다음 그걸 갖다 주면 되니까. 하지만 그게 그렇게 말처럼 쉬운 일이라면 왜 우리는 아이팟이나 MTV, 이베이와 같은 근사한 성공담을 더 많이 접하지 못하겠는가? 내가 제시하고자 하는 해답은 '인간이라는 존재를 모든 이야기의 중심으로 되돌릴 필요가 있다'는 것이다. 우리는 인간을 우선순위의 맨 앞에 놓는 법을 배워야 한다. 사실 그동안 '인간중심의 디자인'과 그 중요성은 너무나 많이 조명돼왔다. 그러나 정말로 진한 설득력을 뿜어내는 이야기는 얼마 되지 않는다. 지금이야말로 사람들의 욕구를 꿰뚫어 보고 그것을 디자인으로 구현하는 일이 왜 그토록 어려운지 진지한 질문을 던질 때이다.

가장 기본적인 문제점은, 사람들은 불편한 상황에 너무 잘 적응하기 때문에 스스로도 그렇게 하고 있음을 인식하지 못한다는 점이다. 예컨대 사람들은 몸에 꽉 끼는 자동차 안전벨트를 맨 채 운전을 하고, 비밀번호를 잊지 않으려 손바닥에 적어놓으며, 문고리에 윗옷을 걸쳐놓는가 하면, 공원 벤치에 자전거를 묶어놓기도 한다. 포드자동차의 창업자 헨리 포드Henry Ford는 바로 이점을 간파하고 이렇게 말했다. "만약 내가 소비자들에게 뭘 원하느냐고 물었더라면 아마도 '더 빨리 달리는 말馬'이란 대답을 들었을 것이다."

이것이 바로 포커스그룹(시장조사나 여론조사를 위해 각 계층을 대표하도록 뽑은 소수의 사람들로 이루어진 그룹)이나 설문조사처럼 대부분의 사람들이 원하는 것이 무엇인지를 단도직입적으로 묻는 데 그치는 전통적인 방법을 사용할 때 통찰력을 얻는 경우가 극히 드문

이유이다. 전통적인 시장조사 방법은 현재의 가치를 확장하는 수준의 점진적 혁신에서는 유용하게 쓰인다. 하지만 기존의 법칙을 깨뜨리고 게임의 판도를 바꾸며 체제의 전환을 가져오는 대대적인 변혁, 사람들이 머리를 긁적이며 '어째서 아무도 그런 생각을 하지 못했지?' 하고 경탄하는 획기적인 혁신을 이루지는 못한다.

그러므로 우리의 진정한 목표는 속도가 빠른 프린터를 개발하거나 인체공학적인 요소가 가미된 멋진 PC 키보드를 만드는 것이 아니다. 그것은 일반적인 디자이너들의 몫이다. 우리의 목표는 사람들이 스스로 깨닫지 못하는 잠재적 욕구를 끄집어내 뚜렷이 밝힐 수 있게 하는 일이다. 그것이 바로 디자인 씽커에게 주어진 과제이다. 그렇다면 과연 어떤 식으로 이러한 목표에 접근해야 할까?

지금 우리에겐 점진적 개선보다 지도 전체를 다시 그릴 수 있게 하는 깊고 넓은 통찰력이 필요하다. 우리를 이러한 통찰력으로 이끌어주는 도구로는 무엇이 있을까? 이 장에서는 성공적인 디자인 프로그램에서 공통적으로 볼 수 있는 세 가지 요소에 초점을 맞춘다. 상호보완적으로 서로의 속성을 강화시킬 수 있는 요소인 통찰력과 관찰 그리고 공감이다.

통찰 :
소비자의 삶을 통해 배우기

디자인 씽킹의 핵심요소인 통찰력은 대개 우리가 이미 갖고 있는 것을 측정하거나 이미 알고 있는 것을 말해주는 계량화된 데이터의 영역에서 나오는 게 아니다. 통찰력을 얻기 위한 좀 더 좋은 출발점은 세상에 나가 출퇴근을 하는 사람들, 스케이트보드를 타는 사람들, 간호사들이 일상에서 실제로 어떻게 인생 여정을 헤쳐나가는지 등을 유심히 지켜보는 것이다. 이를 가리켜 휴먼팩터 human factors(인적 요인) 연구의 개척자로 꼽히는 심리학자 제인 풀턴 수리 Jane Fulton Suri는 사람들이 날마다 행하는 수많은 '생각 없는 행위'라고 지칭한다. 예컨대 망치를 출입문 버팀목으로 사용하는 가게 주인이라든지, 사무실 책상 밑에 엉켜 있는 온갖 전선들에 이름표를 붙여놓는 회사원을 관찰하는 것이다.

물론 우리가 만들어낸 상품과 서비스의 구매자이며, 우리가 지은 건물의 거주자, 우리가 발명한 디지털 기기의 사용자인 일상의 소비자들이 우리에게 무엇을 해야 할지 구체적으로 말해주는 일은 거의 없다. 하지만 그들의 실질적인 행동은 충족되지 못한 욕구가 과연 어떤 종류의 것인지에 대한 귀중한 단서를 제공해준다.

디자인은 근본적으로 창조적인 작업이다. 하지만 비밀스럽거나 로맨틱한 의미에서 그렇다는 것은 아니다. 분석적인 사고체계에서는 단지 빈칸의 숫자를 채워 넣으면 된다. 하지만 디자인 방법론은 다르다. 해결방안이 어디에선가 웅크리고 숨어서 '발견해줄 것'을 기다리고 있는 게 아니라 팀의 창작과정 안에 녹아들어 있다. 창조의 과정은 기존에 존재하지 않았던 아이디어와 개념을 창출한다. 그러한 신선한 아이디어는 전문가나 경영컨설턴트를 고용해 '통계적 평균'인 사람들이 설문조사에 어떻게 응답했는지를 살펴보는 것보다는 정비소에 가서 앞뒤가 맞지 않는 수리공의 기술을 살펴보거나 아마추어 목수의 작업을 지켜보는 와중에 얻어질 가능성이 훨씬 높다. 그러므로 프로젝트가 실질적으로 시작하는 통찰의 단계는 나중에 접하게 되는 엔지니어링 단계에 비해 중요도가 떨어지지 않는다. 따라서 우리는 가능하다면 어디에서든 그러한 통찰력을 얻을 수 있도록 노력해야 한다.

디자인에서 디자인 씽킹으로의 진화과정은 제품의 창조에서 인간 대 제품, 더 나아가서는 인간 대 인간 관계를 분석하는 작업으로 진화하는 것과 일맥상통한다. 실제로 약물요법에 집착하거나 정크푸드에서 건강식으로 전환하는 것과 같은 사회적·행동과학적 문제에 디자이너들이 관심을 갖는 현상에서 볼 수 있듯이 최근 수년 동안 놀라운 발전이 이루어졌다. 미국 질병통제예방센터CDC가 아동과 10대 청소년 사이에 유행처럼 번지는 비만 문제를 가지고 IDEO를 찾아왔을 때 우리는 사회적 파장을 낳을 수도 있는 문제에 이 같은 질적 연구방식을 적용했다. 좀 더 깊은 통찰력을 얻기 위한 차원에서 IDEO의 휴먼팩터팀은 샌프란시스코의 필링굿 피트니스센터에서 일하는 제니퍼 포트닉Jennifer Portnick에게 도움을 청했다.

포트닉은 오래전부터 재즈와 운동을 결합한 새로운 유형의 춤인 재즈체조Jazzercise(재즈음악에 맞추어 추는 격렬한 미용체조) 강사가 되는 꿈을 키워왔다. 하지만 미국 옷 치수 기준으로 '18 사이즈'(우리

나라 88 사이즈에 해당)를 입을 만큼 체격이 큰 그녀는 '적합한 외모' 의 소유자만 강사가 될 수 있다는 규정에 맞서 싸우게 됐다. 그녀는 '적합하다'는 개념과 '체격이 크다'는 개념은 양립할 수 있다고 주장했다. 그리고 법적 소송을 통해 국제적인 관심을 불러일으켰고 결국은 재즈체조 분야에서 몸무게에 차별을 두는 규제가 철폐되는 데 일조했다. 포트닉의 일화는 남녀를 불문하고 신체적 특성 때문에 차별을 받는 많은 사람들에게 귀감이 됐다.

이 사례는 조금 다른 이유에서 디자인 씽커에게도 큰 영감을 불러일으켰다. 포트닉은 정규분포곡선의 가장자리에서 생존해 꽃을 피운 인물이기 때문에, 신선하고 통찰력이 뛰어난 방식으로 문제를 정리하는 디자인팀에게 도움이 될 만한 입장에 있었다. 뚱뚱한 사람들은 모두 날씬해지기를 원한다는 가정, 몸무게는 행복과 반비례한다는 가정, 옷 치수가 크다는 사실은 게으르고 자기수양이 부족함을 말해준다는 가정으로 시작하는 것은 문제를 속단하는 일이다. 포트닉의 사례는 젊은 인구의 비만문제에 대해 통계수치가 줄 수 있는 것보다 훨씬 더 깊은 식견과 통찰력을 제공했다. 이처럼 통찰력을 모색하는 탐구에 있어서 가장 편리한 점은 공식적으로 체계화된 계량자료와는 대조적으로 어디에서나 구할 수 있고, 공짜로 얻을 수 있다는 것이다.

관찰 : 사람들이 무슨 일을 하는지, 어떤 말을 하는지 지켜보기

어떠한 세계적인 디자인컨설팅기업에 가더라도 사무실에 처음 들어서면 '다들 어디에 있지?'라는 의문이 가장 먼저 떠오른다. 물론 디자이너들은 프로토타입을 만드는 작업실 혹은 프로젝트실에 있거나 컴퓨터 모니터를 뚫어져라 쳐다보면서 보내는 시간이 꽤 많다. 하지만 우리는 그보다 더 많은 시간을 바깥에 나가 사람들과 만나는 일에 투자한다. 우리의 디자인 프로젝트에 궁극적으로 도움을 줄 세상 사람들과 어울리는 것이다. 식품점 쇼핑객, 사무직 근로자, 어린 학생들은 우리에게 급여를 주는 주체는 분명 아니다. 그러나 그들은 궁극적으로 우리의 고객이다.

고객을 더 잘 파악하기 위해서는 그들이 살고, 일하고, 노는 곳으로 직접 가야 한다. 따라서 우리가 착수하는 모든 프로젝트는 집중적인 관찰 기간을 필수적으로 동반하게 마련이다. 우리는 사람들이 무슨 일을 하는지(또는 무슨 일을 하지 않는지), 어떤 말을 하는지(그리고 어떤 말을 하지 않는지)를 지켜본다. 이는 어느 정도 훈련을 요하는 일이다.

어떤 대상을 관찰할 것인지, 어떤 연구방식을 택할 것인지, 수집된 정보에서 어떻게 유용한 요소를 끄집어낼 것인지, 또는 해결을 위한 통합작업을 언제 시작할 것인지를 정하는 일은 결코 단순하지 않다. 어떤 인류학자라도 관찰의 성공은 양이 아니라 질에 있다고 확언한다. 관찰자가 내리는 의사결정은 결과에 획기적인 영향을 미칠 수 있다. 시장의 핵심영역을 차지하고 있는 소비자들의 구매습관을 가까이에서 살피는 일은 기업으로서는 당연한 일이다. 그들이야말로 바비인형의 가을 의상을 선보이는 아이디어가 대규모로 적용될 때도 과연 빛을 발할지를 알려주는 존재들이기 때문이다.

정규분포곡선의 중심에서 눈에 띄게 우뚝 솟아오른 부분에만 집중하면 새롭고 놀라운 사실을 습득하기보다는 이미 알고 있는 것을 재확인하는 수준에 그칠 확률이 높다. 우리가 원하는 수준의 깊은 혜안을 얻기 위해서는 남들과는 전혀 다르게 살고 생각하고 소비하는 '극단적인' 사용자들을 찾을 수 있는 가장자리로 가야 한다. 예를 들어 바비인형을 1,400개나 소유한 수집광을 만나는 편이 바람직한 것이다.

망상증 환자, 강박증 환자 그리고 사회 상식에서 벗어난 사람들과 어울리는 일은 세상을 더 재미있게 바라보게 해주지만 불안하게 만드는 측면도 분명 있다. 다행히도 언제나 그렇게 극단을 향해 치달아야 하는 것은 아니다. 수년 전 스위스의 주방용품 기업인 질리스Zyliss에서 신제품을 디자인해달라는 요청을 해왔을 때, 우리는 아이들과 전문 요리사들을 주요 연구대상으로 삼았다. 그들은 결코 타깃 소비자 집단은 아니었지만 오히려 바로 그러한 배경 때문에 우리는 매우 값진 통찰력을 기를 수 있었다. 병따개를 들고 낑낑거리는 일곱 살짜리 여자아이의 모습은 '물리적인 힘의 통제'라는 주제를 부각시켰다.

또한 우리는 레스토랑의 요리사가 사용하는 손쉬운 방식을 통해 청소에 관해 기대하지 않았던 통찰력을 얻게 되었는데, 이는 주방용품 배치에 매우 까다로운 주방장의 요구 덕분이었다. 또 극단적인 유형의 인간들이 가진 지나친 조심성은 우리 팀에게 다양한 요소를 정석대로 조합한 '정형화된 세트'를 버리도록 했다. 그리고 언뜻 보기엔 평범한 디자인이지만 각각의 도구에는 안성맞춤인 핸들을 장착한 주방도구 세트를 신상품으로 선보이게 됐다. 그 결과 질리스에서 내놓은 주걱과 피자용 칼, 거품기 등은 날개돋친 듯 팔리고 있다.

행동의 전환

사람들은 대부분 학습을 통해 섬세하고 숙련된 관찰자로 거듭날 수 있지만 이러한 과정의 각 단계를 일일이 노련한 전문가의 손길에 맡기는 기업들도 있다. 실제로 오늘날 디자인산업에서 눈에 띄게 두드러지는 특징 중 하나는 고도의 전문성을 갖춘 사회과학자들 중 상당수가 자신의 학문세계와는 다른 영역에서 커리어를 쌓는 경우가 많다는 점이다. 1차 세계대전이 막을 내린 뒤 소수의 경제학자들이 정부에서 일을 하기로 결정했고, 2차 세계대전이 발발하자 사회학사들 중 일부는 민간부문에 합류하는 사례도 생겨났다. 학계에 남아 있는 동료 학자들은 불안한 마음으로 그들을 지켜보았다. 그러나 오늘날의 상황은 다르다. 뛰어난 상상력이 요구되는 행동과학 연구를 기업들이 후원하는 경우가 많다. 그 기업들은 디자인 씽킹을 진지하게 받아들인다.

미국 인텔Intel에는 마리아 베자이티스Maria Bezaitis가 이끄는 연구팀 PPRG People and Practices Research Group가 있다. 이들은 향후 10년 내에 기업의 진로를 좌우할 다양한 문제들을 연구하기 위해 사회과학 분야에서 다듬어진 관찰법을 사용한다. 예를 들어 디지털 화폐의 미래, 10대 소녀가 사생활 보호를 위해 첨단기술을 활용하는 방법, 다국적 중심지로 부상하고 있는 대도시의 길거리 문화, 레저용 차량처럼 극단적으로 '튀는' 곳을 보금자리로 삼은 사람들의 공동체 등이 바로 이들이 몰두하고 있는 대상들이다. 심리학자, 인류학자, 사회학자 등으로 구성된 이 연구팀의 과제는 전 세계에 흩어져 단지 지역의 현상으로만 남을 수도 있고 그렇지 않을 수도 있는 문화적 변화를 심층적으로 탐구하는 것이다.

왜 실리콘밸리의 반도체칩 메이커가 동유럽이나 서아프리카에 사는 사람들과 그들의 관습을 연구할까? 그 이유는 현재 지구 전체 인구의 50퍼센트 정도만이 첨단 네트워크로 운영되는 커뮤니케이션 수단을 사용하기 때문이다. 인텔은 언젠가 나머지 50퍼센트의 인구가 온라인 세계에 접속할 때를 대비해 만반의 준비를 할 필요가 있다고 판단한 것이다.

다른 분야의 선두 기업들도 이 같은 사회과학적 관찰을 통해 깊고 풍부한 통찰력을 얻는 동시에 이를 미래의 상품을 개발하는 토대로 활용하고 있다. 노키아는 도쿄를 거점으로 활동하는 인류학

자 출신의 디자인 이론가 잰 칩체이스Jan Chipchase가 개발한 혁신적

인 민족지학적ethnographic(현지조사에 바탕을 둔 여러 민족의 사회조직이나

생활양식 전반에 관한 내용을 체계적으로 기술한 자료. 기술적記述的 민족학이라고

도 함) 방식으로 연구를 진행한다. 칩체이스와 연구자들은 호치민

의 아침 거리를 가로지르는 자전거에서부터 헬싱키, 서울, 리우데

자네이루 같은 도시에서 사람들이 들고 다니는 물건, 우간다의 수

도 캄팔라에서 볼 수 있는 휴대전화 등 각양각색 현상을 지켜보면

서 미래 세계의 모습을 그린다. 칩체이스 연구진의 광범위한 관찰

기록과 자료를 토대로 얻는 통찰력은 향후 3년에서 15년에 걸쳐

노키아가 개발하는 미래 상품의 성격을 결정지을 것이다. 이러한

연구는 최신유행을 조사하고 변화의 조짐을 탐색하며 계절마다

마케팅 조사를 벌이는 것과는 근본적으로 다르다.

　학계의 사회과학자들과 산업현장에서 일하는 사회과학자들 사

이에는 확실히 전문적인 유사성이 존재한다. 양측 모두 동등한 학

위를 소지하고 있고, 똑같은 전문잡지를 구독하며, 거의 비슷한 세

미나에 참석한다. 하지만 다른 점도 있다. 학계에 속한 사람은 대

개 학문적인 목적에 의해서만 동기를 부여받지만, 베자이티스나

칩체이스 같은 연구자들은 자신이 관찰한 결과물이 더 장기적이

고 실용적인 영향력을 행사하는 것에 관심을 집중한다. 여기에서

한 걸음 더 나아간 단계에는 프로젝트의 빽빽한 일정에 맞춰 일

하는 새로운 유형의 민족지 연구자들이 버티고 있다. 이들은 혼자

고립된 채 이론을 연구하는 학자들이나 인텔, 노키아 같은 기업에

서 공동작업에 열중하는 사회과학자들과는 대조적으로 디자이너
와 엔지니어, 마케팅 담당자 등 다양한 분야의 전문가들로 구성된
프로젝트팀에서 일을 할 때 최고의 실력을 발휘한다. 이들의 공통
된 경험은 프로젝트 전반에 걸쳐 아이디어를 생성하는 데 필수불
가결한 원천이 된다.

나는 IDEO에서 민족지학적 방식이 활용되는 과정을 여러 차
례 지켜보았다. 한 가지 예를 들자면 커뮤니티 빌더The Community
Builders라고 부르는 비영리단체NGO를 위한 프로젝트에서 인류학자,
건축가, 휴먼팩터 전문가 등으로 이루어진 팀을 구성한 적이 있다.
이 NGO는 주로 미국의 저소득층 가구를 위한 공공주거시설을
짓는 비영리 개발기업 중 가장 규모가 크다. IDEO의 프로젝트팀
은 설계자와 건설업자, 시 당국, 해당 지역의 기업과 서비스 제공
업자 등을 모두 만나 인터뷰를 진행했다. 프로젝트팀은 거기에서
그치지 않았다. IDEO 팀이 진정한 혜안을 갖게 된 계기는 저마다
다른 인생경로를 밟아오고 소득수준에서도 격차를 보인 세 가정
에서 하룻밤을 머물면서 생겨났다. 팀원들은 이들 가정과 함께 시
간을 보내기 위해 켄터키에 있는 파크 듀발Park Duvalle이라는 주거
단지를 방문했다.

이러한 접근방식은 다음에 이어진 프로젝트에서 더욱 두드러졌
다. NGO들이 아프리카와 아시아의 영세농민들을 위해 인간 중
심의 디자인을 개발하는 일에 관련된 프로젝트였다. IDEO의 프
로젝트 팀원들은 비영리 국제개발기구 IDE International Development

Enterprises에서 파견한 협력자들과 함께 에티오피아와 베트남의 영세농 가정에서 시간을 보냈다. 그런 가운데 현지 주민들과 어느 정도의 신뢰를 쌓을 수 있었다. 현지 주민들은 반짝반짝 윤이 나는 매끈한 스포츠 유틸리티 차량을 탄 원조단체의 직원과 인류학자들을 경계했지만 프로젝트 팀원들의 진솔한 태도 덕분에 정직과 공감, 상호존중이 오고가는 화기애애한 분위기를 만들 수 있었다.

인텔, 노키아, IDEO에서 일하는 행동과학자들은 대부분 고도로 숙련된 전문가들이지만 때로는 고객 기업의 프로젝트 담당자들에게 권한을 위임하고 그들 스스로 힘겨운 관찰작업을 하도록 한다. 이른바 '대리 관찰'이다. 우리는 P&G의 CEO인 앨런 래플리Alan G. Lafley 회장에게 주머니에 쏙 들어가는 작은 공책 하나를 주고 캘리포니아 버클리대학 근처의 텔레그래프 애버뉴(자유분방한 젊은이들을 상대로 값싸고 맛있는 음식을 파는 식당과 독특한 상점이 많은 곳으로 '히피의 거리'라고도 부른다)로 음반을 사러 보내기도 했다. 래플리 회장은 고층건물의 높은 곳에 위치한 임원실이나 근사한 리무진 안에서 창문을 통해 바깥세상을 바라보는 것에 만족하는 CEO들을 참지 못하는 성미로 유명하다. 그는 고객들이 일하는 곳, 쇼핑센터, 거주지를 방문해 구경하는 일을 즐겨 한다. 래플리 회장의 이 같은 태도와 관점이 '불특정다수를 대상으로 하는 매스 마케팅은 죽었다'는 공공연한 선언의 바탕이 된 것이다.

한편으로는 고객 기업이 주도권을 쥔 채 프로젝트 팀원들에게 어디로 가면 훌륭한 통찰력을 얻을 수 있는지를 알려주는 경우도 종종 있다. 미국 보건협회인 IHI Institute for Healthcare Improvement와 로버트우드존슨재단The Robert Wood Johnson Foundation이 공동으로 착수한 '응급실 처방'과 관련된 프로젝트를 진행할 때의 일이다. IHI 팀은 미국 최대규모의 자동차경주대회인 '인디애나폴리스 500'에서의 경험에 대해 상당히 인상 깊은 보고를 했다. 그 내용을 간추리면 다음과 같다.

한참 달리던 경주용 자동차가 연기를 뿜으며 급유와 정비를 위한 '피트스톱'에 멈춰 선다. 그러면 그곳에 대기하고 있는 노련한 전문가들이 첨단장비를 동원해 차의 상태를 긴급 점검하고 수초 내에 수리작업을 해치운다. 몇 마디 말이 오가고 나면 응급상황을 정확하게 파악할 수 있다.

물론 우리는 병원 응급실에서 실제로 일어나는 상황과 주변 여건이 어떤지도 살펴봤고 의사와 간호사들이 일하는 모습도 관찰한 경험이 있다. 하지만 그와 '유사한' 상황(예컨대 인디애나폴리스 500과 같은 자동차경주대회, 소방서, 쉬는 시간을 맞이한 초등학교 운동장 등지에서 일어나는)을 지켜보는 경험은 매우 신선한 충격을 준다. 그리고 고정관념의 틀에서 벗어나 더 큰 그림을 그리게 해준다.

공감 : 소비자의 입장에서 생각하고 느끼기

앞에서 열거한 방식으로 연구를 진행하면서 며칠은 물론 몇 주든 몇 달이든 시간을 보내는 것은 가능하다. 하지만 결국 이러한 과정에서 우리 손에 남는 것은 수북이 쌓인 현장 노트와 비디오테이프, 사진 등의 자료밖에 없다. 우리가 아주 기본적인 단계에서부터 면밀히 관찰하는 대상과 진심으로 교감할 수 없다면 가치 있는 자료를 얻을 수 없다. 우리는 사람들과 어울리면서 느끼는 공통의 감정을 '공감'이라고 부른다. 공감이라는 이 귀중한 요소는 디자인 씽킹과 학문적 사고를 구분 짓는 가장 중요한 차이점이 된다.

디자이너들은 새로운 지식을 양산하거나 이론을 시험하거나 과학적인 가설을 규명하려는 의도를 갖고 있지 않다. 그러한 일은 학자들의 임무이며 지적 세계에서 없어서는 안 될 필수적인 요소이기도 하다. 디자인 씽킹의 사명은 관찰한 결과를 통찰력이 깃든 아이디어로 풀어내고, 통찰력이 스며든 아이디어를 삶의 질을 향상시켜주는 상품이나 서비스로 구현하는 것이다.

공감이란 일종의 정신적인 습관으로 사람들을 실험실의 쥐나 표준편차처럼 여기는 수준을 넘어선다. 신선한 발상을 얻기 위해 다른 사람들의 삶을 '빌려와야' 한다면, 겉으로는 설명할 수 없는 행동도 혼란스럽고 복잡하고 모순적인 세상에 대처하기 위한 차별화된 전략의 하나라는 점부터 인식해야 한다. 1970년대에 제록스의 PARC연구소에서 개발한 컴퓨터 마우스는 엔지니어들이 발명하고 엔지니어들을 위해 만든 다소 복잡한 도구였다. 그들에겐 일과가 끝나고 나면 컴퓨터 마우스를 분해하고 깨끗이 청소하는 일이 당연했다. 하지만 당시 신출내기 기업이었던 애플이 '모든 사람들을 위한' 컴퓨터를 창조하도록 도와달라고 제안했을 때 우리는 처음으로 공감의 가치가 얼마나 중요한지를 배웠다.

단순히 자신의 기준과 기대치로 일반화의 오류를 범하는 엔지니어나 마케팅 임원처럼 디자이너도 스스로 기회를 놓치는 실수를 저지를 수 있다. 30세 남성이 60세 여성의 인생 경험을 가질 수 있는가? 그럴 수 없다. 풍요한 생활을 누리는 캘리포니아 주민은 나이로비의 변두리에서 소작농으로 끼니를 연명하는 농민과 공유할 게 없다. 이와 마찬가지로 산악자전거를 타고 난 뒤 상쾌한 기분을 만끽하는 재능 넘치는 산업디자이너는 류머티즘 관절염으로 고생하는 할머니를 위해 간단한 요리도구를 디자인하기 어렵다. 우리는 다른 사람들의 눈으로 세상을 바라보고 그들의 경험을 통해 세상을 이해하고 그들의 감정을 빌려 세상을 느끼는 것, 다시 말해 '공감'을 통한 통찰력으로 수놓은 다리를 만들어가는 것이다.

2000년, 세인트루이스에 위치한 SSM 드폴헬스센터De Paul Health Center라는 병원의 CEO 로버트 포터Robert Porter는 야심 찬 비전을 갖고 IDEO를 찾아왔다. 그는 ABC 방송의 〈나이트라인Nightline〉에서 IDEO에게 쇼핑카트를 일주일 만에 새로 디자인하는 과제를 안겨줬던 프로그램을 본 적이 있었다. 그는 병원의 새로운 부속건물을 짓는 일에 IDEO가 참여하기를 원했다. 그 제안을 받은 뒤 우리에게는 비전이 떠올랐다. 우리는 디자이너와 보건 전문가가 함께하는 새로운 방식의 '공동 디자인' 프로세스에서 성공 가능성을 보았다. 그리고 병원 환경 중에서 가장 열악한 곳부터 손댐으로써 스스로의 능력을 시험했다. 그곳은 바로 응급실이었다.

그렇게 꾸려진 프로젝트팀의 핵심 구성원인 크리스티앙 심사리안Kristian Simsarian은 첨단기술과 복잡한 시스템에 대한 민족지학적 분야에서 고도의 전문지식을 갖춘 인재였다. 그는 환자들이 병원에서 겪는 실상을 파악하기 위한 작업에 나섰다. 그 자신이 실제 환자가 되어 응급실을 직접 체험해보는 것보다 더 좋은 방법이 있을까? 그는 발에 부상을 입은 환자가 되어 응급실 환자용 신발을 신어보았고 환자 수송용 들것에도 몸을 실었다. 그는 이 같은 체험 덕분에 입원 수속을 하는 일이 환자 입장에서는 얼마나 혼란스러운지를 직접 깨달았다. 또 무엇을 기다리는지, 왜 기다려야 하는지에 대한 설명을 전혀 듣지 못한 채 단지 '기다릴 것'을 요구받는 좌절감도 경험했다. 그리고 신원을 알 수 없는 병원 스태프가 위협적인 이중문을 통과해 정체불명의 복도를 지나 번쩍이는 불빛과 정신을 산란하게 하는 소음으로 가득한 응급실로 자신을 끌고 가는 과정에서 치밀어오르는 분노도 감내해야 했다.

우리는 누구나 이처럼 처음 보는 사람, 처음 겪는 일에 맞닥뜨린 경험이 있다. 처음 자가용을 사고, 한 번도 가본 적 없는 도시에 발걸음을 내딛기도 하며, 늙으신 부모님을 위해 도우미가 있는 실버타운을 살펴보기도 한다. 이러한 상황에 처하면 모든 게 낯설어 평소보다 날카로운 시선으로 사물을 바라보게 된다. 크리스티앙은 환자복 속에 비디오카메라를 숨겨 환자가 겪는 경험을 모두 담았다. 의사나 간호사 또는 앰뷸런스 운전사도 결코 할 수 없는 방식으로 말이다. 그가 비밀리에 촬영한 비디오를 통해 프로젝트팀은 환자가 병원에서 겪는 고통을 수도 없이 발견할 수 있었다.

그러나 훨씬 더 중대한 발견은 따로 있었다. 팀원들은 거의 분 단위로 화면에 지겹게 등장하는 천장의 방음 타일, 구분이 가지 않는 비슷비슷한 복도, 특색 없는 대기실을 보면서 점점 더 확신이 들었다. 병원 스태프의 효율성이나 시설의 질이 아니라 이러한 디자인적 요소들이야말로 무엇을 개선해야 하는지를 명확히 말해 주는 것이었다. 지루한 비디오 내용은 그것을 지켜보는 디자인 팀 원들로 하여금 병원 절차의 불투명함 때문에 고통받는 크리스티앙의 경험, 나아가 환자들의 불편까지 느낄 수 있도록 만들었다. 아무런 정보도 제공받지 못한 채 불안감에 휩싸일 때 불쑥 치솟는 분노가 팀원들의 마음 깊숙한 곳에서 촉발됐던 것이다.

팀원들은 두 가지 상황이 대립하고 있음을 알아차렸다. 병원 입장에서는 보험 확인, 의료적 관점에서 우선순위의 결정, 병실 침대 배정 등으로 이어지는 '치료의 과정'을 거친 것인데 반해, 환자의 입장에서는 스트레스를 받는 상황이 더욱 악화되는 과정을 겪은 셈이었다. 프로젝트팀은 이러한 관찰로부터 병원이 의료처치와 행정적인 업무를 처리할 때 인간적인 부분을 배려해야 한다는 결론을 내렸다. 그리고 이렇게 얻어진 통찰력은 IDEO 디자이너들이 드폴병원의 직원들과 함께 병원 서비스의 질을 높이는 '공동 디자인' 프로그램의 초석이 됐다.

크리스티앙의 응급실 체험은 실제로 환자가 겪는 느낌에 대한

다층적인 그림을 제시한 사례다. 먼저 피부에 와닿는 수준부터 살펴보자면 우리는 그가 속해 있는 물리적 환경을 파악할 수 있었다. 다시 말해 우리는 그가 보는 걸 볼 수 있었고, 그가 만지는 걸 느낄 수 있었다. 우리는 그가 머물렀던 응급실을 환자들에게 도대체 무슨 일이 일어나고 있는지에 대한 단서조차도 제대로 제공하지 못하는 굉장히 복잡하고 위압적인 곳으로 인식했다. 또 답답한 공간과 비좁은 복도의 불편함은 물론 그곳에서 일어나는 상반된 일, 즉 체계화된 부분과 즉흥적인 부분을 모두 관찰할 수 있었다. 결과적으로 우리는 응급실의 시설이 아주 비합리적인 수준은 아니지만 환자들의 편리보다는 병원 스태프들의 요구에 맞춰져 디자인되었다는 것을 추론할 수 있었다. 겉보기에는 그다지 중요하지 않은 물리적 요소들이 꾸준히 축적됨에 따라 통찰력은 또 다른 통찰력을 낳는다.

우리가 파악한 두 번째 그림은 인지적인 면이 부각돼 있다. 우리 팀은 환자의 여정을 몸소 겪으면서 통찰력을 현실에서 구현할 수 있는 매우 중요한 단서를 얻었다. 환자는 자신이 처한 상황을 어떻게 이해하고 있는가? 새로 입원한 사람들은 어떤 식으로 물리적인 공간과 사회적인 공간을 경험하는가? 이들이 혼란스럽게 느낄 대상에는 어떤 것이 있을까?

이와 같은 질문들은 이른바 '잠재된 욕구'를 발견하는 데 필수적인 역할을 한다. 여기서 잠재된 욕구란 상당히 강한 욕구일 수도 있지만 사람들이 논리정연하게 표현하지 못하는 종류의 욕구를 말한다. 응급실에 들어가기 위한 수속을 밟으면서 초조함과 근심이 뒤섞인 환자들(또는 호텔에 투숙하기 위해 절차를 밟는 의기소침한 여행자나 기차표를 사기 위해 길게 줄을 선 지친 표정의 소시민)에게 진심으로 공감함으로써 우리는 그런 경험이 개선될 수 있는 방안을 더 쉽게 떠올릴 수 있다. 때때로 우리는 새로운 것을 강조하기 위해 이러한 통찰력을 동원하기도 한다. 하지만 어느 때는 이와 반대로 평범하고 익숙한 것을 참조하는 방식을 택하는 게 더 바람직하다.

평범하고 익숙한 것을 참조하는 방법은 1970년대 제록스 PARC 연구소에서 최초의 그래픽 사용자 인터페이스GUI를 연구하던 팀 모트Tim Mott와 래리 테슬러Larry Tesler가 데스크톱이라는 은유적 개념을 제안하면서 시작됐다. 데스크톱이라는 개념은 컴퓨터를 과학자들만 사용하는 신기술품이 아니라 사무실과 가정에서도 활용할 수 있는 도구로 탈바꿈시키는 데 일조했다. 그리고 무려 30년이 지난 뒤에 신생 벤처기업인 주니퍼파이낸셜Juniper Financial이 IDEO에 찾아와 현대의 은행에서도 건물과 금고, 출납계 직원이 필요하냐는 엉뚱한 질문을 던졌을 때도 이 개념은 변함없이 빛을 발했다.

온라인뱅킹이라는 미지의 영역에 다가가는 과정에서 우리는 일단 사람들이 자신이 소유한 돈에 대해 어떤 생각을 갖고 있는지 이해하는 작업부터 시작했다. 이는 결코 쉽지 않은 시도였다. 돈에 대한 인식은 누군가 계산을 하거나 현금인출기에서 돈을 빼가는 행동을 지켜보는 것처럼 직접적으로 관찰할 수 없기 때문이다. 이에 따라 프로젝트팀은 선택된 참가자들에게 "돈을 그려달라"고 요구했다. 지갑에 꽂혀 있는 신용카드나 수표가 아니라 실제로 돈이 삶에서 차지하는 역할과 영향력을 그림으로 표현해달라는 요청이었다.

참가자 A는 블루마블에 나오는 화폐를 떠올리는 근사한 집, 퇴직연금, 임대용 부동산 등을 그렸다. A의 관심은 장기적인 안정성에 쏠려 있었기 때문이다. 참가자 B는 한편에는 돈다발을 쌓아놓고 다른 한편에는 물건들을 잔뜩 모아놓은 그림을 그렸다. 그는 거리낌없이 이렇게 설명을 덧붙였다. "난 돈이 있으면 물건을 사겠어요." C는 현재 처한 재정상태에만 초점을 맞추었고, 미래 계획은 거의 세우지 않았다. 인지과학을 이용한 이 같은 실험으로 출발해 연구원, 전략가, 디자이너 등으로 구성된 IDEO의 프로젝트팀은 정교한 시장분석 도구를 개발함으로써 주니퍼파이낸셜이 목표시장을 재정의하고 새롭게 부상하는 온라인뱅킹 세계에서 효과적인 서비스를 구축해나갈 수 있도록 했다.

기능적인 측면과 인지적인 측면을 넘어선 세 번째 그림은 사람들의 마음을 감성적으로 파고드는 아이디어를 다룰 때 작동한다. 여기에선 감성적인 파악이 상당히 중요하다. 당신이 표적으로 삼은 집단에 속한 소비자들은 어떤 감성을 지니고 있는가? 무엇이 그들의 마음을 움직이게 하는가? 무엇이 그들의 행동을 촉발하는가? 정치단체와 광고회사들은 수십 년 동안 감성적 부분을 공략하고 이용해왔다. 이러한 감성적인 이해는 기업들이 고객을 아군으로 돌리는 일에 큰 역할을 할 수 있다.

PDA의 원조로 꼽히는 팜파일럿Palm Pilot은 논란의 여지없이 뛰어난 발명품이었고, 그런 만큼 많은 갈채를 받았다. 팜파일럿을 발명한 제프 호킨스Jeff Hawkins는 작고 휴대가 가능한 디지털기기 시장을 둘러싼 경쟁에서는 온갖 기능을 갖춘 다목적 노트북컴퓨터보다 하루에 수백 번이라도 넣었다 뺄 수 있는 간단한 종이수첩이 유리하다는 통찰력을 갖고 시작했다.

1990년대 중반 팜파일럿 작업에 착수한 제프 호킨스는 일반적으로 통용되던 상식을 버리고 최첨단 기능을 동원하지 않기로 했다. 그가 거느린 소프트웨어 엔지니어들이라면 팜파일럿에 스프레드시트(계산) 기능과 화려한 그래픽, 원격으로 차고 문을 열 수 있는 기능까지도 장착할 수 있었다. 하지만 그런 건 중요하지 않았다. 정말로 필수적이고 요긴한 기능 몇 가지에 충실한 것이 더 낫다고 판단했기 때문이다. 그러한 생각을 바탕으로 최종적으로 택한 기능은 주소록, 달력, 일정표, 그게 다였다. 팜 PDA의 첫 버전은 첨단기술에 정통하고 신기술 상품에 열광적인 얼리어답터들 사이에서 큰 인기를 끌었다.

하지만 회색의 플라스틱 덩어리로밖에 보이지 않는 이 첨단기기는 대중의 가슴에 불을 붙이는 매력을 발산하지 못했다. 그리하여 제프는 많은 사람들의 시선을 사로잡기 위해 IDEO의 데니스 보일Dennis Boyle과 팀을 구성해 팜 PDA를 기능적인 측면뿐 아니라 감성적인 측면까지도 고려한 상품으로 재포장하기로 했다.

인터페이스 자체는 거의 수정할 게 없었다. 그보다는 디자이너들이 흔히 폼팩터form factor라 부르는 물리적인 외양에 있어 근사한 새옷을 입히는 결단이 필요했다. 우선 호주머니나 가방에 쉽게 들어갈 수 있도록 얇게 만드는 게 주안점이었다. 데니스는 팀원들을 IDEO로 보내 밑그림부터 다시 그리도록 했다. 두 번째 과제는 미끈하고 우아하고 세련된 느낌을 불어넣는 것이었다. 일본의 카메라 기업들이 활용하는 알루미늄 성형기술을 동원했고 건전지 제조기업들마저 의구심을 품었던 충전식 전원공급 기술을 채택했다. 이처럼 심혈을 기울인 재개발 작업은 충분히 그럴 만한 가치가 있었다.

1999년 팜V가 시장에 모습을 드러내자 판매고는 600만 대 이상으로 치솟아 올랐다. 핸드헬드 PDA시장의 문을 활짝 연 '작품'이 된 것이다. 하지만 그것은 가격이 저렴해져서도, 부가적인 기능이 많아져서도, 기술적인 혁신이 더해졌기 때문도 아니었다. 세련되고 우아한 모습의 팜V는 회사가 큰소리치며 자랑했던 다양한 요소들도 제대로 갖추고 있었지만 폭넓은 소비자들에게 매력을 발산한 핵심적인 요소는 따로 있었다. 바로 세련된 외관이 빚어낸 감성이었다.

개인의 영역을 넘어

우리는 한 개인이 자신이 익숙한 보금자리에서 지내는 모습을 관찰하고 그의 행동을 통해 통찰력을 얻는 방법을 배웠다. 통계학자처럼 냉정한 잣대로 면밀한 조사를 벌이기보다는 관찰대상과의 깊은 공감이 필요하다는 점도 깨달았다. 우리가 만약 개개인의 소비자를 심리학적인 개체로 이해하는 데만 관심을 가졌다면 이 정도 시점에서 중단했을 것이다. 하지만 개인에 대한 공감을 얻었다는 것만으로는 충분하지 않다. 디자이너에게 '시장'이라는 개념은 일반적으로 수많은 개인들을 더해놓은 총합이다. 소비자 그룹들끼리의 상호작용으로까지 개념을 확장하는 경우는 드물다. 하지만 디자인 씽커들은 '전체는 부분의 총합보다 크다'는 전제로부터 시작해 의견의 합의점을 찾는다.

인터넷이 고도로 발달한 현 시대에서 소비자의 심리를 파악하려면 어떻게 해야 하는지는 이제 자명해졌다. 이해의 폭을 넓혀 어떤 집단에서 사람들이 어울리는지, 그리고 집단 간의 상호작용은 어떻게 일어나는지에 대해서도 파악해야 한다. 인맥 사이트부터 휴대전화, 온라인게임에 이르기까지 대부분의 인터넷 서비스들은 집단 내부와 집단 간에 이루어지는 역동적인 상호작용에 대한 이해를 필수적으로 요구한다. 사람들이 개개인으로서 성취하려고 하는 것은 무엇인가? '똑똑한 대중'(인터넷, 노트북컴퓨터, 휴대전화 등으로 무장한 디지털 세대의 현명한 사회참여 움직임을 일컬어 미국의 사회학자 하워드 라인골드Howard Rheingold가 만들어낸 말로 '참여 군중'이라고도 한다)이나 '가상경제'와 같은 집단 효과로는 어떤 것이 있는가? 네티즌들이 온라인 커뮤니티를 통해 획득한 회원자격은 그들이 현실세계로 돌아간 뒤의 행동에 어떤 영향을 미치는가? 오늘날에는 이같은 집단효과에 대한 충분한 이해가 뒷받침되지 않고서는 상품이 됐든 서비스가 됐든 무엇인가를 만드는 상상조차 불가능하다. 의자 하나를 만들더라도 마찬가지이다.

사무용 가구를 만드는 스틸케이스는 고객 회사를 방문해 효율적인 근무환경을 설계한 적이 있다. 이때 디자이너들은 먼저 관계 분석을 통해 조직 내에서 누가 어떤 상대와 주로 어울리는지, 어떤 부서나 기능 또는 개인이 같은 곳에 배치되어야 시너지를 낼수 있는지부터 파악했다. 책상과 수납공간, 인체공학적 디자인을 적용한 의자 등에 대해 고민하는 일은 그 다음에 밟아야 할 수순이었다. 사무실 내의 지식을 공유하기 위한 최적화 시스템을 설계할 때도 이와 같은 접근방식이 사용될 수 있다. 단순히 직원들에게 어떻게 시간을 보내는지, 정기적으로 의사소통을 하는 상대가누구인지를 물으면 왜곡된 정보를 얻을 수 있다. 아무리 좋은 의도를 갖고 있어도 인간의 기억에는 오류가 많기 때문이다. 따라서 비디오 촬영, 컴퓨터를 활용한 인간 상호작용 분석과 같은 기술적 도구들이 상호작용에 대해 더 정확한 자료를 도출해낸다.

두 번째로 고려해야 할 사항은 우리가 소비자들과 연결고리를 만드는 방법에 대한 기존의 인식을 뒤집고 다시 고민하도록 만든다. 바로 '문화적 차이'이다. 크리스티앙 심사리안이 수행한 응급실에서의 직접적 관찰이 미국의 도시가 아니라 사하라사막 남쪽에서 이루어졌다면 완전히 다른 종류의 통찰력을 얻었을 것이다.

통찰력에서 관찰로, 관찰에서 공감으로 이어지는 수순은 우리를 결국 가장 흥미로운 질문으로 이끈다. 그토록 다양한 문화가 존재한다면, 그리고 '통제할 수 없는 군중'으로 대변되는 20세기의 이미지가 21세기의 새로운 발견인 '똑똑한 대중'이라는 이미지에 자리를 내주었다면 과연 우리는 '집단적 지성'을 어떤 식으로 동원해 디자인 씽킹의 잠재력을 발휘할 수 있을까? 디자이너는 낯선 문화의 중심으로 들어가 극도로 객관적인 태도를 유지하면서 현지 주민들을 관찰하는 대담무쌍한 인류학자의 이미지로 비춰져서는 안 된다. 그보다는 창조자와 소비자 사이의 경계를 완화시키는 새롭고 협력적인 합작을 시도해야 한다. 이러한 협력방식의 바탕이 되는 개념은 '우리 대 그들'이 아니며 '그들을 대표하는 우리'라는 개념은 더더욱 아니다. 디자인 씽커에게는 '그들과 함께하는 우리'라는 개념이어야 한다.

과거에 소비자라는 존재는 분석의 대상, 더욱 심하게는 약탈에 눈이 먼 전투적인 마케팅 전략이 노리는 불운한 공격대상으로 여겨졌다. 이제 우리는 진정한 유대관계를 목표로 전진해야 한다. 디자인 팀원들끼리만 협력을 돈독히 하자는 게 아니다. 팀원들과 그들이 접근하려고 하는 관중 사이에도 끈끈한 협동정신과 유대관계가 형성되어야 한다. 하워드 라인골드가 '똑똑한 군중'에 대한 연구에서, 또한 제프 하우Jeff Howe가 대중에게서 아이디어를 얻는 크라우드소싱crowdsourcing(미국의 디지털 문화잡지인 〈와이어드〉에 게재한 기사에서 등장한 신조어로 '군중'과 '아웃소싱'을 합친 말)이란 개념을 통해 강조했듯이 최근에 쏟아지는 놀라운 신기술은 이러한 강력한 연결고리를 강화시키는 방법들을 제시하고 있다.

디자인과 상품개발과정에서 소비자가 맡는 역할에 대한 기존의 고정관념은 이제 중대한 변화를 맞이하고 있다. 예전만 해도 기업들은 신상품 아이디어를 확보하면 동원할 수 있는 모든 마케팅 전문가와 광고 전문가를 한곳에 모아놓고 소비자에게 팔 궁리를 했다. 종종 소비자의 허영심과 두려움을 이용하는 방법까지 동원해서 말이다. 하지만 이는 서서히 미묘한 차이를 지닌 함축적인 접근방식으로 변해갔다. 소비자들에게 직접 다가가 그들의 삶과 경험을 지켜보면서 갖게 된 통찰력을 바탕으로 신선한 아이디어에 대한 영감을 얻는다. 그리고 바야흐로 이 같은 민족지학적인 방식까지도 뛰어넘어 새로운 개념과 기술에 의해 지탱되고 꽃을 피우는 혁신적인 방식으로 발전하기 시작했다.

나의 IDEO 동료 제인 풀턴 수리는 심지어 디자인 진화의 다음 단계를 탐색하는 작업에까지 발 벗고 나섰다. 소비자를 위해 창조하는 디자이너에서 출발해 소비자와 함께 창조작업을 하는 디자이너로 변신했다. 또한 호기심 많은 네티즌이 직접 만든 UGC(사용자 생성 콘텐츠)와 공개소프트웨어 기반의 혁신을 적용해 스스로 창조에 도전하는 소비자로 발전해나감에 따라 그녀도 차세대 디자인 세계에 관심을 기울이게 됐다. '모든 사람이 디자이너'라는 생각은 참으로 매혹적이다. 하지만 기존의 아이디어를 효율적으로, 그리고 저렴한 방식으로 복제하는 게 아니라 혁신적인 아이디어를 스스로 창출하는 일반 소비자들의 능력은 아직까지는 전혀 검증된 바 없다.

이러한 현실적인 제약이 UGC가 흥미롭지 않다거나 새로운 물결을 이루지 못할 것이라는 의미를 내포하는 것은 아니다. UGC는 매스미디어가 상의하달 방식으로 지배하는 시대에서는 볼 수 없었던 엄청난 규모의 참여를 이끌어내고 있다. 하지만 오픈소스 방식을 적극 지지하는 사람들이라도 모차르트, 존 레논, 마일스 데이비스와 같은 거장을 아직까지 배출해내지는 못했다는 점을 부인하지 못할 것이다. 적어도 지금까지는 말이다.

지금 우리는 기업이 신상품을 만들고 고객은 수동적으로 상품을 소비했던 20세기와 소비자들이 필요한 모든 것을 스스로 디자인할 수 있는 미래의 중간지대에 최상의 기회가 있다는 점에 주목해야 한다. 그곳에는 한 차원 높은 수준의 창조자와 소비자 간의 협력이 존재한다. 기업과 개인의 경계선이 모호해지는 현상 또한 나타나고 있다.

개인은 이제 스스로를 '소비자', '고객', '사용자' 등으로 규정짓기보다는 창조의 과정에 활발히 참여하는 존재로 여긴다. 마찬가지로 조직도 기업과 대중의 경계선이 무너지는 현상을 더욱 긍정적으로 바라볼 수 있어야 한다. 결국 소비자들의 행복과 평안, 복지야말로 기업의 성공을 이끄는 중심요소이다. 창조자와 소비자 사이의 협력을 증진하기 위한 혁신적인 전략이 존재한다는 증거는 쉽게 찾아볼 수 있다.

런던의 명문 예술대학인 왕립예술학교RCA의 토니 던Tony Dunne과 빌 게이버Bill Gaver는 유럽연합의 후원으로 디지털기술이 사회조직을 강화할 수 있는 방안을 강구하던 도중 '문화적 탐사' 과정을 개발했다. 나이가 지긋한 마을 어른들의 일기나 비디오카메라 등을 동원해 일상에 나타나는 생활양식을 기록하는 것이 탐사의 주 내용이다.

비디오게임, 스포츠의류 등 젊은 층의 문화에 초점을 맞춘 산업 분야에서는 개발자들이 콘셉트를 잡는 단계부터 실제 테스트에 이르기까지 개발과정의 모든 단계에서 첨단기술에 민감한 청소년들과 일하는 경우가 흔하다. 뉴욕의 SEE Sweat Equity Enterprises 는 나이키, 닛산, 라디오쉑 등 다양한 기업들과 제휴해 고등학교 학생들과 공동으로 신상품을 개발한다. 후원 기업들은 이 작업을 통해 '길거리'(임원실보다는 더 창의력의 원천이 될 수 있는 장소)에서 최첨단을 걷는 멋진 통찰력을 포착할 수 있다. 한편으로는 충분한 기회를 제공받지 못하는 도시 청소년들을 위한 교육에도 장기적인 투자를 할 수 있다.

소비자와 디자이너가 나란히 아이디어를 생각하고 평가하고 발전시키는 과정에 참여하도록 하기 위해 IDEO에서 개발한 기법으로 언포커스그룹 unfocus group 이 있다. 워크숍의 형식으로 소비자들과 전문가들을 한데 모아 특정한 주제에 대한 새로운 콘셉트를 탐구하는 방식이다. 포커스그룹의 경우 임의로 선발한 '평균'적인 사람들을 모아 일방적인 잣대로 관찰하는 게 보통이다. 이에 반해 언포커스그룹은 독특한 개인들을 찾아 활발한 협력을 요하는 디자인 실습에 참여하도록 초대하는 게 특징이다.

이쯤에서 흥미로운 사례 한 가지를 소개하겠다. 여성용 구두를 위한 신선한 콘셉트를 조사하고 있을 때였다. 우리는 색상 전문 컨설턴트와 뜨거운 석탄 위를 맨발로 걷는 젊은 남자, 허벅지까지 올라오는 긴 가죽 부츠에 환호하는 기혼 여성, 유니폼을 입었지만 섹시한 스틸레토힐(끝이 뾰족하고 굽이 높은 구두)을 신은 여성 리무진 운전사를 초대했다.

굳이 설명할 필요도 없이, 우리가 초대한 사람들은 저마다 구두와 발, 인간의 몸에서 일어나는 감성적인 연결고리에 대해 확고한 자기주관을 가지고 있었다. 우리가 목적지인 샌프란시스코에 도착했을 때, 이들은 이미 매우 흥미로운 아이디어들을 한아름 생각해낸 상태였다. 비밀스러운 물건을 숨기기 위해 구두에 장착한 작은 보관함과 발의 주요 압점이 자리한 곳마다 불쑥 솟아오른 문양 등의 아이디어는 비록 상용화되지는 못했지만 우리에게 소중한 교훈을 안겨줬다. 우리는 이들이 내놓은 신선한 아이디어를 거울삼아 사람들이 구두에 대해 진정으로 갈구하는 요소가 무엇인지를 골똘히 생각할 수 있었다.

1940년의 어느 가을날, 산업디자이너 레이먼드 로위Raymond Loewy는 아메리칸토바코American Tobacco의 사장이자 미국 비즈니스 역사에서 손꼽힐 정도로 괴짜인 조지 워싱턴 힐George Washington Hill을 사무실에서 맞이했다. 힐 사장은 로위에게 5만 달러를 내밀면서 아메리칸토바코의 주력상품인 럭키스트라이크Lucky Strike의 포장을 더욱 근사하게 만들어달라고 요청했다. 로위는 그 제안을 흔쾌히

25장

받아들였다. 이윽고 자리를 뜨려고 일어난 힐 사장은 로위를 돌아
보며 언제쯤이면 작업이 완료되겠느냐고 물었다. 로위는 대답했
다. "아, 그건 저도 모릅니다. 하지만 어느 화창한 봄날 럭키스트라
이크의 디자인을 하고 싶은 마음이 용솟음치면 몇 시간 내로 해결
될 겁니다. 그때 연락을 드리겠습니다."

오늘날 사람들은 멋진 영감이 문득 마음속에 떠오르는 순간을
인내심을 갖고 기다려야 한다는 생각을 더는 하지 않는다. 영감
은 기회라는 요소를 동반하지만 프랑스의 세균학자 루이 파스퇴
르Louis Pasteur가 1854년에 열린 그 유명한 강연에서 말했듯이 '준
비된 자만이 기회를 잡는 법'이다. 어떤 특정한 주제들과 거기에
서 파생된 변형들, 다시 말해 관찰기법, 공감의 법칙, 개인의 한계
를 뛰어넘으려는 시도 등은 혜안과 통찰력을 얻으려는 디자인 씽
커에게 반드시 필요하다.

겉보기에 흔한 것부터 기이한 것에 이르기까지, 일상생활의 의
례적인 관습에서부터 의식적인 행사에 돌발적으로 끼어드는 방해
요소들까지, 평범한 것부터 극단적인 것에 이르기까지 모두 그 대
상이 될 수 있다. 그러한 통찰력은 체계화할 수도, 정량화할 수도,
정의를 내릴 수도 없다. 적어도 아직까지는 불가능하다. 바로 이러
한 사실이야말로 디자인 과정 중에 가장 어렵고도 흥미로운 부분
이다. 그러한 영감이 어디에서 찾아올지, 언제 떠오를지 알려줄 수
있는 알고리즘은 결코 존재하지 않는다.

마음의 매트릭스

A Mental Matrix

　디자인 씽킹을 조직 내에서 확산하기 위해 디자이너들이 해야 할 역할은 고객들로 하여금 작업의 일부가 되도록 유도하는 것이다. 마법사의 커튼 뒤를 꿰뚫어 볼 때 따르는 전율을 느끼게 해주려고 이러한 시도를 하는 것은 아니다. 고객이 작업에 참여하면 거의 예외 없이 더 훌륭한 결과를 얻기 때문이다. 하지만 미리 경고해두지만 이 방법을 쓸 때는 상당한 혼란이 연출될 수 있다는 점을 명심해야 한다.

　연극애호가가 공연 직전 무대 뒤에서 벌어지는 혼란스런 상황을 목격했다고 상상해보라. 막바지에 부랴부랴 손을 댄 의상 수선의 흔적들, 여기저기에 널브러져 있는 무대장치의 파편들, '햄릿'을 맡은 남자 주인공은 뻐끔뻐끔 담배를 피우고 있고, '오필리아' 역을 맡은 여배우는 휴내전화로 열심히 수다를 떨고 있다…. 연극애호가는 이런 상황에 상당한 충격을 받을 것이다. 어쨌거나 몇 주가 흐른 뒤 이 연극애호가가 디자인 씽킹을 열렬히 칭송하는 지지자로 변신했다고 생각해보자. 그는 체계화된 조직구조와 규율, 짜임새 있는 프로세스로 명성을 날리는 다소 둔감하고 점잖은 회사에서 디자인 씽킹을 소개하고 정착시키기 위해 노력할 것이다. 갑작스러운 깨달음이 늘 그러하듯이 진정 어려운 고비는 이때부터이다. 디자인의 힘을 목격하고 그 과정에 뛰어드는 일과 자신의 사고체계에 흡수시킨 다음 조직의 틀에 맞춰 인내심 있게 적용시키는 것은 다른 차원의 일이기 때문이다.

디자인학교에서 전문적인 교육을 받은 사람들에게조차도 오래도록 소중하게 여겨왔던 자신만의 견해와 작업방식을 급작스럽게 떨쳐버리는 것은 쉽지 않은 일이다. 조직적인 방법론에 입각해 일을 한 사람들의 경우엔 위험도가 너무 높고 오차범위가 심각하게 좁다며 두려워할 수도 있다. 이처럼 익숙하지 않은 미지의 영역에 첫발을 내딛는 이들을 인도하는 최상의 방법은 무엇일까? 사실 직접 체험해보는 것이 가장 좋다. 그러나 적어도 디자인 씽킹이 어떤 것인지 감을 잡을 수 있는 핵심적인 경험은 공유할 수 있다(나의 경험이 완벽한 길잡이는 아닐지라도 여러분의 항해에 도움이 되는 이정표 역할을 할 수 있을 것이라 생각한다).

나는 1장에서 프로젝트가 진행되는 동안 디자인팀이 으레 거치는 세 가지 공간에 대해 언급했다. 첫 번째는 우리가 동원할 수 있는 모든 것을 통해 얻어낸 통찰력이 존재하는 '영감'이란 공간이며, 두 번째는 그러한 통찰력이 신선한 발상으로 표현되고 승화되는 '아이디어'의 공간이다. 그중에서 최상의 아이디어를 골라 구체적인 계획으로 발전시키는 곳이 세 번째 '실행'의 공간이다. 이 세 공간은 딱딱하고 틀에 박힌 방법론에 따라 밟아가는 순차적인 단계가 아니라 서로 중첩되는 공간들이다.

통찰력은 원하는 시간에 딱 맞춰 생기는 법이 드물다. 그러므로 아무리 불편한 시간대에 찾아오더라도 모습을 드러내면 즉각 붙잡아야 한다. 모든 디자인 과정은 질서정연하지 않은 극도로 불확실한 시간, '대박' 가능성이 엿보이는 발상을 붙들고 씨름하는 수많은 시간, 세부사항을 다듬는 일에 총력을 기울이면서 보내는 지루한 시간을 모두 거친다. 각각의 단계는 다르다. 그리고 실제로 모든 구성원들이 저마다 다르게 느끼고 차별화된 전략을 요구한다는 점을 인식하는 것이 중요하다.

새롭게 구성된 팀이 정보를 수집하기 위해 바깥세상으로 힘차게 나갈 때는 낙관적인 분위기가 가득하다. 그러나 자료를 취합하고 일정한 양상을 발견하기 위한 탐구가 진행되는 통합과정에서는 낙담하는 분위기로 바뀔 수 있다. 중대한 사항이 하찮은 장애물에 부딪혀 흔들리는 경우가 빈번하기 때문이다. 하지만 그러고 나면 상황은 다시 좋아진다. '아이디어' 과정에서는 모든 것이 명확해지면서 실체가 점차 드러나고 새로운 개념이 형성되기 때문이다.

디자인 프로세스의 정점에 도달하는 순간은 프로토타입을 만드는 작업에 착수할 때이다. 그다지 멋져 보이지 않아도, 작동이 썩 잘되지 않더라도, 기능이나 장식이 너무 많거나 혹은 적더라도 프로토타입은 실체를 갖추고 있다. 눈으로 확인할 수 있는 뚜렷한 발전의 조짐인 것이다. 궁극적으로 '이거다' 싶은 뛰어난 발상이라는 데 모두가 동의하면 프로젝트팀은 막연한 희망에 차 있는 게 아니라 보다 실용적인 낙관주의에 안착한다.

물론 극도의 긴장과 불안으로 점철되는 순간들이 찾아오기는 한다. 뭔지 모르게 겁이 나는 순간들은 결코 완전히 사라지지 않는다. 하지만 경험이 많은 디자이너는 무엇을 기대해야 할지를 잘 알고 있기 때문에 때때로 찾아오는 감정적인 슬럼프에 빠져 일을 그르치지 않는다. 디자인 씽킹은 정상과 정상 사이를 사뿐히 넘나드는 우아한 도약으로 귀결되기 힘들다. 우리의 감성적인 면모에 대한 시험과 협력을 바탕으로 한 창조력을 요구하기 때문이다. 하지만 이러한 과정에 따른 인내의 보상으로 눈부신 결과를 맞이한다.

집중적 사고와
확산적 사고

디자인 씽킹을 경험한다는 것은 네 가지의 심리상태 사이에서 춤을 추듯 왔다 갔다 하는 것과 다름없다. 각각의 심리상태는 특징적인 분위기와 태도를 지니고 있다. 하지만 일단 음악이 갑자기 울려 퍼지기 시작하면 어떤 상태에 있는지, 어느 쪽이 앞으로 내디딜 발인지조차 분간하기 힘들어진다. 때때로 새로운 디자인 프로젝트를 시작하는 데 있어 가장 도움이 되는 행동은 그냥 적합한 파트너를 고르고 댄스 플로어를 깨끗이 비우고 직관을 믿는 것이다.

논리와 추론에 입각한 사고를 강조하는 것은 우리 문화 속으로 깊숙이 들어와 있는 방식이다. 문제해결을 위한 접근방식에 있어 동서양의 문화 차이를 연구한 심리학자 리처드 니스벳 Richard Nisbett 은 '생각의 지도'가 존재한다는 주장을 펼쳤다. 우리는 문제의 영역이 물리학이든 경제학이든 역사든 지속적으로 정보를 수집해 그것을 분석한 다음 궁극적으로 하나의 답으로 수렴하는 식의 교육을 받았다. 하지만 우리는 때때로 옳은 게 아니라 가장 적절한 해답을 찾아야 하거나 비슷한 수준을 지닌 다수의 대안들 중 하나를 선택해야 하는 상황과 맞닥뜨린다. 친구 다섯 명이 모여 저녁 식사 장소를 정할 때 의견을 하나로 모아야 했던 최근의 기억을 떠올려보라.

집중적 사고는 현존하는 여러 가지 대안들을 놓고 최종결정을 내리는 실용적인 방법이다. 그러나 집중적 사고는 미래를 탐구하고 새로운 가능성을 창출해내는 일에 있어서는 그다지 힘을 발휘하지 못한다. 깔때기를 한번 생각해보라. 넓게 벌려져 있는 입구는 광범위한 가능성을 의미하고 그 밑의 작은 대롱은 하나로 좁혀진 해결방안을 뜻한다. 이는 분명 시험관을 충분히 활용해 '옥석 가리기 식'의 세심한 여과과정을 거쳐 해결방안을 마련하는 가장 효율적인 방법이다.

만약 이 같은 수렴단계가 문제해결 과정에서 최종적인 해결책을 찾는 촉진제 역할을 한다면, 확산적 사고의 목적은 다양한 해결방안을 마련하기 위해 선택의 폭을 넓히는 데 있다. 소비자 행태에 대한 남다른 통찰력일 수도 있고, 신상품 출시에 대한 또 다른 비전일 수도 있고, 쌍방향적인 경험을 만들어내는 다양한 대안들을 얘기하는 것일 수도 있다. 이처럼 대립적으로 공존하는 갖가지 후보 아이디어들을 테스트하면 결과물은 보다 대담하고 매혹적이며 '창조적 파괴'의 속성이 더 깊어진다. 노벨상을 두 번이나 수상한 미국의 위대한 물리화학자 라이너스 폴링Linus Pauling은 다음과 같은 명언을 남겼다. "좋은 아이디어를 얻는 최상의 방법은 다양한 아이디어를 많이 흡수하는 것이다."

하지만 우리는 현실적인 면모를 갖출 필요도 있다. 선택의 여지가 많아진다는 것은 곧 일이 복잡해진다는 뜻이고, 복잡해진 상황은 삶을 힘들게 만든다. 특히 예산을 관리하고 일정을 조정하는 일을 주 업무로 삼는 사람들에게는 더욱 그렇다. 대부분의 기업들은 점진적인 혁신을 목표로 성장을 추구하고 누구나 예측할 수 있는 결정을 선호하기 때문에 자연스럽게 문제의 발생을 억제하고 선택을 제한한다. 이러한 성향은 단기적으로는 효율적일지 모르지만 궁극적으로는 조직문화를 보수적이고 경직되게 만들 뿐만 아니라 판도를 바꿀 수 있는 외부세력의 도전에 직면하면 무기력해진다. 확산적 사고는 결코 장애물이 아니라 혁신으로 이끄는 디딤돌이다.

여기서 내가 강조하고 싶은 요점은 우리 모두가 우뇌를 사용하

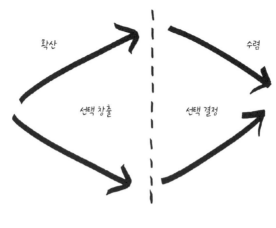

확산   수렴

선택 창출   선택 결정

확산적 사고의 목적

면서 확산적 사고를 현실에서 구현하고 최상의 결과물을 추구하는 예술가가 되어야 한다는 게 아니다. 디자인 교육이 예술과 엔지니어링 교육과 동등하게 평가받는 데는 충분히 그럴 만한 이유가 있다. 그러나 디자인 씽커의 작업과정은 집중단계와 확산단계 사이에 리듬감 있게 이뤄지는 연속된 교류에 가깝다. 새로운 움직임은 바로 그 전에 비해 범위는 좁아지지만 보다 세밀하고 정교해지는 과정이 되풀이되면서 일어난다. 확산단계에서는 선택의 대상이 새롭게 등장한다. 그러나 집중단계에선 그 반대의 현상이 벌어진다. '후보'의 숫자를 줄여나가고 '결정'을 내리는 용단이 필요한 것이다.

한때는 전망이 밝아 보였던 소중한 아이디어가 사장되는 것을 지켜보는 일은 당연히 가슴 아프다. 하지만 이것이 바로 프로젝트를 이끄는 책임자의 외교적 수완이 종종 시험대에 오르는 이유이다. 노벨문학상과 퓰리처상을 수상한 작가 윌리엄 포크너 William Faulkner 는 글쓰기의 가장 어려운 점으로 '소중하게 여기는 작은 부분들을 포기하는 것'을 꼽았다.

분석과 통합

디자이너들은 불필요한 기능이 주렁주렁 붙는 현상을 뜻하는 피처 크리프 feature creep 에 대해 곧잘 불평한다. 가만히 놔두면 기능을 곁들인 단순미가 충분히 돋보일 수도 있었던 제품에 불필요하면서도 비용이 드는 기능을 첨가하는 게 불만인 것이다 (1958년에 나온 RCA의 TV 리모컨에는 단 하나의 버튼이 있었다. 그런데 지금 우리 집에서 사용하는 리모컨에는 무려 44개의 버튼이 있다). 디자인 씽커는 별로 필요하지도 않은 영역을 자꾸 추가하는 카테고리 크리프 category creep 를 경계해야 한다.

이쯤에서 분석과 통합에 대해 논할 필요가 있다. 이 둘은 집중적 사고와 확산적 사고를 자연스럽게 보완하는 요소들이다. 분석적인 사고체계를 갖추지 않고서는 기업을 운영하는 일은 물론 한 가정의 예산조차도 관리하기 힘들다. 디자이너들도 픽토그램을 디자인하는 일이든, 발암물질을 함유한 폴리염화비닐의 대안을 찾는 작업이든 상관없이 과제를 이해하기 위해 복잡한 문제를 조각조각 분해하는 분석도구를 사용한다.

하지만 창조적인 과정에서는 흩어진 조각들을 모아 큰 그림을 그려나가는 통합적인 접근방식에 의존하게 마련이다. 일단 자료가 수집되면 속속들이 점검하는 작업을 통해 의미 있는 패턴을 규명할 필요가 있기 때문이다. 분석작업과 통합작업은 똑같이 중요하다. 선택의 여지를 넓히고 최종결정을 내리는 과정에서 각기 중요한 역할을 맡는다.

디자이너들이 연구를 진행하는 방식은 다양하다. 현장에서 수집하는 민족지학적 자료, 인터뷰 자료를 비롯해 특허, 제조공정, 판매기업과 하청기업에 대한 점검도 연구조사의 영역에 포함된다. 그들은 간단한 메모를 하거나 사진을 찍고, 비디오 촬영을 하고, 대화를 녹취하고, 비행기에 탑승해 앉아보는 등의 다채로운 모습으로 연구를 진행한다.

정확한 사실과 다양한 정보를 수집하다 보면 입이 떡 벌어질 만큼 엄청난 양의 자료에 파묻힐 수도 있다. 그러나 자료의 양만 방대해서는 아무 소용이 없다. 어느 시점에 이르러서는 결국 자료를 정리, 해석하고 일관성 있는 설명으로 엮어내는 강도 높은 통합작업에 착수해야 한다. 이러한 작업은 때로는 몇 시간, 때로는 일주일 넘게 걸릴 수도 있다.

이처럼 가공되지 않은 자료에서 의미 있는 행동양식을 발견하고 추출하는 통합작업은 근본적으로 창조적인 성격을 갖는다. 정보는 그냥 정보일 뿐이고 사실은 그냥 사실일 뿐 함축된 의미를 친절하게 설명해주지 않는다. 자료의 성격도 각양각색이다. 정밀한 의료장비 프로젝트의 경우엔 상당히 전문적인 기술지식을 요하는 자료가 나오기도 하지만, 에너지효율이 높은 형광등 사용 촉진 프로젝트의 경우엔 행동과학적인 자료만 가지고 일해야 한다. 어떤 경우가 됐든 디자이너의 임무는 매혹적이고 일관성이 있으며, 이야기를 듣고 나면 저절로 신뢰가 생기는 스토리텔링의 대가처럼 프로젝트를 이끌어나가는 것이다.

'날것' 그대로의 자료가 일관성이 돋보이고 영감이 넘치는 이야기로 엮어지면 한 차원 높은 통합작업이 시작된다. 프로젝트 개요의 내용을 보면 여러 가지 목표들이 외관상으로 충돌하는 경우는 지극히 정상적이다. 예컨대 비용은 저렴하면서도 품질이 뛰어난 제품을 만들려 한다든지, 검증도 되지 않은 신기술을 사용하면서 상품개발에 소요되는 시간은 앞당기려고 한다든지 하는 식이다. 이러한 상황에서는 프로세스를 최대한 단순화하는 데 역점을 두고 몇 가지 기능이나 사양에만 집중하는 경향이 흔히 나타난다. 하지만 그렇게 하는 것은 '편의'라는 목표를 위해 상품의 완성도를 희생하는 일종의 타협인 경우가 대부분이다.

확산단계와 집중단계 사이에서, 그리고 한편으로는 분석과 통합 사이에서 끊임없이 움직이는 것, 이것이야말로 디자인 씽킹이 뿌린 씨앗이라고 할 수 있다. 하지만 이것이 전부는 아니다. 바위투성이의 황폐한 토양에 심어진 씨앗은 제아무리 단단할지라도 시들고 만다. 비옥한 토양이 뒷받침돼야 한다. 이제 프로젝트팀과 팀원에게서 시선을 거두고 위를 바라봐야 한다. 개인이 아니라 기업이나 단체와 같은 조직에 초점을 맞출 필요가 있다. 디자인을 조직하고 구성하는 일에서 벗어나 '조직을 디자인하는' 것으로 발걸음을 옮겨야 한다.

실험의
태도

집중적 사고와 확산적 사고, 세밀한 분석과 통합적 판단 사이를 오가며 우아하게 춤을 추는 세련된 안무의 대가로 찰스 임스와 레이 임스Ray Eames 부부를 꼽을 수 있다. 미국이 배출한 디자이너 가운데 가장 창조적인 협력관계를 구축한 부부이다. 이들은 캘리포니아에 위치한 사무실을 거점으로 무려 40년 동안이나 '디자인 실험'을 진행했으며 상상할 수 있는 모든 수단을 활용해 창조활동을 펼쳤다.

이들이 디자인한 성형합판 의자는 미국의 모더니즘을 대변하는 상징과도 같은 존재이며, 캘리포니아 퍼시픽 팔리사데스에 지은 자택 '케이스 스터디 하우스Case Study House No.8'을 비롯해 박물관 전시공간, 교육용 영화 등은 모두 창조적 실험의 결과물이다. 그러나 이미 완성된 프로젝트에서 항상 방법론적 시도를 찾을 수 있는 것은 아니다. 이점에서 창조적 작업을 추신하는 팀은 충분한 시간과 공간, 실수도 용인될 만큼 넉넉한 예산이 필요하다는 교훈을 얻을 수 있다.

개인이든 팀이든 조직이든 디자인 씽킹에 대한 마음의 매트릭스를 터득했다면 실험에 대한 기본적인 자세를 공통적으로 지니고 있다. 그들은 새로운 기회에 대해 열린 마음을 지니고 있으며 실험이 엉뚱한 방향으로 흘러도 기민하게 대응하며 언제나 신선한 해결책을 내놓는다. 이쯤에서 실리콘밸리가 처음 형성되기 시작하던 1960년대로 돌아가보자.

당시 HP에는 척 하우스Chuck House라는 젊고 야심 가득한 엔지니어가 있었는데, 그는 직장을 잃을 위험에 처해 있었다. 자신의 직관을 믿고 회사의 지침을 무시하면서 비밀리에 대형 스크린을 장착한 CRT를 개발했기 때문이다. 이렇게 진행된 금기의 프로젝트는 사상 처음으로 성공한 컴퓨터 그래픽 디스플레이가 됐고, 훗날 닐 암스트롱이 달에 첫발을 디뎠을 때 방송된 비디오의 전송에 사용되기도 했다. 그밖에도 마이클 디베이키Michael DeBakey 박사의 첫 번째 인공심장이식 수술의 모니터 등에 활용된 시대의 발명품이었다.

척 하우스는 회사에서 쫓겨나기는커녕 HP의 엔지니어링 담당 임원이 됐고, 그에게 CRT 연구의 금지명령을 내린 데이비드 패커드(HP의 공동창업자)의 집무실 바로 옆방을 배정받았다. 데이비드 패커드는 척에게 '저항의 메달'을 수여하기도 했다. 척은 현재 스탠퍼드대학에서 산학협력체인 미디어X를 운영하고 있다. 학계의 쌍방향 기술 전문가들과 기술혁신에 초점을 맞추는 기업들을 한데 모아 공동으로 연구를 진행하는 협력체이다.

오늘날 구글, 3M과 같은 기업들은 과학자들과 엔지니어들로 하여금 근무시간의 최대 20퍼센트를 개인적인 실험에 할애하도록 장려한다. 위험을 무릅쓰는 도전정신을 높이 사는 태도는 기업의 경영전략, 조직문화와 깊은 관계가 있다. 제한 없이 실험을 진행할 수 있도록 뒷받침하는 자유분방한 분위기가 자원낭비를 부추긴다고 주장하는 사람도 있다.

예컨대 중국의 지도자 마오쩌둥이 추진한 '대약진운동' 시대의 정책이었던 '백 가지 꽃이 피게 하라'는 참담한 실패로 막을 내렸다. 하지만 당시와 대조적으로 오늘날 세계화에 동참한 중국 경제는 진정한 '대약진'을 이루고 있다. 도전적인 실험을 권장하는 조직에는 아무런 결실도 맺지 못할 프로젝트가 있으며, 조직의 관행과 노하우를 중시하는 사람들이 언급하기 꺼리는 실패한 프로젝트도 있다(애플의 악명 높은 실패작 PDA의 원조 '뉴턴'을 기억하는가?). 하지만 그러한 적극적인 시도를 '낭비'나 '비효율', '불필요'라는 부정적 시각으로만 바라보면 양적 성장에만 집중하는 점진주의의 소용돌이에 휩쓸릴 수밖에 없다.

디자이너들이 최근 수년간 급부상하고 있는 바이오미미크리biomimicry, 즉 생체모방공학에 관심을 기울이고 있다는 사실은 우연이 아니다. 이 새로운 분야는 45억 년이나 된 대자연에는 무독성 접착제, 작고 단순한 구조, 효율적인 보온단열, 공기역학을 통한 능률화 등 뛰어난 기술이 무궁무진하다는 믿음에 뿌리를 두고 있다.

이러한 관점에서 인간의 과학은 생태계가 갖춘 놀라운 다양성이 끊임없이 지속되는 실험이다. 새로운 시도를 해보고 과연 어떤 것이 더 효과적인지를 알아내려는 지속적인 노력이라는 말이다. 그러므로 단순한 개체 수준이 아니라 기업이나 단체의 조직적 수준에서 자연을 모방하는 노력이 필요하다.

하지만 실험에 대한 지나친 열의는 위험을 초래할 수 있다. 이러한 경우 기업들은 생물학적 시스템으로 인해 누릴 수 있는 사치스러운 기간을 즐기지 못한다. 그리고 기업을 이끌어가는 리더들이 소위 인텔리전트 디자인intelligent design(창조론과는 궤를 달리하면서 과학으로 무장해 진화론을 공격하는 창조론자들의 최근 이론)이라 불리는 방식을 실천하지 않으면 태만하고 무책임하다는 비난을 받는다. 이 시대가 요구하는 이상적인 조직문화는 상향(하의상달)식의 자유로운 실험과 상의하달식의 지침을 현명하게 결합한 모델이다.

이 같은 접근방식을 위한 핵심적인 규칙을 소개하면 다음과 같다. 이 규칙들은 실천의 매력이 있을 뿐 아니라 명시하기에도 간단한 규칙이다.

1. 최상의 아이디어는 조직의 생태계 전체가(디자이너나 엔지니어, 경영진만이 아니라) 새로운 실험을 해볼 여유가 있을 때 생겨난다.

2. 신기술, 소비자층의 변화무쌍함, 전략적 위협이나 기회 등 계속 바뀌는 외부요인에 가장 적나라하게 노출되는 이들이야말로 가장 적극적으로 반응할 수 있으며 그럴 만한 동기를 갖는다.

3. 아이디어는 누가 냈는지로 평가되거나 가산점을 받아서는 안 된다(이

문장은 크게 반복할 필요가 있다).

4. 화제를 일으키는 아이디어를 선호하라. 그렇다. 조직 차원의 지원을 받기 전에 아무리 작더라도 사람들 사이에서 회자될 필요가 있다.

5. 조직을 이끄는 리더들은 아이디어를 돌보고 가다듬고 수확하는 '정원 사'로서의 능력을 발휘해야 한다. MBA 출신들은 이를 가리켜 '위험허 용수준risk tolerance'이라고 부른다. 나는 '하향식'이라고 부른다.

6. 조직이 방향성을 갖고 움직이고 혁신을 주도하는 사람들이 끊임없이 감독을 받을 필요성을 느끼지 않도록 모든 것에 우선하는 목적이 분 명하게 공표돼야 한다.

이 법칙들은 거의 모든 영역에서의 혁신에 적용된다. 이러한 법 칙들은 개인의 창의력의 씨앗이 뿌리를 내릴 수 있도록 유도한 다. 설령 그 장소가 식품매장의 통로일지라도 말이다. 홀푸드마 켓Whole Foods Market의 CEO 존 맥키John Mackey는 1980년 회사를 설립 한 이래 줄곧 상향식 실험을 조직에 적용해왔다. 그는 미국 텍사 스 오스틴에 단독 식품점을 차리면서 사업을 시작했는데, 당시 매 장 직원은 모두 19명이었다. 세계 최대의 유기농식품 소매기업으 로 성장한 홀푸드는 각 매장마다 소규모 팀을 만들어 고객들에게 더 나은 서비스를 제공할 수 있는 방법을 강구했다. 각 매장은 저 마다 독특한 지역적 특성을 가질 수 있으며, 심지어 동네 단위에 서도 특유의 정체성이 발견된다. 이 회사는 매장의 책임자들 신 선한 발상을 지역적인 서비스 활동으로 국한시키지 않고 회사 전 반으로 확산, 적용할 수 있도록 최고의 아이디어를 공유한다.

물론 이런 조치들이 굉장히 혁신적인 방식으로 들리지 않을지도 모른다. 하지만 모든 직원들이 회사의 비전을 이해하고 인정하고 그런 비전이 실현되도록 뒷받침하는 것이 바로 존 맥키가 회사 설립 초기부터 고수해온 방침이다. 그리고 이러한 발상이야말로 지역 단위에서 출발한 상향식 혁신의 영향력이 조직 전반에 미칠 수 있도록 이끌어주는 지표가 되고 있다.

우리는 홀푸드의 일화에서도 교훈을 얻을 수 있다. 상향식 실험의 결과물이 정돈되지 않은 아이디어와 확정되지 않은 계획으로 편입돼 헛수고하는 일이 없도록 해야 한다는 것이다. 어떤 기업들은 조직 내부에서 상향식 창조성을 얻기 위해 '제안제도'를 시행한다. 하지만 이런 시도는 대개 실패로 끝난다. 기껏해야 보잘것없거나 원론적인 아이디어만 나올 뿐 대부분 아무런 성과를 내지 못한다. 그러한 방식에는 제안을 실천으로 이끄는 뚜렷한 장치가 없기 때문이다.

진정으로 필요한 것은 조직 상층부의 진지한 관심과 지원을 아끼지 않는 태도이다. 그렇게 되면 하층부에서 아이디어가 샘솟듯 쏟아져 나온다. 혁신을 성공적으로 이끌기 위해서는 프로젝트의 형태를 띠어야 하며 명확한 목표를 세우고 적절한 자원을 공급하는 조직 차원의 지원이 필요하다.

이와 관련한 간단한 테스트가 있는데 익숙해지는 데 다소 시간이 걸린다. 어떤 새로운 시도에 대해 허가를 요청하는 보고서를 받을 때, 나는 신중한 단어들로 채워진 그 보고서를 읽으면서 똑같이 신중해지는 나 자신을 발견한다. 하지만 흥분한 직원들이 주차장에 있는 나를 둘러싸고 자신들이 얼마나 근사한 아이디어를 갖고 있는지 정신없이 떠들어대면 나도 모르게 덩달아 기분이 들뜬다. 이렇게 시작한 프로젝트는 산으로 가는 경우가 많다. 쓸데없이 힘(그게 어떤 힘이든 간에)이 낭비되고 게다가 돈도 잃는다. 하지만 이 경우에도 가치 있는 금언이 적용될 수 있다. 영국 시인 알렉산더 포프Alexander Pope는 "실수는 인간적인 일, 용서는 신성한 일"이라고 말했다.

낙관적 문화

실험적인 태도와 동등하게 짝을 이루는 요소는 낙관주의이다. 호기심은 냉소적인 분위기가 흐르는 조직에서는 결코 왕성해지지 않는다. 냉소적 조직에서는 아이디어가 미처 세상에 모습을 드러내기도 전에 사장되고 만다. 그리고 위험을 감내하고 용감하게 도전에 나서는 사람들은 쫓겨난다. 잘 나가는 리더들은 혹시나 승진에 장애가 되거나 출세에 지장이 있을지도 모른다는 우려에서 성과가 불확실한 프로젝트에는 가까이 다가서지도 않는다.

프로젝트팀은 기본적으로 초소해하고 확신을 갖지 못하며 경영진이 진정으로 원하는 것이 무엇인지 추측하기도 한다. 설사 조직의 리더가 창조적인 파괴와 구속받지 않는 실험을 원한다고 해도 상층부의 허락과 독려 없이는 전진하기를 꺼린다. 이는 곧 시작하기도 전에 패배하는 형국이다. 현재보다 상황이 나아질 것이라는 흔들리지 않는 믿음이 없다면 혁신에 대한 의지는 거듭 좌절을 맛보다가 결국 시들어버린다. 진정으로 힘을 북돋우는 격려는 '모든 아이디어는 평등하다'는 허울 좋은 구실 따위를 필요로 하지 않는다.

분별력 있는 판단을 내리는 것은 리더십과 관련한 일이며, 이는 자신의 아이디어가 정당한 관심을 받는다고 느끼는 사람들에게는 엄청난 자신감을 불러일으킨다. 디자인 씽킹의 힘을 얻기 위해서는 개인과 팀, 조직 전체가 함께 낙관적 문화를 배양할 필요가 있다. 직원들은 새로운 발상을 시도할 수 있는 권한이 자신에게(또는 팀에게) 있다는 확신을 가져야 한다. 그리고 그러한 노력이 세상 사람들의 충족되지 못한 잠재욕구를 채워주고 긍정적인 영향을 미친다는 점을 믿어야 한다.

1997년 여름, 이사진에게 '팽' 당했던 스티브 잡스가 애플로 복귀했을 때, 그는 회사의 사기가 전반적으로 떨어져 있다는 사실을 눈치 챘다. 당시 애플에서는 15개 이상의 새로운 제품을 개발하는 일에 자원이 분산되고 있었다. 즉, 다수의 팀들이 생존을 위한 치열한 경쟁에 허덕이고 있었던 것이다. 스티브 잡스는 세간에도 잘 알려진 특유의 대담성을 발휘해 프로젝트를 네 개로 축소했다. 애플의 직원들은 자신이 매진하고 있는 프로젝트가 매우 중요할 뿐만 아니라, 손익계산서를 검토하는 회계사의 경고 때문에 갑작스럽게 중단될 가능성도 없다는 점을 깨닫게 되었다. 회사 내부에 긍정적인 분위기가 가득 퍼졌고, 직원들의 태도는 180도 바뀌었다. 그리고 역사에 길이 남을 성공을 이뤄낸 것이다. 낙관주의는 자신감을 필요로 하고, 자신감은 신뢰에 의해 싹튼다. 그리고 우리가 잘 알다시피 신뢰는 쌍방향으로 흐른다.

어떤 기업이 낙관적인 분위기를 갖고 있는지, 실험적인 도전정신이 넘쳐흐르는지, 위험을 감수하는 일에 익숙한지를 알기 위해서는 굉장한 도구가 필요하지 않다. 단지 감각을 동원하면 된다. 말끔하게 정돈된 베이지색 칸막이 방보다는 지저분하고 무질서하지만 다채로운 풍경을 찾아야 하며, 낮고 단조로운 소리가 이어지는 밋밋한 대화보다는 '와하하' 터지는 시끌벅적한 웃음소리에 귀를 기울여야 한다. IDEO는 식음료 업계에서 상당한 프로젝트 경험을 갖고 있기 때문에 회사에 식품과학자도 있고 주방도 갖추고 있다. 덕분에 나는 종종 공기 중에 떠다니는 흥분과 활력을 문자 그대로 '냄새 맡을 수' 있다.

다시 한 번 요약하자면, 그러한 요소들이 만나는 중심점이 어디인지를 알아내기 위해 민첩하게 행동해야 한다. 바로 그 지점이 새로운 아이디어가 생성되는 곳이다. 나는 IDEO 팀원들이 레고 모형을 만드는 일에 열중하는 현장이라든지, 새로운 서비스의 상호작용을 탐구하기 위해 즉흥적인 놀이를 하는 모습을 좋아한다. 무엇보다도 그들의 브레인스토밍 과정을 지켜볼 수 있다는 게 가장 기쁘다.

브레인스토밍

경영대학원의 교수들은 브레인스토밍에 대한 학문적 글쓰기를 매우 즐긴다. 나는 그들에게 학문적 글쓰기를 계속하라고 부추긴다. 어떤 조사자료에 의하면 사기충천한 개인은 혼자 일하면서도 동일한 시간 내에 더 많은 아이디어를 낼 수 있다. 그리고 꾸준한 운동이 건강한 심장을 유지하는 데 필수적인 것처럼 창의력을 끌어올리는 데는 브레인스토밍이 핵심이라는 연구결과도 나와 있다. 양쪽 모두 일리 있는 주장이다.

브레인스토밍에 대해 회의적인 사람들이 자주 꼽는 사례가 있다. 한 매니저가 모두 초면인 데다 부정적이며 자신감도 결여된 사람들을 모아 하나의 그룹을 구성한다. 매니저는 이 그룹에게 브레인스토밍으로 승부할 어려운 과제를 던져준다. 어떤 결과가 나올까? 그들은 과제에 대해 각자 홀로 고민하는 것보다 더 나은 결과를 내놓지 못한다. 조직 내에서 나올 수 있는 생산적 아이디어의 수는 더욱 적어질 가능성이 크다. 브레인스토밍은 조직체계의 틀을 깨야 하며 연습을 필요로 하기 때문이다.

크리켓이나 축구와 마찬가지로 브레인스토밍에도 원칙이 있다. 효과적인 브레인스토밍을 위해선 먼저 팀원들이 높은 수준의 능력을 발휘할 수 있는 터전이 우선적으로 마련돼야 한다. 또한 정해진 규칙 없이는 협력을 도모할 수 있는 틀을 찾기 어렵다. 그리고 브레인스토밍 세션이 딱딱하게 질서 잡힌 회의가 되거나 아니면 다들 떠들기만 바쁘고 남의 말에는 귀 기울이지 않는 비생산적인 자유토론으로 변질될 가능성이 높다. 모든 조직에는 브레인스토밍에 대한 저마다의 변형된 규칙이 있다.

IDEO에서는 브레인스토밍 세션을 위한 전용실이 따로 마련돼 있으며, 브레인스토밍 원칙이 벽에 적혀 있다. '판단은 뒤로 미루라', '톡톡 튀는 아이디어를 장려하라', '주제에 계속 집중하라'…. 나는 이 중에서 '타인의 발상을 참조하라'는 원칙을 가장 중요하게 생각한다. 이 원칙은 '살생하지 말라'나 '부모를 공경하라'는 진리만큼 가장 상위에 모셔둬야 하는 철칙이다. 왜냐하면 이 같은 원칙은 모든 참가자가 아이디어 생산에 참여하게끔 만들 뿐 아니라 좋은 아이디어를 추진할 수 있는 기회를 뒷받침해주기 때문이다.

얼마 전에 우리는 나이키의 어린이용품을 디자인하는 작업을 진행했다. IDEO 내에 장난감 디자이너도 많지만 때로는 전문지식이 뛰어난 외부 컨설턴트를 고용해 효과를 높이기도 한다. 우리는 토요일 오전, 애니메이션 방송이 끝나기를 기다려 8~10세로 이뤄진 한 그룹의 아이들을 팰로앨토에 있는 IDEO 스튜디오에 초대했다. 우선 오렌지주스와 프렌치토스트로 어린 손님들이 간단히 요기를 하도록 한 다음, 이들을 남녀로 구분해 두 개의 방에 들여보냈다. 아이들은 장난감 아이디어를 개발하는 지침을 전달받고 한 시간가량 작업에 열중했다.

추후 결과를 분석했을 때, 두 그룹은 현격한 차이를 나타냈다. 여자아이들은 200가지도 넘는 아이디어를 내놓은 반면 남자아이들은 50가지도 안 되는 아이디어를 제출했다. 대개 이 연령대의 소년들은 어떤 일에 집중하고 다른 사람들의 말을 듣는 데 형편없다. 남의 말을 경청하고 한 가지에 집중하는 능력은 진정한 협동의 토대가 되는 핵심적 요소이다. 여자아이들은 정반대의 면모를 보였다. 다행히도 나의 임무는 성별에 따른 이러한 차이점이 유전적인 요소 때문인지 아니면 문화적 기준이나 출생의 순서 때문인지를 규명해내는 것이 아니었다.

소년소녀들의 브레인스토밍을 관찰한 결과 깨달은 사실은 다른 사람들의 아이디어를 발판으로 한 발상의 힘이 굉장히 강력하다는 점이었다. 남자아이들은 자신의 아이디어를 돋보이게 하는 일에 너무나 열중한 나머지 다른 아이들에게서 영향을 받았다는 사실을 제대로 인식하지 못했다. 이와 대조적으로 여자아이들은 충동적으로 나서지 않으려 애쓰면서 힘차고 활발하게 대화를 이끌어나갔다. 각각의 아이디어는 바로 그 전에 나왔던 아이디어와 연관돼 있을 뿐 아니라 그 다음에 나오는 아이디어의 도약판이 되는 식의 연속성이 돋보였다. 여자아이들은 서로를 자극하면서 점점 더 개선된 아이디어를 이끌어냈다.

브레인스토밍은 아이디어를 창출하는 궁극적인 기법이 아니다. 또 모든 조직에 융합될 수도 없다. 하지만 폭넓은 아이디어를 얻는 게 목표라면 충분한 가치를 발휘한다. 선택을 '내리는' 데는 다른 접근방식도 중요한 역할을 하지만 선택의 대상을 '창조하는' 과정에는 브레인스토밍만큼 유용한 도구가 없다.

시각적
사고

디자인 전문가들은 그림을 그리는 능력을 갖기 위해 장시간을 투자한다. 그것은 아이디어를 간단하게 그림으로 나타내는 일러스트레이션을 잘하기 위한 연습은 아니다. 그런 수준의 일러스트레이션은 간단한 소프트웨어 하나만 있어도 쉽게 할 수 있다. 디자이너들은 아이디어의 핵심을 표현하기 위해 그림을 배운다. 단어와 숫자를 나열하는 것도 좋지만 아이디어의 기능적인 특징과 감성적인 요체를 동시에 나타낼 수 있는 것은 오직 그림뿐이다.

아이디어를 정확하게 그리기 위해서는 마음속에 확고한 의사결정을 내려야 하는데, 이는 아무리 정확한 언어구사 능력을 가졌다 해도 부족하다. 또 아무리 정교한 계산 능력을 갖췄다 해도 해결할 수 없는 미학적인 요소도 풀어내야 한다. 당장 맞닥뜨린 과제가 헤어드라이어를 디자인하는 일이든, 주말에 시골에서 휴양을 하는 일이든, 연간보고서를 작성하는 일이든, 데생을 하고 도면을 그릴 수 있는 능력은 의사결정을 강화시킨다.

시각적 사고에는 많은 형태가 있다. 일러스트레이션에 국한돼 있다고 생각하는 오류를 저질러서는 안 된다. 사실 그림을 잘 그리는 능력을 반드시 갖출 필요는 없다. 1972년 11월, 하와이 호놀룰루에서 학회 참석차 긴 하루를 보낸 뒤 두 명의 생화학자가 간단한 식사를 즐기면서 대화를 나누고 있었다. 그들은 칵테일 냅

킨을 펼쳐놓고 박테리아가 섹스를 하는 모습을 서툴게 그린 다음, 그 그림을 서로에게 보여주며 즐거워했다. 그로부터 몇 년 뒤, 그 중 한 사람은 노벨상을 받았으며 다른 한 명은 미국의 바이오기업 제넨테크Genentech를 세웠다. 바로 스탠리 코헨Stanley Cohen과 허버트 보이어Herbert Boyer이다.

모든 아이들은 그림을 그리고, 그런 과정 중에 논리적인 능력을 기른다. 그런데 언어 능력에 경도된 어른들은 이처럼 기초적이면 서도 핵심적인 능력을 도중에 사장시키는 경향이 짙다. 스탠퍼드 대학의 제품디자인 과정을 개설한 밥 맥킴Bob McKim이나 영국의 창 의력 컨설턴트 에드워드 드 보노Edward De Bono(수평적 사고 개념의 창시 자) 같은 창의적 문제해결 전문가들은 2×2 매트릭스로 된 마인드 맵을 비롯해 아이디어를 가치 있는 방식으로 탐구하고 설명하도 록 하는 여러 가지 시각적 체계를 개발하는 데 상당한 시간을 할 애했다.

나는 아이디어를 표현하는 상황에서 그림을 그릴 때 말이나 글 로 설명할 때보다 더 많은 결과물을 얻는다. 그리고 아이디어를 더 빨리 얻는다. 따라서 동료들과 아이디어에 대해 의논할 때마다 화이트보드나 스케치패드를 옆에 갖다 놓아야만 안심이 된다. 시 각적으로 풀어내지 않으면 아이디어가 막히기 때문이다.

르네상스 시대의 천재 화가이자 발명가인 레오나르도 다 빈치 의 스케치북은 명성이 자자하고 또 그만큼 가치가 있다(마이크로소 프트의 빌 게이츠 회장은 1994년 다 빈치가 작성한 72쪽 분량의 메모 노트인 '코

덱스 해머'를 3,080만 달러에 구입했다). 하지만 다 빈치는 단지 자신의 아이디어를 담는 데만 그런 도구를 사용하지 않고 종종 길을 가다 멈춰 서서 눈에 들어오는 것들을 그림으로 담아냈다. 뒤엉킨 잡초, 햇볕 속에 늘어지게 잠을 자는 고양이의 곡선, 용솟음치는 수로의 물결 등 관심이 가는 것이면 무엇이든 그렸다. 다 빈치가 그린 기술적인 도면을 면밀히 관찰한 학자들은 그의 모든 스케치에는 발명품이 담겨 있다는 잘못된 생각을 완전히 버리게 됐다. 뛰어난 디자인 씽커들이 대부분 그러하듯이 다 빈치 역시 다른 사람들의 아이디어를 발판으로 창조적 발상을 하기 위해 그림을 그렸던 것이다.

포스트잇의
전설

포스트잇post-it의 탄생 일화는 이제 사람들이 거의 다 알 정도로 유명해졌다. 1960년대 3M에서 근무하던 과학자 스펜서 실버Spencer Silver는 탄성중합체 계열의 기묘한 성분을 이용해 접착제를 발명했다. 하지만 회사는 이 접착제의 효용성을 알아차리지 못했다. 점성이 약해 잘 붙지 않기 때문이다. 스펜서 박사는 회사의 시큰둥한 반응에 낙담했다. 이 접착제는 실버 박사의 동료인 아트 프라이Art Fry가 교회에서 찬송가의 페이지를 찾기 위해 표시해두는 종잇조각으로 활용하기 시작한 이후 그 용도를 발견할 수 있었다. 이렇게 조명을 받기 시작한 포스트잇은 이제 3M

에서 가장 가치가 높은 최고의 상품으로 대접받고 있다.

포스트잇 이야기는 조직의 소심한 태도가 위대한 발상을 죽일 수 있다는 교훈적인 사례이다. 이제 어디를 가나 흔히 볼 수 있는 포스트잇은 혁신의 중요한 도구임을 스스로 증명했다. 프로젝트 공간에 가면 벽을 온통 도배한 포스트잇은 디자인 씽커들이 광범위한 영역의 통찰력을 얻고 떠오르는 아이디어를 일정한 양식으로 정리할 수 있도록 해준다. 특히 영감의 원천을 마련하는 확산단계에서 궁극적인 해결책으로 안내해주는 움직임을 구체적으로 표현하는 데 있어 포스트잇의 역할은 막중하다.

브레인스토밍, 시각적 사고 등 이제까지 설명한 디자인 씽킹 기술은 선택의 확산단계에서 큰 기여를 한다. 하지만 단지 선택 대상의 수만을 늘려가는 작업일 뿐 실제로 결정을 내리는 집중단계로 이어지지 못한다면 단지 시도만 하다 그치는 셈이 된다. 집중단계로의 이동은 프로젝트가 창조적인 발상을 통해 해결책을 찾기 위해서는 꼭 필요한 일이다. 하지만 이 작업은 디자인팀이 직면하는 가장 까다로운 과제의 하나로 꼽힌다. 기회만 주어진다면 모든 디자인팀은 끝없이 아이디어의 '확산작업'을 시도하려고 할 것이다. 길모퉁이를 돌면 언제나 더 흥미로운 아이디어가 나타나기 때문이다. 그러므로 예산이 바닥날 때까지 팀원들은 기꺼이 길모퉁이를 돌 것이다.

'집중작업'이 제대로 이뤄지기 위해 동원되는 가장 단순한 도구의 하나가 바로 포스트잇이다. 프로젝트를 평가하기 위해 모두 한 자리에 모이면 호소력이 제일 강하고 전망이 가장 밝은 아이디어를 선택하는 작업이 진행된다. 이때 연재만화의 컷을 연상시키는 스토리보드가 큰 도움이 된다. 스토리보드는 네모난 판에 호텔에서 투숙 절차를 밟는다든지, 은행에서 새 계좌를 튼다든지, 새롭게 구매한 전자제품을 사용한다든지 하는 갖가지 사건을 그림으로 설명하는 도구이다. 때로는 시나리오 대안을 만드는 데 큰 몫을 하기도 한다.

스토리보드가 완성되면 이제 하나의 큰 가닥으로 중지를 모아야 한다. 이 같은 의견수렴은 논쟁이나 고위급 임원의 권한으로 가능한 것은 아니다. 그룹 전체로부터 직관을 이끌어낼 수 있는 도구가 필요하다. 바로 여기에서 풍부하게 공급된 포스트잇이 절대적인 힘을 발휘한다. IDEO에서는 포스트잇을 버터플라이 테스트butterfly test에 아이디어를 제출하는 용도로 사용한다. 이 시대가 낳은 걸출한 디자인 씽커이자 실리콘밸리의 디자인 선구자로 꼽히는 빌 모그리지Bill Moggridge가 개발한 버터플라이 테스트는 과학적이지는 않지만 다량의 자료에서 핵심적인 통찰력을 끄집어내는 일에 효과적인 도구이다.

예를 들어, 심도 높은 연구의 마지막 단계에 와 있다고 가정해보자. 수많은 브레인스토밍을 거치고 끊임없이 프로토타입을 제작한 끝에 마침내 프로젝트실의 벽면을 실행력 있는 아이디어로 온통 도배할 수 있게 됐다고 상상해보라. 모든 참가자들은 조그마한 포스트잇 '투표지' 뭉치를 들고 있다. 각자의 판단에 따라 '계속 진행시켜야 한다'고 생각하는 아이디어에 포스트잇을 붙인다. 팀원들은 방을 돌아다니며 후보 아이디어를 유심히 살펴본다. 얼마 지나지 않아 어떤 아이디어가 가장 많은 '표'를 얻었는지 결정된다.

물론 이처럼 승부를 결정짓는 배후에는 아이디어 제출자의 정치력과 성격도 포함된다. 하지만 그것은 합의가 도출되고 여론이 형성되는 과정에서 나타나는 필연적인 모습이다. 서로 주고받는 게 있으며 이성적인 타협과 창조적인 감성이 복합적으로 작용하게 마련이다. 이 같은 요소들이 총체적으로 작용한 끝에 최종적인 결과가 나온다. 물론 이 과정이 민주적이라고는 볼 수 없다. 그보다는 최상의 해결책을 끌어내기 위해 팀원들의 능력을 극대화하는 것이라고 볼 수 있다. 혼돈스러운 과정일 수 있지만 효과는 놀라울 정도로 뛰어나다. 그리고 수많은 조직에 응용될 수 있다.

나는 3M을 위한 광고나 홍보 효과를 노리고자 이 이야기를 하는 게 아니다. 사람들은 포스트잇을 활용해 갑자기 떠오른 아이디어를 저장하고, 그 아이디어를 수정할 때도 포스트잇을 사용한다. 아이디어를 채택하지 않기로 할 때도 포스트잇은 편리하다. 다시 말해, 포스트잇은 모든 디자인 프로젝트에 공통적으로 적용되는 특정 요소에 대처하는 데 쓰이는 수많은 도구 중 하나이다. 그 요소는 다름 아닌 '마감'이다.

사실 우리는 언제나 마감에 시달리면서 살고 있다. 하지만 디자인 씽킹의 확산단계와 탐험단계에서는 마감의 중요성이 더더욱 특별해진다. 이러한 상황에서는 마감 대상이 사람이 아니라 프로세스 자체이기 때문이다. 마감은 모든 게 멈춰서고 마지막 평가가 시작되는 고정된 점과 같은 존재이다. 이처럼 고정된 점은 독재적으로 보일 수도 있고 불청객처럼 느껴질 수도 있지만, 노련한 프로젝트 리더라면 이를 어떻게 활용해 '선택'을 '결정'으로 탈바꿈시키는지 잘 알고 있다.

프로젝트의 초기 단계에서 매일 마감을 정하는 것은 현명하지 않다. 그렇다고 6개월 이상 질질 끄는 것도 옳지 않다. 모든 프로젝트에는 해당 기업의 경영진이 맡아야 할 역할이 있다. 프로젝트 단계에서 언제쯤 경영진이 의견을 개진하고, 의사를 반영시키고, 수정을 요구하고, 최종결정을 내려야 가장 가치 있는 결과를 얻을 수 있을지 그 시점을 정하는 데는 명석한 판단력이 요구된다. 나는 지금까지 "시간을 충분히 가져도 된다"고 말하는 고객을 한 번도 만난 적이 없다. 모든 프로젝트는 제약조건을 가질 수밖에 없다. 그것이 첨단기술의 부족이든, 능력의 부족이든, 지식의 부족이든 말이다.

하지만 '일정표'는 그중에서도 가장 끈질기고 가장 강력한 제약조건이다. 왜냐하면 마감이야말로 우리의 발걸음을 재촉하는 요소이기 때문이다. 미국이 낳은 최초의 디자인 씽커이자 가장 모험정신이 풍부했던 벤자민 프랭클린 Benjamin Franklin 이 젊은 무역상인들에게 띄운 편지에서 지적했듯이 '시간은 돈'이라는 사실을 명심해야 한다.

마지막으로 디자인 씽킹을 이끄는 가장 강력한 도구가 남아 있다. 이는 CAD도 아니고 신속한 프로토타입을 만드는 비법도 아니다. 그것은 현대인들이 항상 옆에 두고 있는 인터넷이다. 인터넷은 탁월한 공감 능력, 뛰어난 직관력, 중립적인 네트워크, 일정한 패턴을 인식할 수 있다는 장점이 있다.

그러나 기능적으로 합리적이면서 감성적으로도 반향을 일으킬 수 있는 복잡한 개념들을 정립할 능력이 있는 존재는 인간뿐이다. 적어도 아직까지는 그렇다. 이러한 능력은 날이 갈수록 정교함과 세련됨을 더해가는 첨단기계와 차별되는 것이다. 폭이 넓은 대상을 하나의 해결책으로 수렴시키고 세밀한 분석자료를 통합적인 정보로 변모시키는 뛰어난 연산법이 등장하지 않는 한, 인간이 가진 특별한 능력은 디자인 씽커들이 세상에서 활약할 수 있는 무대를 공고히 해준다.

역동적인 디자인 씽킹의 세계에 발을 들여놓는 것을 꺼리게 만드는 요소는 여러 가지가 있다. 어떤 사람들은 창조성이라는 능력이 몇몇 유명 디자이너들만 가진 타고난 재능이므로 현대 예술품을 전시해놓은 미술관에 가서 그들이 만든 의자와 램프를 감상하는 편이 낫다고 생각한다. 아니면 각자의 영역에서 고도로 숙련된 전문가들의 성역이라고 여기는 사람들도 있다. 어쨌거나 우리는 머리를 가다듬는 것부터 집안을 단장하는 것에 이르기까지 폭넓은 범위의 일들을 디자이너라는 명함을 지닌 전문가들을 통해 처리하고 있는 게 사실이니까.

또 디자이너들을 대수롭지 않게 보는 사람들 중에는 브레인스토밍, 시각적 사고, 스토리텔링 등을 비롯한 디자인 도구와 최종적인 해결책을 내놓는 능력을 혼동하는 경우도 있다. 그리고 정밀한 체계나 방법론 없이는 상황의 본질을 정확히 파악하기 힘들 것이라고 예단하는 사람들도 있다. 바로 이런 사람들이야말로 팀의 사기가 떨어질 때(사기 저하는 프로젝트가 진행되는 과정에서 항상 발생하는 현상이다) 금세 손을 뗄 가능성이 크다. 이들이 깨닫지 못하는 점은, 디자인 씽킹은 예술도 과학도 종교도 아니라는 사실이다. 디자인 씽킹은 결국 통합적인 사고를 하는 능력이다.

캐나다 토론토대학 로트먼경영대학원Rotman School of Manamgement 학장인 로저 마틴은 세계 최고의 경영인들을 관찰하는 일에 도가 튼 인물이다. 또한 그런 인물들이 주로 갖추고 있는 능력(새로운 해결책을 찾기 위해 경쟁을 벌이고 다양한 아이디어를 보유하는 능력)을 관찰하는 데 유리한 입장에 있다. 무려 50건의 상세한 인터뷰를 바탕으로 쓴《생각이 차이를 만든다The Opposable Mind》에서 로저 마틴은 "서로 대립하는 아이디어를 이용해 새로운 해결방안을 만들어내는 통합적 사고력을 갖춘 사람들은 한 번에 한 가지 방법에 대해서만 생각하는 사람에 비해 타고난 경쟁력을 갖고 있다"고 말했다.

통합적 사고를 하는 사람들은 논쟁이 되는 문제의 범위를 넓혀 생각하는 비결을 알고 있다. 이들은 '또는'이 아니라 '그리고'라는 접속사를 동원한 연결성 있는 사고를 추구한다. 또 비단선적이고 다방향적인 상관관계를 모순과 대립의 원천이 아니라 영감의 원천으로 여긴다. 그의 주장에 따르면 가장 큰 성공을 거둔 리더들은 복잡하게 얽혀 있는 상황을 능숙하게 포용한다. 그들은 최상의 해결책을 찾는 과정에는 복잡함이 존재한다는 것을 알고 있을뿐만 아니라 오히려 그것을 활용한다. 복잡성은 창조성을 얻을 수있는 기회의 원천이기 때문이다.

달리 표현하자면, 성공한 경영 리더들의 특성은 내가 지금까지 언급한 디자인 씽커들의 속성과 일치한다. 이는 결코 우연이 아니다. 서로 대립하는 속성을 지닌 사안을 놓고 최선의 선택을 할 수있는 통합적 사고 능력이 '유전적 로또'를 얻은 사람들에게만 주어지는 혜택이 아니라는 얘기다. 위대한 디자인 씽커가 필수적으로 가지고 있어야 할 능력은 모두 후천적으로 획득할 수 있다. 복잡하게 엉켜 있는 정보와 현상을 지켜보면서 일정한 패턴을 포착할 수 있는 능력, 뿔뿔이 흩어져 있는 조각들에서 새로운 아이디어를 엮어낼 수 있는 능력, 다른 사람들과 공감하며 어울릴 수 있는 능력…, 이러한 능력 전부를 획득할 수 있다.

미래에는 신경생물학자들이 MRI 스캐너를 이용해 사람들이 통합적 사고를 할 때 뇌의 어느 부위가 작동하는지 알아낼 수 있을 것이다. 그런 날이 오면 사람들에게 디자인 씽킹을 더욱 잘하는 방법을 가르쳐주는 일이 한결 수월해질 것이다. 하지만 현재 상황에서 우리가 해야 할 일은 뇌 안에서 어떤 일이 일어나고 있는지를 이해하는 것이 아니라 먼저 디자인 씽킹 방식을 세상 바깥으로 확산시키는 일이다. 우리는 디자인 씽킹을 다른 사람들과 공유하고 구체적인 전략으로 승화시킬 수 있는 넓은 세상으로 눈을 돌려야 한다.

손으로 사고하기

The Power of Prototyping

레고 장난감은 내가 디자인 씽커로서 커리어를 쌓게 해준 최초의 매개체이다. 1970년대 초, 내가 열 살쯤 됐을 무렵 경기침체를 겪고 있던 영국의 광부들은 겨울이 오기를 기다려 농성에 나섰다. 그로 인한 석탄 공급 부족으로 발전소의 운영이 어려워졌으며 전력 또한 제대로 공급되지 않았다. 주기적인 정전사태는 두말할 필요도 없었다. 나는 이러한 난국을 돌파하자는 불타는 의지를 가슴에 품고 레고를 총동원해 손전등 제작에 나섰다. 어둠 속에서 빛이 나는 가볍고 멋진 레고 벽돌을 사용해 큰 손전등을 만들어낸 것이다. 나는 자랑스럽게 이 손전등을 엄마에게 선사했다. 내가 만든 손전등은 엄마가 저녁식사 요리할 수 있을 정도로 충분히 밝았다. 이것이 내 생애 최초의 프로토타입이었다.

불과 열 살의 나이에 모형제작의 힘을 알게 된 나는 레고는 물론 메카노(과학조립기구)를 갖고 로켓과 공룡, 상상 가능한 모든 크기와 형태의 로봇들을 만드는 데 많은 시간을 보냈다. 다른 보통 아이들처럼 나도 손으로 사고했고, 상상을 위한 도약대로 막대와 기둥을 사용했다. 물리적인 사고에서 추상적인 사고로 나아가는 변화는 우리가 세상을 탐험하고 상상력을 뿜어내며 새로운 가능성에 마음을 열 수 있는 가장 근본적인 과정이다.

오늘날 기업에서는 어린아이처럼 순수하고 호기심 많은 목표를 추구하는 사람을 찾아보기 힘들다. 동심은 접어둔 채 상사에게 제출할 보고서를 쓰고 각종 서류를 작성하는 일에 열중하는 사람들로 가득 차 있다. 하지만 디자인 씽킹을 추구하는 조직을 방문한 사람이라면 전혀 다른 광경을 보게 된다. 어린아이의 방을 절로 떠올리게 하는 각종 프로토타입들이 곳곳에 널려 있기 때문이다. 예컨대 프로젝트실에는 다양한 모형들이 빼곡히 들어차 있으며 복도에는 과거의 프로젝트를 말해주는 모형들이 전시돼 있다. 또한 X-acto(미국의 유명한 문구 브랜드) 칼과 보호 테이프(도료를 분사해 칠을 할 때 다른 부분의 오손을 막기 위해 사용하는 접착테이프)부터 5만 달러짜리 레이저 커터에 이르는 다양한 도구들도 구경할 수 있다. 예산 규모가 어떻든, 시설이 어떻든 프로토타입 제작이야말로 창의성의 핵심인 것이다.

미국이 낳은 위대한 건축가 프랭크 로이드 라이트Frank Lloyd Wright는 자신의 창조에 대한 열정을 싹틔운 것은 1830년대 프리드리히 프뢰벨Friedrich Froebel(독일의 철학자이자 교육자로 1840년대 세계 최초로 유치원을 설립한 인물)이 아이들로 하여금 기하학의 원리를 쉽게 터득하도록 만든 프뢰벨 장난감 블록이라고 밝힌 적이 있다. 그는 자서

전에 이렇게 썼다. '그때 갖고 놀던 단풍나무 블록을 요즘에도 만지작거린다.'

찰스 임스와 레이 임스 부부 또한 아이디어를 실험하고 세련되게 다듬는 일에 프로토타입을 적극 활용했다. 어떤 경우엔 하나의 프로토타입을 만드는 데 수년이 걸리기도 했다. 그 결과는 20세기 가구 역사를 새롭게 썼다고 해도 좋을 만큼 훌륭했다. 언젠가 그들 부부의 열렬한 팬이 20세기를 대표하는 상징적 작품 '임스 라운지 체어'의 아이디어가 찰나의 순간에 떠올랐느냐고 묻자 찰스 임스는 이렇게 대답했다. "아, 그렇습니다. 한 30년쯤 걸린 찰나였죠."

도전적인 실험에 대한 열린 마음가짐은 모든 창조적인 조직의 생명수와도 같다. 그러므로 아이디어가 떠오르면 주저하지 않고 직접 뭔가를 만들어보는 모형제작은 이러한 실험정신을 뒷받침하는 최고의 증거이다. 사람들은 프로토타입 제작을 생산에 들어가기 바로 전에 상품의 완성된 모델을 미리 제작하는 일로 여길지 모르지만, 사실 전체 과정을 놓고 볼 때 완제품을 논하는 것은 훨씬 더 나중 단계의 일이다. 또한 프로토타입을 만드는 일이 간단하고 거친 작업으로 비춰질 수도 있으나 단순한 물리적 형태를 넘어 이론적인 연구를 포함해야 하는 일이다. 더욱이 모형제작의 습관을 길러야 하는 주체가 반드시 산업디자이너일 필요도 없다. 금융서비스 분야의 임원들이나 소매상인들, 병원의 행정직 관리자들, 도시계획을 담당하는 전문가, 교통 엔지니어 등 다양한 분야의 사람들도 이 과정에 참여할 수 있고, 또 참여해야 한다.

데이비드 켈리는 모형제작을 가리켜 '손으로 하는 사고'라고 이름 붙였다. 나아가 구체적인 항목들을 명시할 뿐만 아니라 치밀한 계획에 의해 틀을 잡아나가는 추상적인 사고와 비교했다. 디자인적 사고와 추상적 사고, 이 둘은 양쪽 다 가치를 지니고 있고 각자 맡은 몫이 있지만 전자가 새로운 아이디어를 창출하고 그것을 추진하는 과정에 있어서 훨씬 더 효과적이다.

지저분하지만
빠르게

귀중한 시간에 스케치를 하고 모델을 만들고 시뮬레이션을 하는 방식은 일의 진행을 방해하고 느리게 만드는 것 같지만 사실은 그렇지 않다. 오히려 프로토타입 제작은 더 빠른 결과를 얻는 방법이다. 말이 안 되는 것처럼 들릴 것이다. 정말로 아이디어를 머리로 구체화하는 것보다 실제로 만드는 일이 더 오래 걸릴까? 아마도 처음부터 제대로 된 아이디어를 떠올릴 수 있는 천재적인 소수라면 그럴 수도 있다. 하지만 숙고할 만한 가치가 있는 문제들은 대부분 매우 복잡하다. 게다가 초기 단계에서 연속적으로 실험을 진행하는 방식이 여러 갈림길에서 바람직한 방향을 찾아내는 최상의 해법인 경우가 많다. 아이디어를 구체적인 프로토타입으로 만들어내는 속도가 빠를수록 그 아이디어를 평가하고 다듬고 최상의 해결책을 찾는 것도 빨라진다.

자이러스 ACMI는 외과 의료기술의 첨단을 달리는 기업으로 최소침습수술(수술 절개 부위를 최소화해 불필요한 부위나 조직을 손상시키지 않는 수술. 복강경 수술이 일반적이다)과 관련한 기술을 개발하는 분야에서 선두기업이다. 2001년 IDEO는 자이러스와 손잡고 섬세한 코 조직을 다루는 새로운 수술 장비 개발작업을 진행했다. 이 프로젝트의 초기에 우리 팀원들은 여섯 명의 이비인후과 전문의를 만났다. 그리고 그들이 실제로 수술을 집도하는 방법과 현재 장비에 내재된 문제점, 차세대 제품에 어떤 기능을 바라는지 등에 대해 꼼꼼하고 자세한 설명을 들었다. 부정확한 표현을 사용하고 어색한 손동작으로 설명하는 의사들 중 한 명은 권총형 손잡이를 장착한 기구가 나온다면 매우 좋을 것 같다고 말했다.

그러자 우리 팀의 디자이너 한 명이 화이트보드용 마커와 35mm 필름통을 잡고는 그 근처에 굴러다니던 플라스틱 옷핀에다 테이프로 붙이기 시작했고 마치 방아쇠를 당기듯 옷핀을 눌렀다. 이처럼 간단하고 기초적인 프로토타입 제작은 일을 빨리 진행시키는 촉진제는 물론 도우미 역할을 한다. 또 수없이 많은 회의와 화상회의, 매장에서 기웃거리며 보내는 시간, 그리고 여행경비까지 절약하는 효과를 볼 수 있다. 그 디자이너가 프로토타입을 제작하는 데 들어간 노동비용과 재료비는 0원이었다.

프로토타입 제작은 프로젝트의 속도를 증가시키며 새로운 발상을 둘러싼 다양한 탐색작업들이 공평하게 진행되게 한다. 초기 단계의 프로토타입은 무엇보다 신속하고 간단하고 저렴하게 제작돼야 한다. 아이디어에 대한 투자가 클수록 그 프로젝트에 대한 집착과 헌신도 커진다. 그러므로 프로토타입을 세련되게 다듬는 일에 따른 과잉투자는 두 가지 의외의 결과를 낳는다. 첫째, 조악한 아이디어임에도 상용화를 위한 작업이 지나치게 많이 진척되는 경우가 생길 수 있다. 최악의 경우에는 끝까지 가버리기도 한다. 둘째, 모형제작과정 자체로 인해 더 저렴한 비용으로 더 새롭고 좋은 아이디어를 발견하는 기회가 생길 수 있다는 점이다.

제품 디자이너들은 저렴하고 조작하기 쉬운 소재를 얼마든지 사용할 수 있다. 마분지, 서핑보드, 나무, 그 외에도 여기저기 널려 있는 모든 물건과 재료들을 동원할 수 있다. 풀이나 테이프, 스테이플러 등으로 붙일 수 있는 재료라면 어떤 것이든 활용해 머릿속에 있는 아이디어와 거의 비슷한 작품을 만들어낼 수 있다.

IDEO가 선보인 최초이자 최고의 프로토타입은 팰로앨토의 유니버시티 애버뉴에 있는 스튜디오에서 여덟 명의 디자이너들이 모여 일을 시작했을 때 탄생했다. 더글러스 데이튼Douglas Dayton과 짐 유르첸코Jim Yurchenco는 밴롤온Ban Roll-on 데오도란트의 롤러볼을 버터가 담긴 플라스틱 접시 밑바닥에 붙였다. 그리고 얼마 지나지 않아 애플은 자사의 첫 번째 마우스를 선적하기 시작했다.

그 정도면
충분해

프로토타입을 만들기 위한 시간과 노력, 투자는 유용한 피드백을 얻고 아이디어를 진전시키기 위해 딱 필요한 만큼만 쏟아야 한다. 작업이 더 복잡해지고 비용이 늘어날수록 완성도 역시 높아지는 것처럼 보이지만, 사실은 아이디어를 처음 내놓고 프로토타입을 제작한 사람의 입장에서는 실제적인 도움을 받을 확률이 더 낮아진다. 아니, 피드백 자체를 들을 수 있는 가능성조차 크지 않다. 프로토타입을 만드는 목표는 실제로 작동하는 모델을 만들려는 게 아니다. 아이디어에 형태를 제공하고 현재의 장단점을 파악하며 보다 정교하게 다듬어진 차기 모델에 대한 방향성을 얻으려는 게 진짜 목표이다. 프로토타입의 범위는 제한돼야 한다.

특히 초기 프로토타입은 일단 아이디어가 기능적인 가치를 지니고 있는지의 여부를 파악하기 위해 제작된다. 궁극적으로는 제작된 모형을 디자이너들이 바깥으로 들고 나가 미래 소비자들의 의견을 들어야 한다. 이 시점에서 프로토타입의 외양은 어느 정도 사람들의 이목을 집중시킬 수 있는 매력을 지녀야 한다. 잠재적인 소비자들이 거친 모서리나 마무리가 덜 된 세부장식에 시선을 돌리게 만들어서는 안 된다. 예컨대 사람들은 마분지로 만든 설거지 기계가 실제로는 어떻게 작동할지 상상하지 못한다.

오늘날엔 디자이너들이 프로토타입을 신속하면서도 극도로 정확하게 제작할 수 있도록 뒷받침해주는 첨단기술이 개발돼 있다. 초정밀 레이저 커터, 컴퓨터 소프트웨어, 3D 프린터 장비 등 온갖 도구가 나와 있다. 어떤 경우엔 이러한 도구들의 성능이 지나치게 좋은 바람에 웃지 못할 일이 벌어진다. 다국적 사무가구 제작회사 스틸케이스와의 프로젝트에서는 이런 일도 있었다. 프로토타입이 제작되고 있는 현장을 방문한 한 임원이 포말泡沫로 만들어진 모형을 실제 의자로 착각하고는 그만 그 위에 앉아버렸다. 그 덕분에 4만 달러짜리 벡타Vecta 의자 모형은 망가지고 말았다.

프로토타입을 지나치게 완성도 있게, 그리고 너무 일찍 제작하면 이 세상의 모든 기술은 무의미해진다. '딱 적당한 수준의 프로토타입'이 우리가 목표하는 것이 무엇인지를 알게 해준다. 경험이 많은 프로토타입 제작자라면 "그 정도면 이제 됐어"라는 말을 언제쯤 던져야 하는지를 잘 안다.

경험과 서비스를
프로토타입으로 만들기

상상으로 그려낼 수 있는 프로토타입은 대부분 물리적인 실체를 갖춘 제품을 가리킨다. 즉, 실수로 떨어뜨리면 손상이 가는 물건을 뜻한다. 그러나 주어진 과제가 서비스나 가상체험 또는 조직의 구조개선 작업일지라도 적용되는 원칙은 동일하다. 디자이너들이 직접 실험하고 평가하고 발전시킬 수 있는 아이디어를 바탕으로 하는 대상은 무엇이든 프로토타입이라고 부를 수 있다. 나는 레고로 만들어 세상에 처음 모습을 드러낸 정교한 인슐린 주입장치를 본 적이 있다. 포스트잇 메모지를 사용해 만든 소프트웨어 인터페이스의 프로토타입을 본 적도 있다. 또한 알량한 폼코어(튼튼하고 가볍지만 굉장히 저렴한 마분지)로 만든

계산대를 배경으로 새로운 은행 서비스의 개념을 고객들 앞에서
보여주는 광경을 목격한 적도 있다.

영화산업에서는 이러한 방식이 이미 오래전부터 사용되어왔다.
한때는 영화가 연극 작품을 녹화한 버전에 지나지 않는 것으로 여
기던 시절이 있었다. 실제로 연극대본을 보고 바로 영화로 만드는
시절도 있었다. 하지만 영화감독들의 야심이 점차 커지고 관객들
의 욕구도 갈수록 높아지면서 상황이 바뀌었다. 영화감독들은 카
메라를 엄청나게 동원하고 특수효과를 사용하기 시작했다. 스토리
보드는 실제로 촬영에 들어가기 전에 모든 장면이 면밀히 구성돼
있는지를 확인하고 편집 과정에서 중요한 장면이 사라졌거나 잘
못되는 일이 없도록 하기 위한 핵심도구로 떠올랐다.

디즈니 애니메이션이 선구적인 변화를 꾀하면서 영화제작기술
이 갈수록 정교해짐에 따라 스토리보드의 역할은 더욱더 막중해
졌다. 애니메이션 제작자들이 세부적인 작업을 하기 전에 줄거리
가 유기적으로 연결돼 있는지를 확인하는 제작도구가 된 것이다.
정교한 디지털 특수효과 장비를 갖춘 영화제작사들은 이제 작업
에 본격적으로 나서기 전에 컴퓨터 기반의 스토리보드와 애니매
틱스animatics(시각적 이미지나 개념을 애니메이션으로 표현하는 사전조사 기법)
를 활용해 수많은 연결동작을 하나의 장면으로 미리 볼 수 있다.

영화를 비롯해 다른 예술산업에서 사용하는 첨단기술을 보노라
면 물리적인 실체가 전혀 없는 경험조차도 프로토타입으로 제작
하는 방법을 대략 가늠할 수 있다. 여기엔 시나리오, 미래 상황을

말과 그림으로 표현한 스토리텔링의 형태를 포함한다. 특정한 연령층을 대상으로 캐릭터를 창조하고 설득력 있는 시나리오를 만든다고 가정해보자. 예를 들어 두 아이를 양육하는 전문직 여성의 일상생활을 들여다보면서 그녀가 자동차용 전기충전기를 다루거나 인터넷 약국을 이용하는 모습을 '관찰하는' 시나리오를 구성하는 것이다.

와이파이를 활용한 첨단 통신기술이 처음 나왔을 때, 보세라Vocera는 직원들이 음성 통제가 가능하고 실제로 착용할 수 있는 '커뮤니케이션 배지'를 활용해 회사 네트워크에 있는 동료들과 어떻게 의사소통하는지를 보여주는 비디오 시나리오를 개발했다. 이 짧은 영상은 가상의 IT 팀이 작업하는 과정을 상세하게 담았고, 투자자들에게 개념을 설명할 때 기술 브리핑을 하거나 파워포인트로 슬라이드를 보여주는 것보다 훨씬 효과적이었다. 소니는 1990년대 초 온라인에 대한 개념을 처음으로 개발할 때 이 기술을 사용했다. 소니의 디자인팀은 도쿄에 사는 10대들의 삶을 그린 시나리오를 만들어 청소년들이 쌍방향 비디오게임을 하거나 함께 노래방 노래를 부를 때 새로운 종류의 온라인게임을 어떻게 활용하는지 보여주었다. 이 같은 가상 시나리오는 회사 경영진에게 인터넷이 미래 사회에서 어떤 식으로 새로운 서비스와 비즈니스모델이 될 수 있는지를 일깨워주었다.

시나리오의 또 다른 중요한 가치는 사람들을 아이디어의 중심에 계속 머무를 수 있도록 지지해준다는 점이다. 자잘한 기술 문제나 외관의 세부장식에 온통 시선을 빼앗기는 일이 없도록 방어해주는 기능이다. 시나리오를 볼 때 우리가 상대하고 있는 것은 단순한 사물이 아니라 미하이 칙센트미하이 Mihaly Csikszentmihalyi(미국의 심리학자로 세계적 베스트셀러《몰입의 즐거움》의 저자)가 이름 붙였듯이 '사람과 사물 사이의 거래'이다. 이런 맥락에서 볼 때 프로토타입을 만들어나가는 작업은 아이디어에 형태를 부여하고 그 과정에서 배움을 얻고 다른 시제품들과 비교평가를 함으로써 더 나은 제품을 만들어가는 일이다.

새로운 서비스 개발 과정에서 유용하게 쓰이는 간단한 시나리오 구조는 '고객의 여정'이다. 이 방법은 가상고객이 서비스의 시작부터 끝까지를 경험하는 과정을 차트로 표현하는 것이다. 이 작업의 출발점은 상상에 바탕을 둔 것일 수도 있고, 비행기표를 구매하거나 지붕 위에 태양전지판을 설치할지 말지를 결정하는 사람을 유심히 지켜보는 식의 직접적인 관찰일 수도 있다. 어떤 경우이든 고객의 여정을 묘사하는 작업은 가치가 있다. 고객과 서비스 또는 고객과 브랜드의 상호작용이 어디에서 이뤄지는지를 알려준다는 점에서 그렇다. 이렇게 파악되는 모든 '접점'들은 기업이 목표로 하는 고객들에게 가치를 제공하는 기회로 이끈다. 아니면 고객과 영영 마주치지 못하는 탈선의 계기를 만들 수도 있다.

몇 년 전, 암트랙Amtrak은 동부 해안의 교통을 개선하기 위해 보스턴, 뉴욕, 위싱턴DC를 연결하는 고속열차 서비스에 대해 연구를 시작했다. 아셀라Acela라고 부르는 프로젝트에 합류해달라는 요청을 받았을 때 IDEO에게 주어진 과제의 초점은 고속열차 자체, 즉 기차의 좌석 디자인이었다. IDEO 팀은 고객들과 함께 기차를 타고 셀 수 없이 많은 여행을 한 끝에 여행의 전체 과정을 서술한 간단한 '고객의 여정'을 만들 수 있었다. 그 결과, 사람들에게 여행의 과정은 기차역에 가는 단계, 주차장을 찾는 단계, 기차표를 사는 단계, 플랫폼의 위치를 파악하는 단계 등 총 10단계로 나뉘어 있다는 점을 알아냈다. 가장 인상적인 발견은 승객들이 8단계에 이르기 전까지는 좌석을 배정받지 못한다는 사실이었다. 다시 말해 기차여행과 연관된 대부분의 경험에는 기차가 포함돼 있지 않다는 게 현실이었다.

IDEO 팀은 그 이전 단계는 모두 긍정적인 상호작용을 엮어낼 수 있는 기회라고 판단했다. 좌석 디자인에만 신경을 집중했다면 자칫 지나쳐버릴 수 있는 소중한 기회가 각각의 단계에 숨어 있던 것이다. 확실히 이러한 접근방식은 프로젝트를 더욱 복잡하게 만들었다. 하지만 주어진 과제를 해결하는 최선의 방법이었다. 기차가 워싱턴에서 뉴욕으로 운행되는 과정에서 발생하는 많은 문제를 모두 해결하는 일은 결코 쉽지 않다. 하지만 결국 암트랙은 그같은 조정작업을 해냈고 고객에게 만족스러운 여행을 제공할 수 있게 됐다. 트랙과 브레이크 시스템, 바퀴 문제 등 여러 문제점을 안고 있음에도 아셀라는 대중적으로 인기 높은 서비스가 되었다. '고객의 여정'은 그러한 과정에서 나온 첫 번째 표준모형이다.

실행에
옮기기

레고를 갖고 노는 행동이 '손으로 배우는' 어린이의 방식이고 폼코어와 금속절삭기계를 다루는 일은 제품을 디자인하는 전문가들의 방식이라면, 은행이나 병원, 백화점 등에서 체험할 수 있는 서비스의 혁신은 어떻게 이루어질까? 이미 여러 제품들의 사례에서 볼 수 있듯이 이 경우에도 신뢰할 수 있는 '상담역'은 바로 어린이들이다. 아이들은 두세 명만 모여도 역할극을 시작하곤 한다. 아이들은 상황에 따라 의사도 되고, 간호사도 되고, 해적이나 외계인 또는 디즈니 애니메이션에 등장하는 캐릭터로도 변신하면서 역할극을 즐긴다. 외부에서 굳이 자극을 가하거나 간섭하지 않아도 아이들은 실타래처럼 복잡하게 얽힌 장황한 얘기를 그럴듯하게 상연한다. 연구 결과에 따르면 이러한 형태의 놀이는 재미를 줄 뿐만 아니라 대본을 쓰는 데에도 도움을 준다.

다국적호텔기업 매리어트Marriott가 소유한 호텔브랜드 타운플레이스 스위트TownPlace Suites는 경영컨설턴트 같은 장기투숙 비즈니스 여행객들을 주 고객으로 삼고 있다. 이러한 고객들은 며칠만 묵고 떠나는 게 아니라 집에서 멀리 떨어져 장시간 생활을 해야 하기 때문에 다른 호텔 투숙객들과 달리 집처럼 편안한 분위기에서 휴식을 취하고 싶어 한다. 이들은 객실에서 회사 일을 처리하는 경우가 많고 주말에도 호텔에 머물 가능성이 높다. 또 혼자서 호텔 주변을 어슬렁거리며 시간을 보낼 수도 있다. 매리어트는 이러한 여행자들에게 제공하는 서비스에 새로운 시각을 갖고 접근하기를 원했다.

건축 분야와 관련된 디자인 프로젝트에서 나타나는 문제는 실물 크기의 프로토타입을 제작하는 일이 현실적으로 불가능하다는 점이다. 물론 그 이유는 비용 때문이다. 따라서 IDEO에서는 공간 디자이너들로 가상팀을 꾸리고 이들이 지낼 장소로 샌프란시스코에 있는 낡은 창고를 임대했다. 팀원들은 그곳에서 호텔 로비를 실물 크기의 목업mock-up(외형만 있고 작동 등은 불가능한 외관모형)으로 제작했고 폼코어로 객실도 만들었다.

이들이 창고에 설치한 외관모형은 공간의 심미적인 면을 드러낼 의도로 만든 게 아니었다. 그보다는 디자이너들과 호텔에 머무는 고객들, 호텔 운영자가 저마다 다른 서비스 체험을 하고 실제의 공간에서 실시간으로 무엇이 바람직한지를 탐색하는 무대 역할을 했다. 그곳에 들른 모든 방문자들은 포스트잇 메모지를 모형에 붙여 수정사항을 거리낌 없이 제안했다. 이러한 과정에서 혁신적인 아이디어들이 탄생했다. 손님들이 흥미로운 레스토랑이나 명소를 표시할 수 있도록 로비 벽에 부착하는 커다란 지도, 지역정보가 담겨 있는 개인맞춤형 안내책자 등이 포함돼 있었다.

무엇이든 실행해볼 수 있는 이 실물 크기의 공간은 팀원들에게 추가 테스트를 위한 풍부한 아이디어를 제공했다. 더욱이 그들은 자신의 아이디어가 얼마나 근사한지를 훨씬 잘 실감할 수 있었다. 아무리 많은 조사와 모의실험을 했더라도 이 같은 수준의 결과를 얻지는 못했을 것이다.

　실연을 통해 잠재적인 아이디어를 구현하는 일은 디자이너들에게 매우 중요한 일이다. 아이비 로스는 마텔 시절 회사 차원에서 운영되는 플래티퍼스 프로그램의 참가자들에게 초기 2~3주 내에 즉흥적인 실연기술을 활용하는 방법을 가르쳤다. 동료의 아이디어를 토대로 새로운 발상을 떠올리고 그에 대한 판단을 미루는 방법 등의 기초를 익히고 나면 협업을 바탕으로 한 실시간 프로토타입 제작이 성공적으로 이뤄질 가능성이 높아진다. 물론 경험을 토대로 모형제작에 아마추어적인 연출법을 적용하는 것은 타인의 눈에는 자칫 어리석게 비칠 수도 있다. 넥타이를 풀어헤치거나 하이힐을 벗어던진 채 즉흥 연출을 통해 아이디어를 실제로 구현하는 데는 상당한 자신감이 필요하다.

야생에서
프로토타입 만들기

　　　　　대부분의 프로토타입 제작은 문이 굳게 닫힌 공간에서 벌어진다. 경쟁기업(때로는 고객 기업의 경영진이 될 수도 있다)이 진행 상황을 파악할 수 없도록 아이디어를 보호하고 정보의 노출을 제한할 필요가 있기 때문이다. 기업들이 흔히 택하는 전통적인 방식은 포커스그룹이나 고객 클리닉을 만드는 것이다. 게임 기업 일렉트로닉아츠EA처럼 혁신적인 감각을 지닌 기업은 신작을 개발하는 도중에 게이머들을 한데 불러모아 테스트를 진행한다. 이처럼 제품의 기능적인 특성을 평가할 때는 관리를 철저하게 해야 한다.

프로토타입은 정말 제대로 작동을 할까? 혹시 떨어지면 깨지지는 않을까? 장착된 부품들은 잘 들어맞는가? 평범한 사람들도 전원 스위치를 쉽게 찾을 수 있을까? 사실 방금 열거한 요소들은 프로젝트팀에서 자체적으로 테스트할 수 있는 부분이다. 하지만 서비스에 관해서라면 상황은 훨씬 더 복잡해진다. 특히 복잡다단한 사회적 상호작용에 기반을 둔 서비스라면 더욱 만만치 않다. 예컨대 모바일 텔리포니Mobile Telephony 기술은 사용자가 다른 사용자와 함께 만드는 상호작용, 시스템 자체와 부딪치며 발생하는 상호작용 등 눈으로 보거나 만질 수 없는 요소에 뿌리를 두고 있다. 현대 사회의 복잡한 아이디어들은 디자이너들이 모형을 야생에 던져놓고 어떻게 살아남고 적응하는지를 관찰해야 하는 상황을 빚어내기도 한다.

독일의 최대 이동통신 기업인 T모바일이 휴대전화를 매개로 사회적 친목 네트워크를 구축하는 방안에 대한 연구를 시작했을 때, 이미 큰 그림은 마련돼 있었다. 이 회사는 비슷한 생각을 가진 개인들의 온라인 모임에서는 단지 연락을 계속 취하기 위해서가 아니라 사진과 메시지를 공유하고 계획을 짜고 일정을 맞추기 위해, 그리고 PC보다 훨씬 더 직접적인 방식으로 다양한 상호작용을 하기 위해 편리한 방편으로 휴대전화를 사용한다는 믿음을 갖고 있었다. T모바일의 아이디어를 시각적으로 설명하기 위한 방법으로는 시나리오와 스토리보드의 활용이 가능했고 휴대전화에서 시뮬레이션을 작동시킬 수도 있었다.

하지만 그렇게 하면 T모바일 과제에 대해 사회적인 차원의 고려를 하지 않을 위험이 도사리고 있었다. 이 회사의 의도를 달성하기 위한 유일한 방법은 모의 서비스를 시도하는 것이었다. 이에 따라 디자인팀은 두 가지 종류의 프로토타입, 즉 모의 프로그램이 설치된 노키아 휴대전화를 슬로바키아와 체코에 거주하는 소규모의 사용자 집단에게 보냈다.

그로부터 2주가 지나지 않아 두 가지 모델 중 어느 쪽이 더 두드러지는지, 어떤 이유에서 그러한지가 명확해졌다. 최종적으로 선택된 아이디어는 사용자들이 휴대전화의 달력에 표시해놓은 일정 위주로 사회적 네트워크를 구축하는 서비스였는데, 이는 디자인팀을 깜짝 놀라게 만들었다. 원래 기획자들의 표심을 얻은 것은 사용자들이 함께 쓸 수 있는 전화번호 목록을 만드는 기능이었기 때문이다. 결과적으로 프로젝트팀은 새로운 서비스에 대한 실질적인 증거를 수집했을 뿐 아니라 신통치 않은 아이디어에 매달리는 수고를 덜 수 있었다. 이처럼 혁신적인 방법은 오직 한 가지 결함만 남겼다. 실험이 끝난 다음 몇 명의 실험자들이 휴대전화 반납을 거부한 것이다.

'야생에서 프로토타입을 제작하는' 작업의 또 다른 형태로는 세컨드라이프Second Life나 마이스페이스, 페이스북 등 소셜 네트워킹 사이트 같은 가상세계를 활용하는 방법이 있다. 실제로 기업들은 투자를 단행하기 전에 소비자들로부터 제안 대상이 된 브랜드나 서비스에 대해 많은 것을 배울 수 있다. 그 대표적인 성공사례로는 스타우드호텔 체인을 꼽을 수 있다. 이 호텔은 2006년 10월 '어로프트Aloft'라는 새로운 호텔 브랜드의 3차원 모형을 세컨드라이프의 가상세계에 선보였다. 그로부터 9개월에 걸쳐 스타우드에는 전체적인 레이아웃부터 샤워부스에 라디오를 설치하는 문제, 로비의 색상을 바꾸는 일에 이르기까지 가상고객들이 보낸 온갖 제안이 쇄도했다.

고객의 의견이 충분히 집수됐을 때 스타우드는 가상호텔의 문을 닫고 수리작업에 착수했다. 그리고 가상호텔이 다시 문을 열었을 때 이 공간에서는 사이버 파티가 성대하게 벌어졌다. 멋진 아바타들이 로비에서 춤을 추고, 바에서 즐겁게 시시덕거리고, 풀장에서 노는 모습이 눈길을 사로잡았다. 그렇다면 진짜 건축물이 세워지면 이처럼 값비싼 가상모형은 어떻게 처리할 것인가?

스타우드는 폐기된 가상호텔을 테이킹IT글로벌Taking IT Global이라는 온라인 국제단체에 기부했다. 이 단체는 젊은이들이 앞장서서 디지털시대의 발전을 도모하는 단체이다. 스타우드 계열의 호텔 브랜드 어로프트는 발랄하고 도시적이며 스타일이 뛰어나고 첨단기술의 흐름에 밝은 손님들의 주목을 끌기를 바랐다. 세컨드라이프와 같은 가상공간을 유유히 거니는 고객층을 찾았던 것이다. 이처럼 공개된 가상공간에 프로토타입을 제작하는 것은 보수적인 성향의 타 기업들까지도 비슷한 실험에 도전하도록 한다. 가상모형 제작 덕분에 기업들은 미래의 고객들에게 신속히 접근할 수 있을 뿐 아니라 수많은 곳에 흩어져 있는 다양한 사람들로부터 피드백을 받을 수 있다. 이 과정을 되풀이하는 일도 쉽다. 더 많은 사람들이 온라인 사회관계망의 모형을 제작하려 하기 때문에 결과물을 평가하는 일에도 한층 더 능숙해지게 마련이다.

하지만 다른 모형 제작도구와 마찬가지로 가상 프로토타입에도 분명한 한계가 존재한다. 예를 들어 세컨드라이프 같은 가상세계는 고객의 정체성을 대신하는 아바타 의존도가 높은 편이다. 따라서 아바타 뒤에 도사리고 있는 실체를 알기가 불가능하다. 세상만사는 항상 겉보기와 다르므로 이는 위험요소로 작용한다.

자신의 일에 집중하기

형태가 있는 물건과 보이지 않는 서비스의 프로토타입 제작이 하나의 영역이라면 좀 더 추상적인 대상을 놓고 작업하는 영역도 분명히 따로 존재한다. 새로운 경영전략을 짜고 사업 제안을 하거나 조직을 구축하는 일 등이 그 예다. 프로토타입의 제작은 추상적인 아이디어에 생명을 불어넣어 조직 전체의 구성원들이 다 함께 이해하고 능동적으로 참여할 수 있는 토대를 만들기 때문이다.

2004년 〈더 소프라노스The Sopranos〉, 〈섹스 앤드 더 시티Sex and the City〉 등 인기 드라마를 대거 만들어낸 케이블 방송국 HBO는 TV

를 둘러싼 환경이 변하고 있음을 깨달았다. 프리미엄 콘텐츠를 제공함으로써 케이블TV 업계에서 압도적인 장악력을 갖추게 됐지만 인터넷TV, 모바일 텔리포니, VOD 등 새로운 형태의 미디어가 영향력을 확대하고 있었던 것이다. HBO는 이 같은 변화의 물결이 미치는 파장에 대해 알기를 원했다. 긴 시간을 투입해 공을 들인 연구와 소비자 관찰이 끝난 후 데스크톱PC, 노트북컴퓨터, 휴대전화, IPTV 등 새롭게 부상하는 신기술 플랫폼 전반에 걸쳐 확산될 이른바 '끊김 없는' 콘텐츠를 제공하는 전략이 탄생했다.

우리의 결론은 HBO가 케이블TV의 대명사라는 정체성을 떨쳐내고 특정 기술에 얽매이지 않아야 한다는 것이었다. 즉, 고객이 필요하다면 언제든지, 어디로든지 콘텐츠를 공급할 수 있는 '전천후 미디어'를 지향해야 한다는 주장이었다. TV 프로그램을 먼저 제작하고 난 다음에 DVD나 모바일과 어떻게 연결할지를 고민하는 게 아니라 처음부터 다양한 채널을 염두에 두고 창작에 들어가야 한다는 말이다. 우리는 이처럼 야심 가득한 계획이 근본을 뒤흔들어놓을 수 있다는 점을 충분히 이해하고 있었다. HBO는 시청자와 미디어의 관계를 더 깊이 이해해야 할 뿐만 아니라 회사에 단단히 뿌리내리고 있는 요소를 일부분 파괴해야 했다.

프로젝트팀은 HBO 뉴욕 본사의 15층에 프로토타입을 설치했다. 사람들이 걸어서 통과하며 체험할 수 있는 모형이었다. 이로써 HBO의 고위 임원들은 고객들이 여러 가지 디지털 장비로 접근할 수 있는 TV 콘텐츠와 교류방식을 직접 관찰할 수 있었다.

또한 프로젝트 팀원들은 기술적·분석적 밑바탕을 제공하기 위해 벽 전체를 가로질러 미래의 로드맵을 만들었으며, 프로그램이 진행됨에 따라 회사가 맞닥뜨리게 될 기술과 비즈니스, 문화를 구성하는 핵심요소들을 전시했다. IDEO 팀원들이 만든 전시공간을 둘러보던 HBO의 에릭 케슬러Eric Kessler 마케팅 담당 부사장은 감을 잡은 듯 이렇게 말했다. "이건 HBO 온 디맨드 서비스의 미래가 아니라 HBO의 미래를 보여주는 것이로군요." 이 모의공간은 HBO 경영진에게 강렬한 매력을 발산하면서도 현실적인 시각으로 미래를 내다보는 효과를 자아냈다. 앞으로 다가올 기회와 위협을 동시에 볼 수 있도록 한 것이다. 본사 15층에 설치된 프로토타입은 HBO가 프리미엄 TV 콘텐츠를 모바일 플랫폼에 탑재하는 사업을 위해 싱귤러Cingular(현재 AT&T와이어리스)와 협상에 들어갔을 때 양사가 쉽게 합의를 하는 데 가교 역할을 톡톡히 해냈다.

조직을 위한 프로토타입 만들기

HBO 사례는 경영전략을 구상하는 단계에서도 손으로 사고할 필요가 있다는 점을 잘 보여준다. 이는 조직을 구상하는 데도 똑같이 적용되는 논리이다. 조직은 변화하는 환경에 발맞춰 진화해야 한다. 비록 '기업구조개편'이란 경영문화의 측면에서 볼 때 상당히 진부한 문제이지만 어떤 회사라도 직면할 수 있는 숙명적이고 복잡한 디자인 과제이기도 하다. 훌륭한 디자인 씽킹을 동반한 구조개편은 거의 드물긴 하지만 말이다.

브레인스토밍이 전혀 없는 회의를 하고, 손이 아니라 머리로만 사고한 차트가 판을 치며, 프로토타입의 강점을 적용하지 않은 채 기획을 하고 지침을 내리는 방식이 대부분의 조직개편에서 볼 수 있는 흔한 모습이다. 만약 IDEO가 개입했다면 과연 미국의 자동차산업을 위기에서 구해낼 수 있었을지 장담할 수는 없지만 적어도 한 가지는 분명하게 말할 수 있다. 아마도 우리는 폼코어와 뜨거운 아교가 발사되는 소도구를 가지고 시작했을 것이다.

물론 새로운 조직구조의 프로토타입을 만드는 일은 쉽지 않다. 본질적으로 조직체계는 서로 유기적으로 얽혀 있는 거미집 같다. 조직의 한 부분을 건드리면 다른 부분에도 반드시 영향을 끼친다. 사람들의 삶을 재료로 프로토타입을 만드는 것 역시 섬세하고 미묘한 일이다. 아무래도 실수에 대한 관용의 여지가 줄어들기 때문이다. 하지만 이 같은 복잡성에도 불구하고 조직의 구조적 변화를 추구하는 과정에서 디자이너들의 방식을 활용하는 회사들은 분명 존재한다.

2000년 말에 불어닥친 '닷컴 열풍'은 블랙홀을 만들어내고야 말았다. 그 진원지는 바로 샌프란시스코였다. 이른바 '멀티미디어 협곡'의 틈바구니에서 디자인 공간은 맥없이 버려졌고, 애어론체어Aeron chairs와 다채로운 색깔이 돋보이는 아이맥iMac만 남게 됐다.

실리콘밸리를 지나가는 101번 고속도로를 따라 설치된 광고탑(1개월에 10만 달러)은 텅 비어 있었고, 기업가 지망생들은 대학으로 돌아가 학위를 따는 데 매진했다. IDEO로서도 타격이 컸다. 회사가 설립된 이래 최초로 비자발적인 '허리띠 졸라매기'의 고통을 감내해야 할 정도였다.

당시 나는 IDEO 유럽본부를 이끌다가 미국으로 소환돼 데이비드 켈리로부터 본사의 수장 자리를 넘겨받았다. 그리고 켈리는 절묘한 타이밍 감각을 발휘해(또는 우연히 그렇게 보였을 수도 있지만) 닷컴 열풍이 붕괴하기 직전에 물러나 스탠퍼드대학에서 교편을 잡았다. 이에 따라 'IDEO 2.0 버전'으로 전환하는 과정을 진두지휘할 임무는 나에게 주어졌다. 한때는 직원 수를 40명 이상으로 늘리지 않을 것(전 직원이 스쿨버스 한 대에 올라타 근처 해변으로 이동할 수 있도록)이라고 큰소리쳤던 IDEO는 어느새 스쿨버스 10대를 빌려야 할 정도로 거대해져 있었다.

비록 수평적인 조직구조를 유지하기 위해 무던히 애를 쓰긴 했지만 이러한 큰 폭의 성장은 350명의 인력과 복지혜택, 미래의 꿈을 고민하게 만들었다. 덩치가 커진 만큼 위험부담이 컸고 안전망도 없었다. 따라서 나는 디자이너들이 하는 방식을 도입했다. 팀을 구성하고 프로젝트를 개시한 것이다. 우리가 시작한 프로젝트는 회사를 새롭게 창출하는 작업이었다.

IDEO는 지난 20여 년의 시간을 기업을 위한 인간중심적 디자인 프로세스를 만드는 일에 헌신해왔다. 그런데 그러한 소중한 원리를 우리 자신에게 적용하지 않는다면 정말로 이상하고 우스운 꼴이 됐을 것이다. 우리가 다른 사람에게 밀어붙였던 개혁의 칼을 스스로에게도 들이미는 것, 그게 바로 우리가 한 일이다. 우선 '단계 1'에 해당하는 시기에는 프로젝트팀이 뿔뿔이 흩어져 IDEO의 각 지사에서 근무하는 디자이너와 기업 관계자, 심지어는 경쟁기업 사람들과 대화를 나눔으로써 현장은 어떻게 진화하고 있는지, 우리의 약점은 무엇인지, 강점은 또 무엇인지에 대해 통찰을 얻는 일에 주력했다. 이 과정에서 수많은 토론이 워크숍으로 이어졌고 우리 자신을 위한 최초의 프로토타입인 '빅 아이디어'라는 결과물을 낳았다. 우리가 그리는 미래의 IDEO 프로토타입이었다.

이때 나온 아이디어 중 하나는 '작은 d로 시작하는 디자인design with a small d'이었다. 이는 박물관의 근사한 받침대와 라이프스타일 잡지의 표지를 우아하게 장식할 제품을 만드는 창작활동에서 벗어나 디자인을 일상생활의 모든 단계에서 삶의 질을 향상시키는 도구로 사용하겠다는 것을 뜻했다. 또 다른 아이디어는 '하나의 IDEO One IDEO'라고 불렀다. 이는 IDEO 산하의 조직이 개별적인 독립 스튜디오가 아니라 서로 연결되어 있는 단일 네트워크로서 작동할 수 있느냐에 우리의 미래가 달려 있다는 개념이었다.

세 번째 아이디어는 본래의 스튜디오 모델을 버리고 '글로벌 프랙티스Global Practice'라는 아직 시도되지 않은 새로운 구조로 대체하는 것이었다. 예컨대 헬스 프랙티스Health Practice는 첨단 의료기기 업체 메드트로닉 Medtronic을 위한 정밀 의료기기를 만드는 것부터 굴지의 제약업체 글락소스미스클라인GlaxoSmithKline을 위한 교육용 패키지를 개발하는 것 등 의료보건 분야의 각종 프로젝트에 초점을 맞추는 것을 뜻했다.

또 제로20 Zero20은 영아 시기부터 사춘기 말에 이르는 다양한 연령대의 아이들에게 물품을 제공하는 프로젝트를 의미했다. 이 밖에 쌍방향 소프트웨어, 소비자 체험, '똑똑한 공간'을 창출하는 디자인, 조직개혁 등 다양한 영역에 집중하는 프로젝트도 있었다. 이 시점에서 우리는 프로토타입을 바깥세상으로 들고 나갈 준비가 돼 있었다. 더 정확하게 말하면 바깥에 있는 현장을 프로토타입에 담았던 것이다.

우리는 실리콘밸리에 자리 잡은 본거지를 확장한 이래 처음으로 국제행사를 개최하기로 결정했다. 보스턴에서 근무하는 고참 엔지니어와 런던의 신입 그래픽디자이너, 샌프란시스코의 모형제작자, 도쿄의 휴먼팩터 전문가, 팰로앨토의 리셉셔니스트 빅키까지 IDEO의 모든 임직원들을 한자리에 불러모으는 행사였다. 이 거대한 행사의 목적은 우리가 그로부터 얼마 지나지 않아 IDEO 2.0 버전이라고 부르기 시작한 중대한 사내 프로젝트에 시동을 걸기 위함이었다. 350명의 동료들과 멘토들을 앞에 두고 이 행사의 개막을 선언했던 순간은 내 이력의 정점으로 남아 있다. 물론 이 때만 해도 시동을 걸고 출발하는 것이 그나마 쉬운 일이라는 사실을 몰랐었지만 말이다.

강연과 세미나, 워크숍, 댄스, 해묵은 컴퓨터게임 '퐁Pong'의 딘체용 버전(무려 350명이 동시에 게임을 할 수 있는) 등으로 이루어진 사흘 간의 행사는 엄청난 성공작이었다. 하지만 이듬해는 내 인생에서 가장 힘든 시기의 하나였다. 프로토타입이 공개되면서 우리는 사람들이 모형의 가치를 이해하려면 계속 똑같은 이야기를 들려줘야 한다는 사실, 그들의 행동에 변화가 일어나기까지는 여러 차례 반복해야 한다는 사실을 깨달았다. 또한 우리는 작은 그룹을 대상으로 실시한 프로젝트에서 성공을 거둔 선두 팀이 일곱 개 지역을 넘나들며 아이디어를 전달하는 과제는 그리 쉽지 않다는 사실도 알게 됐다. 완전한 창조적 자율성을 누리는 데 익숙하며 혜안을 갖춘 디자이너라도 시장이 주도하는 아이디어에 기쁜 마음으로 적응하진 못한다는 점도 배웠다.

우리는 융통성이 넘치고 민첩하며 타당성이 있고 변화하는 세상에 대처할 수 있는 조직을 원했기에 IDEO의 조직을 다시 디자인했다. 그리고 5년 뒤, 일곱 가지 업무영역 중 두 가지는 없앴고, 새로운 영역을 하나 추가했으며, 하나는 목표로 하는 잠재고객과 호흡하기 위해 이름을 두 번이나 바꾸면서 조직을 재정비했다. 조직은 끊임없는 변화가 불가피하다. 모든 일이 모형이나 마찬가지이다. 가장 힘들었던 시기에도 우리는 성공적인 프로토타입이란 '흠이 없이 작동하는 것'이 아니라 '목적과 프로세스, 우리 자신에게 교훈을 주는 것'이라는 점을 잊지 않으려고 노력했다.

프로토타입을 만드는 일에는 수많은 접근방식이 있다. 하지만 모든 방식들이 하나의 역설적인 특징을 공통적으로 갖추고 있다. 속도를 빠르게 하기 위해 우선 속도를 늦춘다는 점이다. 아이디어를 프로토타입으로 엮어내는 일에 시간을 투입함으로써 우리는 너무 일찍 복잡해지거나 변변치 않은 아이디어에 너무 오래 매달리는 값비싼 실수를 피할 수 있다. 앞서 나는 인정받은 디자인 전문영역에서 훈련을 받았든지 받지 못했든지 상관없이 모든 디자인 씽커는 세 개의 혁신공간에 거주한다고 말했다. 프로젝트가 진행되는 내내 디자인 씽커들은 손으로 생각하는 작업을 계속해나가기 때문에, 프로토타입의 제작은 그들이 세 가지 공간, 즉 영감, 아이디어, 실행을 동시에 점유할 수 있게 한다.

프로토타입을 만드는 작업은 언제나 풍부한 영감을 준다. 새로운 아이디어를 떠올리게 하므로 완성된 예술품이 주는 감동이 아니라 그것과 정반대되는 차원의 영감이다. 프로토타입 제작은 프로젝트의 초기 단계에서 시작해야 하는데, 보통 수없이 많이 만들어질 뿐만 아니라 신속하게 집행되기 때문에 외관은 보기 좋지 않은 경우가 많다. 각 팀원은 '딱 적당한' 수준으로 아이디어를 발전시키려 한다. 그 수준은 팀 차원에서 뭔가를 배울 수 있고 계속 전진할 수 있는 수준을 의미한다. 결연한 의지가 상대적으로 낮은 이 시점에서는 팀원들이 각자의 프로토타입을 만들되 다른 사람과는 공유하지 않는 것이 최상의 방식이라 할 수 있다. 디자이너들은 모든 장비가 갖춰진 프로토타입 제작 공간을 요구할지도 모르지만 디자인 씽커는 다르다. 카페테리아에서도, 호텔 객실에서도, 기업의 중역회의실에서도 충분히 프로토타입을 구축할 수 있다.

초기 단계에서의 프로토타입 제작을 적극적으로 장려하는 한가지 방법은 목표를 정하는 것이다. 예를 들어 첫째 주의 마지막 날

(혹은 첫날)로 마감을 정하는 것이다. 일단 프로토타입이 모습을 드러내기 시작하면 직접 실험을 하고 경영진으로부터 피드백을 얻는 동시에 외부적으로는 잠재고객들의 의견을 이끌어내는 일이 쉬워진다. 실제로 혁신적인 조직을 측정하는 도구 중 하나는 첫 번째 프로토타입을 만드는 일에 소요되는 시간이다. 어떤 조직에서는 몇 달, 몇 년이 걸릴 수도 있다. 일례로 자동차산업은 많은 기간이 필요하지만 창조성이 뛰어난 조직에서는 불과 며칠 만에 뚝딱 프로토타입을 만들기도 한다.

아이디어의 공간에서 우리는 시장의 수요를 충족시킬 수 있도록 기능적이면서도 감성적인 요소를 겸비한 프로토타입을 제작한다. 프로젝트가 진행됨에 따라 제작된 프로토타입의 수는 점차 줄어들며 각각의 완성도는 높아진다. 하지만 발상을 가다듬고 향상시킨다는 애초의 목적은 변하지 않는다. 만약 이 단계에서 요구되는 정확도가 팀의 능력을 넘어서는 수준이라면 외부 전문가의 도움을 받을 필요도 있다. 프로토타입 전문 제작자, 비디오그래픽 전문가, 작가, 배우 등 상황에 따라 필요한 손길은 달라진다.

혁신의 세 번째 공간에서는 아이디어의 실행을 고민한다. 조직 전반에서 아이디어에 대한 폭넓은 지지와 승인을 받도록 명확하게 전달하고 미래 시장에서 긍정적인 반응을 얻을 것이라는 확신을 보여준다. 여기에서도 프로토타입의 역할은 중요하다. 각각의 단계에서 프로토타입은 작은 조립부품이나 세부장식이 중요함을 일깨운다. 예컨대 스크린에 나타나는 그래픽, 의자의 팔걸이, 헌혈자와 적십자 자원봉사자 간의 상호작용에서 관찰되는 세부사항을 시각적으로 보여주는 것이다. 프로젝트가 마지막 단계에 가까워 질수록 프로토타입의 완성도도 높아진다. 아마도 이 단계의 프로토타입은 비용이 많이 들고, 실제 제품과 쉽게 구분이 가지 않는다. 그리고 이 무렵엔 아이디어가 기본적으로 출중하다는 사실을 알 수 있다. 단지 얼마나 출중한지를 모를 뿐이다.

맥도날드는 프로토타입 제작과정을 혁신의 각 공간마다 적용하는 방식으로 유명하다. 첫째, 영감의 공간에서는 디자이너들이 스케치를 한 후 실물 크기의 목업을 신속하게 만든다. 그리고 새로운 서비스와 상품, 소비자의 체험을 탐구할 수 있는 시나리오를 작성한다. 이러한 과정은 비밀리에 진행될 수도 있고 피드백을 일찍 받기 위해 경영진이나 고객에게 공개될 수도 있다. 아이디어의 공간에 활력을 불어넣기 위해 맥도날드는 시카고 외곽에 있는 본사에 정교한 모형제작 시설을 지었다. 이곳에서 프로젝트 팀원들은 온갖 종류의 조리시설, POS(컴퓨터로 판매 활동을 관리하는 시스템), 그리고 식당 배치 등 새로운 아이디어를 테스트할 수 있는 환경을 구축한 뒤 실험적인 프로토타입 제작에 매진한다. 새로운 발상이 '실행'을 위한 준비태세를 갖췄다고 판단되면 실제 레스토랑에서 시험대에 오른다.

체험의 디자인

The Design of Experiences

나는 출장 때문에 샌프란시스코와 뉴욕을 자주 오가는 편이다. 나는 뉴욕 출장을 상당히 즐긴다. 영국 출신인 나에게 뉴욕은 미국을 상징한다. 뉴욕은 내가 미국에서 처음으로 가본 도시이자 방문할 때마다 짜릿한 흥분이 밀려오는 곳이다. 하지만 얼마 전까지만 해도 비행 자체는 굉장한 인내심을 필요로 하는 두통거리였다. 낡은 비행기, 숨 막히게 답답한 공간, 끔찍한 기내식, 열악한 기내 엔터테인먼트 시스템, 편리함과는 거리가 먼 비행 일정, 무관심한 고객서비스로 구성된 '조악한 종합선물세트'는 뉴욕 여행의 즐거움을 앗아가 버린다.

9·11참사의 후유증에서 완전히 벗어나지 못하고 있던 2004년, 유나이티드에어라인United Airlines은 이러한 문제를 해결하기 위한 차원에서 샌프란시스코-뉴욕 노선용으로 프리미엄 서비스라는 신규 서비스를 도입했다. 이를 계기로 유나이티드에어라인은 경쟁기업들을 단숨에 제압할 수 있었다. 이 노선을 이용하는 대다

수의 탑승객들은 업무와 관련한 출장을 가는 사람들이었기 때문에 보잉757의 여객실은 대부분 비즈니스석으로 전환했다. 좌석 밑으로 다리를 뻗는 공간이 적당한 수준으로 넓어진 덕분에 훨씬 더 여유로운 기분이 들게 했다. 이 밖에도 유나이티드는 한층 개선된 기내식 서비스를 제공했고 비즈니스석 탑승객에게는 개인용 DVD 플레이어도 제공했다.

유나이티드에어라인의 서비스가 잇따라 개선되면서 경쟁기업들과 뚜렷한 차별화를 꾀할 수 있었다. 하지만 탑승객의 입장에서 볼 때 비행의 만족도를 획기적으로 끌어올린 신규 서비스는 따로 있었다. 바로 전반적으로 넉넉해진 공간이었다. 다른 탑승객들의 이동을 막지 않고도 소지품을 선반에 얹을 수 있는 공간이 생겼을 뿐만 아니라, 사람들이 탑승한 다음 비행기가 실제로 이륙하기까지 소요되는 20~30분의 지루한 시간이 일종의 사교적인 경험을 할 수 있는 기회로 변했기 때문이다.

덕분에 나는 이 노선을 이용할 때면 사람들 사이를 비집고 바쁘게 지나가는 인내심 없는 승객들의 방해를 받지 않고 옆 사람과 가벼운 수다를 떨면서 시간을 보내게 됐다. 문이 닫히고 좌석에 장착된 선반을 원래 위치대로 세워달라는 방송이 나오기 전부터, 탑승 과정을 일종의 사회적 체험으로 승화시키면서 여행에 긍정적인 기대를 품게 되는 것이다. 그리고 결과적으로는 출장을 갈 때마다 기대와 흥분이 배가되는 효과를 유발했다. 이 같은 경험은 나의 일정뿐 아니라 감성에도 끈끈한 연결고리를 만든다.

디자인 씽킹의 원칙을 적극적으로 옹호하는 조직이 안고 있는 가장 복잡한 과제 중 하나가 이러한 탑승 체험에 담겨 있다. 비행기에 올라타 좌석에 앉고, 식료품을 사러 가게에 가고, 호텔에 투숙 절차를 밟을 때 우리는 단지 어떤 기능적인 일을 수행하는 것뿐만 아니라 일종의 체험을 하는 것이다. 엔지니어가 제품을 만들거나 건축가가 건물을 지을 때와 같은 마음가짐이 제품에 스며들지 않으면 제품의 기능 또한 제대로 효과를 발휘하지 못한다.

이 장에서는 이처럼 소비자들이 겪고 느끼는 경험을 추억처럼 보다 뜻깊게 만들어주는 세 가지 주제를 짚어보면서 '체험의 디자인'에 대해 이야기한다. 우리는 조셉 파인Joseph Pine과 제임스 길모어James Gilmore가 명명했듯이 '체험경제'의 시대에 살고 있다. 소비자들이 수동적인 소비에서 능동적인 참여로 이동하고 있다는 말이다. 이것이 바로 첫 번째 주제이다. 이어 최상의 경험은 기업의 본사 사옥에 새겨진 문구가 아니라 일선 직원들이 현장에서 제공한다는 게 두 번째 주제이다. 마지막 주제는 실행의 중요성이다. 실천하지 않으면 의미가 없다. 체험은 다른 모든 제품들과 마찬가지로 정교한 장인의 솜씨와 정밀한 기술로 만들어져야 한다.

좋은 아이디어만으로는
부족하다

혁신은 '좋은 아이디어를 잘 구현한 결과물'이라는 말이 있다. 물론 이러한 시각은 훌륭한 출발점이

될 수 있다. 하지만 불행하게도 '좋은'이라는 부분을 지나치게 강조한 게 흠이다. 나는 뛰어난 아이디어가 실행이 제대로 되지 못했다는 아주 단순한 이유로 빛을 보지 못한 경우를 수없이 목격했다. 그러한 제품들은 대부분 시장에 선보이지도 못하고 사장될 뿐만 아니라 간혹 세상에 모습을 드러낸다 해도 가전제품 매장이나 슈퍼마켓의 재고창고에서 썩는 불운을 겪는다.

신상품이나 신규 서비스가 불행한 운명을 맞이하는 원인은 그야말로 다양하다. 들쑥날쑥 제멋대로인 품질, 상상력이 부족한 마케팅, 불안정한 유통망, 비현실적인 가격책정 등을 원인으로 꼽을 수 있다. 하지만 모든 비즈니스의 세세한 요소들이 전부 갖춰져 있다 해도 실행단계에서 실수를 하면 아무리 좋은 아이디어를 바탕으로 한 프로젝트라도 망쳐버릴 수 있다. 제품의 물리적인 디자인, 즉 너무 크거나 무겁거나 복잡하거나 한 점이 원인일 수도 있다.

마찬가지로 신규 서비스의 경우에는 서비스 공간이나 소프트웨어 인터페이스 같은 접점들이 소비자와 맞닿아 있지 않아서일 수도 있다. 하지만 이러한 문제점들은 디자인의 실패이며 대개의 경우 충분히 해결할 수 있다. 그러나 실제로는 충분한 장점을 지닌 결과물이 나와 있는데도 성능 이상의 무언가를 끊임없이 요구하기 때문에 아이디어가 몰락의 운명을 맞는 경우가 많다. 어떤 제품을 구성하는 요소들은 하나로 어우러져 멋진 경험을 만들 수 있도록 조합돼야 한다. 그런데 이는 훨씬 더 어려운 과제이다.

이처럼 소비자의 기대치가 한층 더 높아진 배경을 설명하려는 시도는 이전부터 많이 이뤄졌다. 그중에서도 가장 설득력 있는 이론은 미국의 미래학자 다니엘 핑크Daniel Pink의 분석이다. 그는 자신의 저서 《새로운 미래가 온다A Whole New World》에서 사람들은 일단 기본적인 욕구가 충족되면 보다 의미 있고 감성적인 만족을 찾아 나선다고 주장했다. 엔터테인먼트, 은행, 보건 등 서비스 경제가 제조업에 비해 지나치게 강한 성장을 보이는 것만 봐도 알 수 있다. 게다가 이러한 서비스 영역은 이미 기초 수요를 지탱하는 수준에서 한참 더 나아간 상태다. 할리우드 영화, 비디오게임, 미식가들이 찾는 고급 레스토랑, 평생교육, 환경친화적 관광, 쇼핑 관광 등의 서비스 산업은 최근 수년 사이에 눈에 띄는 성장세를 기록했다.

월트디즈니는 체험경제를 대표하는 가장 좋은 기업 사례가 될 수 있다. 이 회사가 단지 엔터테인먼트 산업에만 종사하고 있다고 생각해선 안 된다. 체험이란 심도 있고 뜻깊은 것이다. 체험은 수동적인 소비가 아니라 다양한 수준에서 발생할 수 있는 적극적인 참여를 의미한다. 〈인어공주〉 주제가를 앙증맞게 따라 부르는 세 살짜리 딸아이와 함께 앉아 있는 순간을 누리는 것은 단순한 오락이나 여가의 수준을 뛰어넘는 경험이다.

사실 가족끼리 디즈니랜드에 가는 일은 상당한 스트레스를 유발한다. 음식은 비싸고 형편없을 뿐만 아니라 놀이기구를 타려면 기나긴 행렬 속에 줄을 서서 기다려야 한다. 드디어 순서가 되어 놀이기구를 타려고 할 때 안내원이 막내 녀석한테 "넌 이 놀이기구를 타기엔 키가 너무 작아"라고 말하면 아이는 그대로 주저앉아 울음보를 터뜨린다. 그렇지만 대부분의 방문자들은 이날의 경험을 가족과 보낸 가장 근사한 추억의 하나로 기억한다.

그렇다면 체험경제의 진정한 의미는 엔터테인먼트를 주된 대상으로 삼고 있지는 않은 셈이다. 소모품에서부터 상품, 서비스, 체험에 이르는 다양한 가치는 우리가 세상을 경험하는 방식의 근본적인 변화에 따라 달라진다. 기능이 주가 될 수도 있고 감성이 주가 될 수도 있는 것이다. 이러한 변화의 흐름을 정확히 꿰뚫어 보는 기업은 이제 경험을 전달하는 일에 본격적으로 투자하고 있다. 기능적인 혜택만으로는 더는 소비자들을 사로잡지 못하며, 현재의 고객을 유지하는 데 필요한 브랜드 차별화를 이루지도 못한다.

소비에서
참여로의 전환

산업혁명은 소비자들만 양산한 것이 아니라 소비자사회도 만들어냈다. 산업화시대의 경제를 지탱하기 위한 적정규모는 제품의 표준화는 물론 그에 따른 서비스에도 일반화된 기준을 적용해야 한다는 사실을 의미했다. 이러한 변화는 사회 전반에 엄청난 혜택을 가져왔다. 제품가격은 낮아지고 품질은 높아졌으며 생활수준은 향상됐다. 하지만 시간이 흐르면서 소비자의 역할이 완전히 수동적으로 저하되는 부작용도 있었다. 19세기 말 현대 디자인을 이끈 영국의 개혁가들은 이러한 점을 날카롭게 인지하고 있었다. 그들은 영국의 공장에서 쏟아져나오는 엄청난 양의 저렴한 소비재가 그 물건을 만드는 노동자와 어떠한 연관성도 갖지 못하고 물건을 구매하는 소비자들에게도 아무런 의미를 지니지 못한다는 사실을 깨달았다.

영국의 수공예운동 Arts and Crafts Movement을 주도한 윌리엄 모리스 William Morris('근대 디자인의 아버지'로 불리는 사상가이자 공예가)는 산업혁명이 상상할 수 없는 부를 창출하긴 했지만 감정과 열정, 인간의 정감 어린 손길이 결여된 냉랭한 세상을 만드는 동력이 됐다고 주장했다. 이상주의자였던 모리스는 산업화가 예술성을 실용성에서 분리시켰고, '쓸모 있는 일'과 '쓸모없는 수고' 사이의 틈을 벌려놓았으며, 물질을 추구하는 과정에서 자연환경을 오염시켰다고 굳게 믿었다. 또 인간의 능력을 찬양하는 문화가 자리 잡을 수도 있었던 세상을 타락시킨 주범도 산업화라고 주장했다. 그는 또한 동료 공예가들이 부유한 상류층을 위해 일하는 따분한 존재로 전락했다고 한탄했다.

현대인들은 온갖 정보와 물품이 넘쳐나는 세상에서 의미 있는 체험을 만들어내기 위해 고군분투하고 있다. 우리는 끊임없이 물건을 사들이면서도 오히려 과잉공급에 묻힐 것 같은 위협을 느낀다. 스탠퍼드대학의 인터넷앤드소사이어티 Stanford Center for Internet and

Society 연구소의 설립자이자 법학 교수인 로렌스 레식Lawrence Lessig
은 자신이 윌리엄 모리스에 비견된다는 걸 안다면 매우 놀랄 것이
다. 하지만 소위 '거대한 미디어Big Media'의 시대에 창조적인 힘을
효율적으로 제어하기 위해 무던히 애를 쓰고 있다는 점에서 그는
거대한 산업계Big Industry에 맞섰던 모리스의 캠페인을 이어나가고
있다. 그리고 디자인을 사회개혁의 도구로 사용하는 위대한 전통
을 계승하고 있다는 점에서도 닮은꼴이다.

집필 활동과 강연, 온라인 담론을 통해 레식 교수는 거의 모든
대중이 생산자로 활동했던 산업혁명 이전의 시대가 어떻게 오늘
날 노예와 같은 소비자로 변했는지를 보여준다. 하지만 자신이 사
용할 물건을 스스로 만들었던 중세시대의 장인정신을 계승하자는
이상주의적 비전을 추구한 윌리엄 모리스와 달리 그는 사람들이
경험을 스스로 창출할 수 있는 디지털 미래사회를 꿈꾼다.

레식 교수는 20세기 말의 수동적인 소비문화에서 능동적인 참
여에 의한 체험문화로 회귀하는 현상을 설명하기 위해 음악을 예
로 들었다. 라디오와 축음기가 발명되기 전에 음악은 어떻게 유통
됐을까? 당시엔 작곡가들이 출판사에 원본을 넘기면 출판사는 그
작품을 낱장 형태의 악보로 소비자에게 판매했다. 악보를 구입한
소비자들이 가족모임이나 친구들과 어울리는 자리에서 음악을 연
주했다. 그러나 방송매체 기술이 등장하면서 사람들은 매일 저녁
음악을 연주하는 대신 귀로 감상하기 시작했다. 처음엔 라디오와
축음기로 시작해 나중엔 스테레오와 붐박스, 워크맨 등의 수단을

이용했다.

하지만 디지털 음악과 인터넷이 등장하자 많은 사람들은 단지 음악을 소비하는 데 그치는 게 아니라 스스로 만들어나가고 있다. 이제 소비자는 인터넷에서 직접 음악을 찾은 후 믹싱 작업을 하고 샘플을 만들고 조합하며, 그렇게 해서 완성된 창작물을 다시 배포한다. 애플의 '개러지밴드Garage Band' 같은 응용 소프트웨어는 정식 교육을 받지 않은 사람도 음악을 창작할 수 있게 해준다. 심지어는 악기를 다룰 줄 몰라도 된다. 일곱 살짜리 어린아이도 학교 숙제용으로 만든 파워포인트 프레젠테이션의 배경음악을 독특한 사운드트랙으로 제작할 수 있는 세상이 된 것이다. 100년이 넘는 시차가 있고 다른 대륙에서 활동했으며 기술의 속성도 달랐지만 모리스와 레식 교수의 캠페인은 체험을 창출하는 디자이너로서 앞으로 주도해야 할 인식의 전환을 일깨워준다.

소비자를 대상으로 엄청난 양의 정보를 마구 쏟아냈던 웹1.0 시대와 달리 소비자를 적극적으로 참여시키는 웹2.0 시대가 도래함에 따라 기업들도 이제는 고객을 수동적인 소비자로만 대할 수 없다. 우리는 1~4장을 통해 '참여적 디자인'이 어떻게 빠른 속도로 신제품 개발 프로젝트의 새로운 기준이 되어가고 있는지를 확인했다. 이는 소비자의 체험에도 똑같이 적용되는 현상이다. 디자인은 이미지, 형태, 짜임새와 질감, 색상, 소리, 냄새 등을 통해 인간의 감성을 담아냄으로써 삶을 풍요롭게 한다. 본질적으로 인본주의적 속성을 가진 디자인 씽킹은 우리가 추구해야 할 다음 단계를 알려준다. 그것은 바로 인간이 다른 사람과 공감하는 능력, 타인을 이해하는 능력을 활용해 체험을 디자인함으로써 소비자의 적극적인 참여를 이끄는 것이다.

체험의
공학

오늘날 소비자의 체험에 바탕을 둔 기업들이 눈에 띄게 증가하고 있다. 식품산업이 아마도 가장 대표적 사례라고 할 수 있다. 생산과 유통에서 두드러진 변화가 일어나고 있기 때문이다. 1950년대와 1960년대를 거치면서 유럽과 북남미 대륙에서는 지방의 소규모 식품점이 점차 자취를 감추기 시작했고, 가격은 저렴하지만 왠지 정서가 메마른 대형 슈퍼마켓들이 그 자리를 채워나갔다.

가격 인하를 추진하는 대대적인 움직임이 현실적으로 가능했던 배경에는 포장, 화학방부제, 냉장, 저장, 원거리수송 같은 프로세스 변화가 뒷받침하고 있었다. 이러한 염가판매 열풍은 음식이 지닌 자연적 품질을 많이 훼손했을 뿐만 아니라 인간사회에서 우러나오는 개성을 앗아갔다. 그러나 농산물직판장, 지역사회 차원에서 지원하는 농사, '슬로푸드' 운동 등의 인기가 지속되고 마이클 폴란Michael Pollan의 《행복한 밥상In Defense of Food》에서부터 바버라 킹솔버Barbara Kingsolver의 《동물, 식물, 기적Animal, Vegetable, Miracle》에 이르기까지 각종 관련 서적이 쏟아져 나오는 현상은 소비자들이 식료품을 구매하는 일에서 색다른 경험을 갈망하고 있다는 점을 말해준다.

앞서 미국에서 가장 성공한 식품 유통기업인 홀푸드마켓의 인기를 언급한 적이 있다. 홀푸드는 유기농식품 시장이 커지고 있기 때문이 아니라 체험의 중요성을 제대로 인식하고 있기 때문에 지속적인 성장을 거듭한다. 신선한 식품을 진열하고 무료시식공간을 마련할 뿐만 아니라 음식을 준비하고 저장하는 방식에 대한 풍부한 정보, 건강한 라이프스타일과 관련한 다양한 상품을 제공하는 홀푸드의 면면은 소비자들이 쉽사리 발걸음을 떼지 못하고 계속 서성거리며 구경하고 참여하도록 한다. 홀푸드의 본점인 텍사스 오스틴 지점에 가보면 심지어 고객들이 직접 요리를 할 수 있는 공간도 마련돼 있다. 이 같은 '체험형 브랜드'는 고객의 참여가 얼마나 중요한가를 일깨워준다.

홈페이지와 서비스에서 이뤄지는 상호작용, 광고 등을 살펴보면 알 수 있듯이 버진아메리카Virgin America는 체험형 브랜드의 대표주자이다. 탑승 수속 서비스와 실제 기내 서비스를 쉽게 파악할 수 있도록 디자인돼 있기 때문이다. 유나이티드에어라인은 그렇지 않다. 물론 유나이티드에어라인의 프리미엄 서비스는 훌륭하지만 다른 측면을 보면 체험의 요소가 그다지 두드러지지는 않는다. 하지만 실험적인 시도는 여기저기에서 많이 볼 수 있으며, 예기치 않은 부분에서 신선한 도전을 발견할 수 있다.

미네소타의 명망 높은 병원 마요클리닉Mayo Clinic은 홀푸드나 버진아메리카, 디즈니랜드와는 완전히 다른 면에서 돋보이는 체험형 브랜드이다. 다른 우수한 병원들과 마찬가지로 마요클리닉 역시 직원들의 전문성과 의사의 탁월한 솜씨로 세계적인 명성을 얻고 있다. 하지만 마요클리닉이 앞서나가는 한 가지 방법은 좋은 평판을 얻는 영역을 넓히는 것이었다. 2002년 마요클리닉의 니콜라스 라루소Nicholas LaRusso와 마이클 브레넌Michael Brennan 박사가 이끄는 의료진은 한 가지 아이디어를 갖고 IDEO를 찾아왔다. 임상경험을 위한 연구소를 설립한다는 것이었다.

병원의 기존 시설을 활용해 환자를 돌보는 새로운 방식을 고안하고 시각화하며 프로토타입으로까지 만들 수 있는 환경을 조성하는 일은 과연 가능할까? 우리는 디자인 씽킹의 법칙을 동원해 '보고, 기획하고, 행동하고, 가다듬고, 소통하라'는 별칭을 붙인 방법론을 만들어냈다. 그리고 이 방법론을 'SPARC 이노베이션 프로그램'이라는 최첨단 기술을 자랑하는 연구소의 형태로 구현해냈다. 우리가 새롭게 개발한 프로세스를 마요클리닉에 성공적으로 도입시킨 것이다.

2004년에 문을 연 SPARC연구소는 임상센터 내에 있는 일종의 디자인 스튜디오이다. 이곳에서는 디자이너와 경영전략가, 의료보건 전문가, 환자들이 친근하게 지내면서 상호작용에 얽힌 경험을 향상시키는 작업을 한다. 이 연구소는 부분적으로는 실험적인 임상센터로, 또 다른 부분에서는 병원의 각 부서를 위한 독립적인 디자인컨설팅 기업으로 운영되고 있다. SPARC에서는 여섯 건

정도의 프로젝트가 항상 진행되고 있다. 그 종류는 기존의 진료실 인테리어를 다시 구상하는 프로젝트에서부터 전자식 입원수속시스템을 갖춘 키오스크의 인터페이스를 프로토타입으로 만드는 프로젝트까지 다양하다. 이곳에서 일하는 연구진은 병원 조직 전반에 걸쳐 환자들의 불편한 체험을 개혁하는 임무를 맡는다.

체험의 범위는 디즈니랜드에서부터 마요클리닉에 이르기까지 폭넓게 펼쳐져 있다. 가장 즐거운 곳에서도, 가장 심각한 곳에서도 체험할 수 있다는 이야기이다. SPARC의 사례는 디자인 씽킹이 상품과 체험에만 적용되는 것이 아니라 혁신의 프로세스 자체에도 직접적인 영향을 끼친다는 점을 시사한다.

행동을 바꾸거나
혹은 바꾸지 않거나

"정말 그들의 태도만 바꾸면 만사가 잘 될 텐데 말이야." 냉랭하고 까다로운 소비자들 때문에 낙담한 브랜드 매니저가 화가 잔뜩 나 이런 식으로 불평하는 모습은 흔히 볼 수 있는 광경이다. 또한 정치인이 유권자에 대해, 의사가 환자에 대해 화를 낼 때도 흔히 하는 말이다. 하지만 불행하게도 사람들을 변화시키는 일은 쉽지 않으며, 장애물이라도 가로막고 있다면 거의 불가능하다. 사람들이 뭔가 새로운 것을 시도하게 하는 한 가지 방법은 익숙한 행동을 바탕으로 일을 도모하는 것이다. IDEO가 시마노 프로젝트를 맡았을 때 미국 성인들을 대상으로 자전거를 타는 새로운 방식(코스팅 자전거)을 유행시키기 위해 어린 시절의 추억을 동원했던 일을 상기하라.

뱅크오브아메리카BOA의 관계자들이 IDEO를 방문했을 때도 이에 뒤지지 않을 만큼 흥미로운 일화가 시작됐다. 이 은행은 신규 고객을 창출하는 동시에 기존 고객을 유지할 수 있는 매력적인 상품 아이디어를 찾고 있었다. 이 프로젝트를 맡은 팀원들은 열두 가지의 아이디어를 생각해냈다. 여기엔 베이비붐 세대의 어머니들을 겨냥한 서비스, 부모들이 자녀들에게 책임감을 가지고 용돈을 관리하는 방법을 가르쳐주는 교육적 도구 등이 포함돼 있었다. 하지만 그중에서 특히 시선을 끄는 아이디어가 있었다. 고객들이 저축을 더 많이 하도록 유도하는 참신한 서비스였다.

어떤 일을 진행할 때 첫 번째 순서는 사람들의 행동양식을 파악하는 것이다. 따라서 우리는 평소 애용하는 '인류학자용 헬멧'을 쓰고 현장으로 나갔다. 우리의 목적지는 볼티모어, 애틀랜타, 샌프란시스코였다. 그리고 답사의 목표는 미국에 사는 보통 사람들의 삶에서 저축이 가지는 의미를 파악하는 것이었다. 우리는 모든 사람들이 저축을 더 많이 하기를 원하지만 그러한 희망을 실천할 수 있는 사람은 소수에 불과하다는 사실을 알아냈다. 동시에, 많은 사람들이 무의식적으로 '보이지 않는 저축'을 하고 있다는 점도 발견했다. 보이지 않는 저축의 유형은 동전으로 받은 거스름돈을 저금통이나 작은 단지에 던져넣는 습관이다. 프로젝트팀은 이와 같은 행동으로부터 얻은 단서에 입각해 저축 증대를 장려하는 일이 충분히 가능하다는 판단을 내렸다.

수없이 반복하고 검증하고 프로토타입을 만든 후에 얻은 결과물은 2005년 10월 BOA가 새로 선보인 '잔돈을 넣어두세요Keep the Change'라는 서비스였다. 고객들이 물건값을 결제할 때 전체 금액을 가장 가까운 액수의 달러로 반올림한 뒤 그 차액을 고객의 계좌로 이체하는 것이 이 서비스의 핵심이다. 만약 내가 아침에 커피전문점에 들러 3.5달러짜리 카페라떼를 사고 4달러를 내면 50센트가 내 예금계좌에 저축되는 식이다. 커피를 자주 마시면 마실수록 저축 액수는 빠른 속도로 증가한다.

물론 이 같은 서비스가 저축을 하는 쉬운 방편이라는 점을 깨달은 사람은 나 혼자가 아니었다. BOA는 '잔돈을 넣어두세요' 서비스를 통해 첫해에만 250만 명의 고객을 끌어들였으며, 결과적으로 총 1,200만 명의 신규고객을 유치할 수 있었다. 이를 다시 말하면 70만 개의 당좌예금, 100만 개의 보통예금 계좌가 새로 개설됐다는 뜻이다. 만약 낭비벽이 심한 사람들에게 복리에 대해 장황하게 설명하면서 저축을 하라고 강요하거나 돈의 진정한 가치에 대해 설교하는 식으로 접근했다면 이처럼 놀라운 결과를 얻지는 못했을 것이다. 하지만 IDEO는 기존의 행동방식에 새로운 서비스를 접목함으로써, 익숙하기 때문에 안심할 수 있고 새롭기 때문에 소비자의 시선을 끌 수 있는 신선한 체험을 디자인했다.

모든 사람들이
디자인 씽커 되기

체험을 디자인하는 강렬한 도전에는 호텔 산업보다 더 흥미진진한 게 없다. 그리고 그에 따른 위험부담이 가장 큰 분야도 역시 호텔산업이다. BOA의 경우 인터페이스를 만들기만 하면 끝나는 데 반해 호텔의 흥망성쇠는 완벽한 서비스를 지속적으로 제공하느냐 못 하느냐의 여부에 따라 결정된다. 또한 다른 모든 체험형 브랜드와 마찬가지로 호텔의 성공을 좌우하는 요소는 '사람'이다.

포시즌호텔Four Seasons Hotel은 호화로운 시설만큼이나 서비스 또한 뛰어나기로 유명하다. 이 호텔은 직원들이 고객의 수요를 파악하고 아이디어를 토대로 발상의 전환을 꾀하는 교육시스템으로 높이 인정받고 있다. 이 중에서 겉보기엔 남의 시선을 끌기 위한 허세처럼 보이지만 실제로는 굉장히 영리한 투자의 방법으로 활용되는 한 프로그램이 있다. 직원들에게 전 세계에 흩어져 있는 포시즌호텔 어디에서나 머물 수 있는 자격을 주는 것이다. 진정한 호텔 서비스의 의미를 만끽하고 돌아온 직원들은 고객들과의 교감을 가장 잘 이끌어내는 최상의 서비스를 제공하겠다는 의지를 갖는다. 포시즌호텔은 특별하고 훌륭한 서비스는 사람으로부터 시작된다는 사실을 뚜렷이 숙지하고 있는 것이다.

체험문화를 조성하는 일은 평범한 차원을 넘어 고객 각자의 취향에 섬세하게 부합하는 디자인을 경험하는 수준에 이르러야 한다. 체험이란 제품이나 표준화된 서비스와 달리 개인화되고 맞춤화된 느낌이 날 때 빛을 발한다. 인터넷 사용자들이 검색 페이지를 자신의 기호에 맞게 사용할 수 있도록 한 야후의 사례처럼 첨단기술을 통해 이러한 느낌을 얻는 경우도 가끔 있다. 그러나 이러한 감각은 마케팅 담당 임원의 경영전략이나 본부에 남아 작업을 하는 디자인팀에서 나오기는 힘들다. 그들은 단지 상황이 순조롭게 진행되도록 뒷받침하는 정도의 각본을 만들어낼 수는 있다. 하지만 이들도 모든 상황을 미리 감지하고 대응책을 만들 수는 없는 법이다. 이것이 바로 포시즌호텔의 교육 프로그램이 직원들에게 판에 박힌 훈련을 시키기보다는 순발력 있는 대처능력을 기르는 방식을 선택한 이유이다. 진정한 체험문화는 자연스러운 행위의 문화이기 때문이다.

리츠칼튼Ritz-Carlton에 영감을 불어넣은 것도 바로 이러한 종류의 통찰력이었다. 리츠칼튼의 모기업인 매리어트인터내셔널은 우리에게 리츠칼튼의 55개 호텔에 모두 적용될 수 있는 체험문화를 만들어달라고 요청했다. 리츠칼튼 특유의 문화성을 훼손하지 않고, 고객 개개인에게 보살핌의 손길을 건넬 수 있는 '체험'을 55개 호텔 전체로 확산시키는 일이 과연 가능할까? 하나로 융합되고 일원화된 체험을 만들어내는 일의 핵심은 그런 속성을 의도적으로 창조하지 않는 것이다.

IDEO 디자이너들은 두 부분으로 이뤄진 '배경도법 프로그램Scenography'을 개발하기로 했다. 고객의 기대치를 충족시킬 수 있는 도구를 일반 관리자들에게 무장시키기 위한 결정이었다. 우선 IDEO 팀원들은 영감 어린 사례들로 구성된 도구모음을 개발해 호텔 직원들에게 체험문화의 실상이 어떤 것인지를 보여줬다. 그리고 감성적 앙비앙스emotional ambience(주제의 표현 효과를 강조하기 위해 다양한 부가물을 덧붙이는 일)를 정확하게 포착하기 위해 장면, 소도구, 분위기 등 예술과 연극에서 차용한 시각적 언어와 사진 촬영을 동원했다. 호텔리어를 실무 관리자가 아니라 체험을 창조적으로 엮어내는 예술감독으로 만들 수 있는 방식이었다.

배경도법의 두 번째 단계에서는 각 호텔이 해당 지역의 특색과 특화된 관리를 우선으로 하는 '독립 영토'로 운영되어야 한다는 점에 초점이 맞춰졌다. 이에 따라 획일화된 기업 이미지를 거부하고 관리자들이 스스로 판단하거나 아니면 아예 처음부터 스스로 창출할 수 있게 해주는 템플릿을 개발했다. 호텔, 식당 등의 서비스업은 연속성이 결여된 상품과 단발적인 편의시설을 제공한다. 우리는 호텔 종사자들이 서비스라는 개념에 대해 '장시간에 걸쳐 지속적으로 일어나면서 수많은 인연과 강력한 정서적 유대관계를 엮어내는 일'로 인식하기를 바랐다. 우리는 이러한 의도에서 프로젝트를 진행하면서 그들에게 체험을 바탕으로 한 생생한 이야기를 들려달라고 요청했다.

우리 팀이 체험을 바탕으로 브랜드를 구축하는 프로젝트에 참여하면서 얻은 교훈이 있다면, 어떤 조직의 문화를 바꾸는 일은 건물의 로비를 설계하거나 길거리 행사를 기획하는 일보다 훨씬 더 복잡하다는 사실이었다. 직원들이 언제 어디에서나 기회를 포착하고 즉흥적인 경험을 만들어가도록 힘을 북돋워주는 것은 변화를 주도하는 핵심적인 요소이다. 그러므로 디자이너들이 세운 지침을 그냥 전달하는 것에 그치기보다는 스스로 멋진 디자인 씽커가 되라고 격려하는 것이 무엇보다 중요하다.

아이디어의
실행

최근 미시건주의 소도시 그랜드래피즈로 여행을 떠난 나와 동료들은 저녁 무렵 새로 문을 연 JW매리어트호텔에 도착했다. 원래는 시내에서 간단히 요기를 할 계획이었지만 우리의 고객 기업인 스틸케이스의 프로젝트 담당자가 호텔의 스테이트룸에 식사 자리를 마련해놓았다고 했다. 그 말을 듣자 나는 왠지 영화 〈타이타닉〉에 나오는 선장의 식탁을 연상케 하는 묘한 이미지가 뇌리를 스쳤다. 나는 비행으로 인한 시차를 핑계대고 식사 초대를 사양하려 했지만 아무 소용이 없었다. 정중한 안내를 받으면서 레스토랑으로 들어간 우리는 서빙도어(주방과 식당을 연결하는 문)를 통해 주방으로 향했다. 부주방장, 페스트리 전문 주방장, 웨이터 등이 우리 일행을 반갑게 맞이했다. 이윽고 주방을 지나 총주방장의 개인 집무실로 들어갔는데, 바로 그곳에 우리 일행을 위한 식탁이 준비돼 있었다.

우리는 건물 내부의 깊숙한 곳에 자리 잡은 비밀의 성소, 그러니까 총주방장의 지극히 사적인 영역에 들어와 있었던 것이다. 요리책과 와인, 음악 CD, 온갖 요리에 필요한 조리기구와 잡동사니들로 가득 찬 공간이었다. 그리고 완벽한 식사가 뒤를 이었다. 우리는 이 근사한 공간의 주인과 함께 지역특산물, 주방의 비밀, 장사의 비결 등에 대해 담소를 나눴다. 그날 저녁, 나는 음식에 대해서도 많이 배웠지만 디자인에 대해서는 더 많은 깨달음을 얻을 수 있었다.

근사한 레스토랑의 총주방장이 아니어도 뭔가를 먹는 행위는 단지 음식, 영양, 다이어트 이상의 의미가 있다는 사실을 대부분 알고 있다. 친구들을 집으로 초대해 식사를 대접하는 경우라면 누구라도 그들에게 선사할 '경험'에 대해 고민하게 된다. 어떤 요리를 준비할 것인가? 실내에서 식사를 하는 게 나을까, 아니면 마당에서 하는 게 좋을까? 차분한 대화를 나누려면 자리를 어떻게 배치할 것인가? 회사 동료들에게 깊은 인상을 주거나 처음 방문하는 손님이 편안하게 시간을 보낼 수 있도록 하려면 어떻게 배려하는게 좋을까? 이러한 과정을 통한 고민이 바로 '단순히 요리를 만드는' 일과 '체험을 디자인하는' 일의 차이점이다.

하지만 행사를 기획하는 도중에 방향을 잃고 헤매지 않는 것도 매우 중요하다. 샐러드가 시들시들하거나 닭요리가 고무 씹는 맛이 나거나 와인 따개가 어디 있는지를 영영 찾지 못하는 상황이 발생하면 모든 게 허사가 되기 때문이다. 아이디어를 현실의 체험으로 탈바꿈시키기 위해서는 맨 처음 발상을 품었을 때처럼 각별히 신경 써서 계획을 추진해야 한다.

성대한 만찬처럼 일회성이 강한 경험은 세밀한 목공예 작품을 조각하는 일과 닮았다. 순리대로 하는 게 편하고 장인의 흔적이 남게 마련이며 불완전한 구석도 일종의 매력이 된다. 하지만 경험이 되풀이될 때는 이러한 요소들을 각기 정밀한 기술로 다듬어 마음속으로 바라던 바를 계속해서, 그리고 신뢰감을 갖고 체험할 수 있도록 해야 한다. 다시 말해 서비스 디자인은 BMW 같은 빼어난 상품을 만드는 일과 일맥상통한다. 디자이너들과 엔지니어들은 인테리어의 냄새, 시트의 촉감, 엔진 소리, 몸통의 맵시 등 각각의 요소들이 서로를 뒷받침해주고 강화시켜주도록 총력을 기울여야 한다.

디자인업계에서는 프랭크 로이드 라이트가 사용자의 체험에 세세히 신경을 쓰는 까다로운 인물로 가장 유명했다. 그가 디자인한 마이어 메이 하우스Meyer May House는 그랜드래피즈의 교외에 있는 기품 넘치는 저택으로 전반적인 설계는 물론 세부장식까지도 소유주와 손님의 사생활을 보호하는 데 주안점을 두고 지어졌다. 구체적으로 예를 들면, 식당의 식탁은 모든 사람들이 바깥 풍경을 볼 수 있도록 배치했고, 조명은 천장이 아니라 식탁의 각 모서리를 받치고 있는 다리기둥 위에 장착했다. 부드럽고 은은한 불빛이 상대방의 얼굴을 비추도록 하기 위한 의도였다. 그리고 높은 등받이를 가진 근사한 의자는 모인 사람들 사이에 친밀감을 느낄 수 있는 역할을 했다. 라이트는 식탁 중앙에 길게 솟아오른 물건을 놓지 말 것을 당부했는데, 그것은 식사를 하는 사람들의 시야를 가리지 않기 위해서였다. 그는 집안 구석구석의 세세한 부분까지 신경을 쓰는 꼼꼼함을 발휘해 '삶의 체험'을 디자인했다.

이러한 세심한 배려가 지나치다고 불평하는 사람들도 많다. 하지만 그는 자신의 믿음에 철저했고 이를 실천에 옮겼다. 그 믿음은 건축가가 단지 집만 짓는 게 아니라 집에서 생활하는 데 따르는 일체의 경험을 제공해야 한다는 사명감이기도 했다. 이는 디자인 작업과 실행이 반드시 나란히 이뤄져야 한다는 것을 의미한다.

체험의
청사진

대형복사기를 사용하기 전에는 CAD를 신경 쓰지 말라. 건축업자와 공장 근로자들을 위해 기술도면을 직접 복제하는 작업은 여전히 필수적이다. 당시엔 화학적 공정으로 암모니아 냄새가 강하게 코를 찌르는 파란 도면이 만들어졌는데, 그 때문에 청사진blueprint이라는 단어가 일반인들에게도 통용되었다. 청사진은 전체적인 계획과 세부사항, 최종 목적, 실용적인 실행도구 등의 요소를 한 장에 모두 담는다. 어떤 제품을 만들 때 공학기술의 청사진을 들고 작업에 뛰어드는 것처럼 건물을 지을 땐 건축의 청사진을 갖고 시작한다.

체험의 청사진은 인간의 상호작용에 얽힌 세세한 부분에 대해 큰 틀을 제공하는 계획도이다. 중대한 차이점은 회사 건물이나 탁자스탠드와 달리 감정의 요소들을 나타낸다는 사실이다. 다시 말해 사람들이 어떻게 경험을 만들어나가는지를 보여준다. 하지만 그 여정을 안무처럼 구성하려고 애쓰기보다는 가장 의미 있는 순간들만을 가려내고 이를 계기로 기회를 창출해내는 것이 주된 기능이다. 체험의 청사진이라는 개념은 매리어트호텔이 고객에게 가장 중요한 순간에 초점을 맞추기로 결정했을 때 등장했다. 그것은 바로 투숙 절차이다.

매리어트는 고객의 여정에서 가장 중요한 순간으로 '추측되는' 투숙 절차를 더 빠르고 부드럽게 만들기 위해 수백만 달러를 투자했다. 광고대행사를 동원하고 행동지침까지 준비하는 등 성의를 다했다. 하지만 이 전략에는 한 가지 맹점이 있었다. 바로 관찰이 아니라 추정에 기반했다는 점이다. 매리어트의 전략은, 지친 여행자가 체크인카운터에서 다정한 얼굴을 대하면 그 사람의 나머지 일정이 편안해질 것이라고 가정했다. 이러한 상상도를 전체적으로 살펴보면 투숙 절차는 결승선을 통과하는 것보다는 마지막 장애물을 뛰어넘는 것과 더 닮았다는점을 알 수 있다.

IDEO 디자인팀은 이러한 가정을 실제로 시험하기 위해 비행기에서 막 내린 여행객들을 만났다. 그리고 택시를 탄 그들과 동행해 호텔로 가 투숙 절차를 밟는 전 과정을 자세히 지켜봤으며 객실까지 따라갔다. 팀원들의 관찰에 따르면 진정으로 중요한 순간은 사람들이 방으로 들어가 외투를 벗어 침대에 던져놓고는 TV

를 켠 다음 후~ 하고 한숨을 내쉴 때이다. 바로 이 '숨을 내쉬는' 순간이야말로 혁신을 추진할 수 있는 가장 분명한 기회인 것이다. 매리어트도 이러한 방향에 초점을 맞춰 투자하는 것이 옳다는 점을 충분히 납득했다.

체험의 청사진은 공학기술이나 건축에서 사용되는 청사진처럼 경험을 쌓아나가는 과정을 안내해주는 문서의 형태를 갖추고 있다. 준비된 원고나 행동지침서와 달리 이 문서는 고객의 체험과 사업 기회를 연결해준다. 헷갈리는 안내판, 부주의한 도어맨 등 고객과의 관계를 망칠 수도 있는 잠재요소들을 세세하게 담고 있다. 청사진은 수준 높은 전략문서인 동시에 체험의 질을 결정짓는 중요한 세부사항을 꼼꼼히 분석한 자료라고 할 수 있다.

비행기부터 병원, 슈퍼마켓, 은행, 호텔 등 다양한 장소에서의 체험은 생각 외로 복잡하다. 장소에 따라, 시간에 따라 달라지며 정확히 이해하기 힘든 속성을 지니고 있기 때문이다. 체험을 디자인하는 일에도 상품, 서비스, 안전, 기술 등이 연관된다. 하지만 체험은 모든 것이 수치로 표현되는 삭막한 세계에서 감성적 가치가 중심이 되는 세계로 우리를 인도한다.

가장 크게 성공한 최상의 '체험 브랜드'들은 공통적으로 사용자에게 안전한 지침이 되는 몇 가지 특징을 갖고 있다. 첫째, 성공적인 체험은 소비자의 능동적인 참여를 필요로 한다. 둘째, 믿을 만한 근거가 있고 진실하고 흡인력 있는 경험을 제공하는 사람은 체험 문화를 위해 노력한다. 잊지 못할 체험을 누려본 사람은 그로

인한 즐거움과 혜택을 잘 안다. 셋째, 모든 접점은 깊은 사려와 정확한 판단에 의해 실행돼야 한다. 다시 말해 체험을 디자인하고 실행할 때는 스위스 시계처럼 세밀함을 가져야 한다.

스토리텔링의 힘　　　　　The Importance of Storytelling

G8 회원국의 총리를 기업 마케팅 전략의 일부분이 되도록 끌어들이는 일은 결코 쉽지 않다. 하지만 일본의 유명 광고대행사 하쿠호도博報堂의 회계 담당 임원인 마코토 가코이와 나오키 이토는 쿨비즈Cool Biz라는 출중한 광고캠페인에서 그 일을 해냈다. 스토리텔링의 힘을 효과적으로 이용한 것이 성공의 주안점이었다.

2005년 어느 날, 유리코 코이케 장관이 이끄는 환경부 직원들이 하쿠호도를 찾아왔다. 이들은 '교토의정서'의 온실가스 감축 목표를 달성하겠다는 국가의 의지에 일본 국민들이 적극적으로 동참할 수 있는 방법을 모색하고 있었다. 사실 일본 정부는 이미 수차례 시도를 했지만 큰 성공을 거두지는 못한 상태였다. 하쿠호도는 일본 국민의 집단주의 정서를 자극해 구체적인 목표를 세우는 캠페인을 벌이는 게 어떻겠느냐는 의견을 제시했다. 감축목표선을 6퍼센트로 명시하자고 제안한 것이다. 그로부터 1년 뒤, 환경부 주도로 실시된 표본조사 결과에 따르면 일본 국민의 95.8퍼센트가 쿨비즈라는 슬로건을 알고 있는 것으로 나타났다.

이 프로젝트에서 정말로 힘든 과제는 캠페인을 널리 알리는 것 뿐만 아니라 의미 있는 결과물을 만들어야 한다는 점이었다. 하쿠호도 팀은 이처럼 어려운 목표를 달성하기 위해 전문가 그룹을 구성해 일상생활에서 탄산가스 배출을 증가시키거나 감소시키는 400여 가지 활동을 정리해 목록으로 만들었다. 이 목록은 여섯 가지의 핵심적인 활동으로 압축됐는데, 여기에는 여름과 겨울의 냉난방을 위해 자동온도조절 장치를 작동하는 일, 수도 밸브를 꽉 잠금으로써 물을 절약하는 일, 운전을 얌전하게 하는 일, 식품매장에서 환경친화적인 상품을 더 많이 구매하는 일, 비닐봉지 사용을 중단하는 일, 쓰지 않을 때는 전기제품 코드를 빼두는 일 등이 포함돼 있었다. 이러한 활동들을 선택한 이유는 참여와 영향력의 균형을 맞추기 위함이었다. 이러한 일들은 대다수 사람들이 일상에서 힘들이지 않고 실천할 수 있으며 시간이 흐르고 경험이 축적되면 사회 전반에 엄청난 차이를 만들어낼 수 있다.

이 프로그램이 실행된 첫해에는 에어컨 냉방 문제가 주요 과제였다. 일본의 냉방시스템은 기본적으로 26도에 맞춰져 있었다. 정장을 갖춰 입고 넥타이를 맨 비즈니스맨들이 무더운 여름에 쾌적하게 일할 수 있는 온도였다. 하지만 짧은 스커트를 입은 여성 직원들은 따뜻한 체온을 유지하려고 무릎에 담요를 덮었다. 이에 따라 하쿠호도는 매년 6월 1일부터 10월 1일까지는 에어컨을 강하게 틀지 않고도 쾌적한 근무환경을 조성하기 위해 직원들의 캐주

얼한 옷차림을 허가하는 조치를 내렸다. 직원들이 옷차림을 바꿈으로써 26도에서 28도로 에어컨 온도를 높일 수 있게 된 것이다. 2도는 숫자상으로는 크지 않지만 획기적으로 에너지를 절약할 수 있는 효과를 낸다.

하지만 문화적 관습이 깊숙이 자리 잡은 곳에서는 이처럼 현명한 아이디어가 빛을 잃을 수도 있다. 어떻게 하면 옷차림에 대한 보수적인 일본 비즈니스맨들의 태도를 바꿀 수 있을까? 신문과 TV에 대대적으로 광고를 퍼붓는 대신 하쿠호도 팀은 일본의 아이치에서 열린 2005년 세계박람회EXPO에서 '쿨비즈 패션쇼'를 개최했다. 이 패션쇼에서는 수십 명의 기업 CEO들과 임원들이 넥타이를 매지 않고 가벼운 소재로 된 비즈니스 캐주얼 차림으로 활보하고 다녔다. 고이즈미 준이치로 일본 총리가 '노타이'에 반팔 상의를 입은 모습이 TV와 신문지면을 장식했을 정도였다.

이날의 행사는 일본 전역에 신선한 화제를 불러일으켰다. 위계질서와 전통이 중시되는 일본 사회에서 환경을 보호하기 위해서라면 관습(이 경우엔 비즈니스 정장)에서 탈피해야 한다는 메시지를 공개적으로 띄운 것이다. 이러한 취지를 더욱 강력하게 전달하기 위해 일본 정부는 신청만 하면 어떤 기업이나 단체에도 '쿨비즈 핀Cool Biz pin'을 무료로 배포했다. 이 배지를 단 사람에 대해서는 캐주얼 차림을 하고 있다는 이유로 비판하는 일이 금지됐다. 그로부터 3년 동안 2만 5,000개 기업과 단체가 쿨비즈 운동에 등록했고 개인 기준으로는 250만 명이 캠페인 전용 웹사이트를 통해 적극적인 찬성 의사를 표시했다.

이러한 성공을 바탕으로 일본에서는 쿨비즈 캠페인에 이어 겨울철을 겨냥한 웜비즈Warm Biz 캠페인이 등장했다. 그리고 쿨비즈의 열풍은 중국, 한국 등 아시아 지역의 다른 나라에까지 번졌다. 쿨비즈를 통해 하쿠호도는 아이디어를 캠페인으로, 캠페인을 수백만 명의 일반 시민은 물론이고 정재계 인사들까지 참여하는 큰 운동으로 이어지게 만들었다. 전통적인 광고기법에 의존하지 않고 대화를 통해 과제를 풀어나간 점이 인상적이었다. 대중이 관심을 가지면서 일본의 신문과 잡지는 이 현상에 대해 집중적으로 보도했고, 방송의 주요 뉴스에도 쿨비즈 이야기를 다뤘다. 쿨비즈는 그야말로 '쿨한' 이야기가 됐다.

인간이란 존재를 다른 종과 차별화시키는 요소가 어떤 것인지에 대한 의견은 상당히 다양하다. 직립보행, 도구와 연장을 다루는 능력, 언어, 상징적인 시스템을 구축할 수 있는 능력 등이 대표적이다. 이야기를 엮어낼 수 있는 능력 역시 그 범주에 들어간다. 저명한 저널리스트 로버트 라이트Robert Wright는 도발적인 내용을 담은책《넌제로Nonzero》에서 4만 년의 인간사회 역사를 통해 의식, 언어, 사회 등의 요소가 스토리텔링 기술과 밀접한 관계를 맺어왔다고 주장했다.

우리가 아이디어를 전파하는 방법을 배우는 동안 사회구조는 계속 변화했다. 우선 유목민 집단에서 부족으로 확대됐고, 이어 정착된 마을과 도시, 국가로 팽창했으며, 그 이후에는 국가를 초월하는 조직과 운동의 흐름으로 이어졌다. 그리고 머지않아 양복을 입은 일본인들이 추위와 더위에 견디기 위해 여름에는 건물 온도를 차갑게 하고 겨울에는 난방시스템을 가동하는 시대가 도래했다. 그리고 자신들끼리 이러한 변화에 대한 흥미로운 이야기를 들려주게 된 것이다. 우리는 아이디어에 맥락과 의미를 부여하기 위해 스토리텔링을 활용한다. 인간의 스토리텔링 능력은 문제해결과 디자인 씽킹에 대한 인간중심적 접근방법에서 중대한 역할을 한다.

4차원의 디자인

　　　　우리는 이미 스토리텔링의 힘이 효과적으로 발휘되는 증거를 여기저기에서 보았다. 민속지학적 작업현장이나 아이디어의 통합작업에서 그리고 체험을 디자인하는 과정에서도 스토리텔링은 흔적을 남기게 마련이다. 각각의 경우에 단지 작은 요소를 추가하는 정도가 아니라 디자인의 도구모음 자체를 획기적으로 변화시킨다. '시간'이라는 요소가 더해진 이른바 '4차원'의 변화이다. 고객의 여정을 따라 여러 개의 접점을 형성할 때 우리는 순차적으로 서로에 바탕을 둔 일련의 이벤트를 만든다. 스토리보드, 즉흥 시연, 시나리오 등은 아이디어가 점차 윤곽을 잡아가는 과정에서 시각화를 도와주는 기법이다. 시간이라는 요소를 염두에 두고 디자인하는 일은 공간에서 디자인하는 일과는 뚜렷이 차별된다.

디자인 씽커라면 시간과 공간이라는 양대 축을 편안하게 활용할 줄 알아야 한다. 내 경우엔 1980년대 중반 컴퓨터업계에 종사하는 디자이너들이 대부분 하드웨어에 얽매여 있었던 시기에 이 방법을 터득했다. 당시 소프트웨어는 디자이너가 아니라 컴퓨터 랩실에 있는 괴짜들의 소관으로 취급됐고 학생이나 화이트칼라, 일반 가정의 소비자들과도 큰 연관이 없는 범주로 여겨졌다. 대중시장을 목표로 한 애플의 매킨토시가 이 모든 판도를 바꿔놓은 주인공이다. 미소 짓는 애플의 맥 아이콘은 MS-DOS의 깜박이는 녹색 커서와는 전혀 다른 상황을 연출했다.

당시 매킨토시 소프트웨어 팀에는 빌 앳킨슨Bill Atkinson, 래리 테슬러, 앤디 허츠펠드Andy Hertzfeld, 수잔 케어Susan Kare 등 재능 넘치는 디자이너들이 중심축 역할을 했다. 하지만 그들만이 '무결절성seamless' 컴퓨터 세상을 창조하는 방법에 몰두하고 있던 것은 아니다. 1981년 급부상하는 디지털 테크놀로지의 매력에 반해 영국에서 캘리포니아로 넘어온 빌 모그리지는 실리콘밸리의 신생 벤처기업 그리드시스템GRiD Systems이 개발하던 흥미로운 노트북컴퓨터의 디자인 프로젝트에 합류했다. 이 팀은 얇고 평평한 스크린이 키보드 방향으로 접혀지는 새로운 디자인 아이디어를 생각해냈다. 그리드 컴퍼스GRiD Compass라고 불리는 이 방식은 노트북컴퓨터의 기준을 확립했고 셀 수 없을 만큼 많은 상을 받았다.

하지만 문제가 있었다. 일단 컴퓨터를 켜면 끔찍한 도스 기반의 운영체제가 사용자를 압도해버리는 것이었다. 가장 단순한 방식으로 컴퓨터를 작동시키려 해도 일련의 명령어를 입력해야 하는 지겨운 과정을 거쳐야 했다. 반으로 접어 가방에 쏙 넣을 수 있는 편리한 기기를 사용하는 즐거운 경험과는 대조적으로 지루한 수순을 밟아야 했던 것이다.

반짝이는 아이디어에 강한 영감을 받은 빌 모그리지는 소프트웨어 개발 분야에서 일하는 전문 디자이너들을 끌어들이기로 했다. 컴퓨터의 외관이 아니라 내부 디자인을 위해서였다. 이러한 생각은 새로운 분야를 개척하도록 유도했다. 바로 인터랙션 디자인interaction design(컴퓨터와 인간에게 일어나는 쌍방향적 상호작용을 다루는 디자인 영역) 분야였다. 나는 1988년 빌 모그리지가 이끄는 샌프란시스코의 디자인컨설팅기업 아이디투IDTwo에 합류했을 때 CAD, 네트워크 관리, 비디오게임, 다양한 온엔터테인먼트 시스템 프로젝트에 참여하면서 이 분야의 디자이너들과 함께 일할 기회를 가졌다.

외관에 치중하는 물리적인 제품을 디자인하는 일에 익숙한 산업디자이너에게 시간의 흐름에 따라 일어나는 역동적인 상호작용을 디자인하는 작업은 가히 혁명적인 변화였다. 나는 이때 내게 디자인 작업을 맡긴 고객들을 이해해야 한다는 깨달음을 얻었다. 소비자들이 사용하는 제품에 대해 고민하는 것만큼 그들의 행동에도 깊은 관심을 가져야만 했다. 빌 모그리지는 "우리는 '명사'가 아니라 '동사'를 디자인하는 것"이라고 말하면서 우리 팀의 작업대상이 고정돼 있지 않고 끊임없이 움직인다는 점을 계속 주지시켰다.

특정한 상호작용을 디자인하는 일은 시간의 흐름에 따라 메시지를 던져주는 이야기를 전개하는 효과를 낳는다. 이러한 깨달음의 영향으로 인터랙션 디자이너들은 스토리보드와 시나리오 등 다른 분야에서 빌려온 담화기법을 활용했다. 일례로 트림블내비게이션Trimble Navigation이 오늘날 GPS의 전신을 개발하는 프로젝트를 진행할 때, 그 일에 참여한 디자이너들은 항해사가 한 항구에서 다른 항구로 이동하는 여행 이야기를 만든 것이나 다름없다. 초창기의 인터랙션 디자이너들은 지나치게 규정에 얽매이고 지시하려 드는 경향이 있다는 지적을 받았다. 하지만 요즘엔 다르다. 최근 인터랙션 디자이너들은 그런 관행에서 벗어나 실제 사용자들이 작업의 방향을 결정하는 일에 적극적으로 조언하도록 융통성 있고 개방적인 태도를 취한다. 따라서 지금은 거의 어디에서나 쌍방향적인 구성요소가 눈에 띈다. 소프트웨어 프로그램과 그 소프트웨어가 장착된 제품 간의 경계선은 많이 얇어졌고 시간에 바탕을 둔 담화기법들이 디자인의 모든 영역에 침투해 있다.

서두르지 마라

미국의 보건제도를 엉망으로 만드는 많은 문제들 중 하나는 '약물 순응도'이다. 일단 의사가 진료를 통해 약 처방을 해도 환자가 약을 제대로 복용하지 못하는 경우가 많다. 제약업계는 이러한 문제에 대해 고심하고 있다. 제약회사는 환자들이 약을 제대로 복용하지 않기 때문에 연간 수조 원대에 이르는 천문학적인 손실을 입고 있다. 퉁명스러운 말투로 유명한 외과 의사 에드워드 쿱Edward Koop의 표현을 인용하자면 "환자들이 처방을 따르지 않으면 약의 효능은 없다." 심장병과 고혈압 같은 중병일 경우, 환자들은 병세가 악화되는 위험만을 끌어안고 말지만 세균성 감염처럼 항생제 치료가 요구되는 병은 다른 사람까지 감염시킬 수 있다.

IDEO는 몇몇 제약회사들과 함께 구체적인 약물 순응 작업을 진행해오고 있다. 이러한 경험을 토대로 현 상황을 간단히 설명하자면 제약회사는 첫째, 개발한 약품과 둘째, 환자들이 그 약을 복용했을 경우에 생기는 효능을 홍보하기 위해 공격적인 마케팅기법을 동원하면서 수천만 달러를 쏟아붓는다. 그러나 별다른 효과를 보지 못하고 손실만 보는 경우가 많다. 이 회사들은 환자들에게 체험을 제공하기보다 약품을 판매하는 데 초점을 맞춘 전통적인 방식을 취하고 있다. 이제 제약회사는 불청객 취급을 받으면서까지 공격적인 영업활동으로 의사들을 괴롭히고 과도한 TV 광고로 대중의 눈살을 찌푸리게 하는 대신 디자인 씽킹을 바탕으로 새로운 방식을 모색할 필요가 있다.

의학적 치료에는 세 단계의 과정이 있다. 첫째, 환자는 자신의 상태를 정확히 이해해야 하며, 둘째, 치료법에 대한 필요성을 인정해야 하고, 마지막으로 행동을 취해야 한다. 시간의 추이에 따른 이 같은 '약물 복용의 고리'는 환자에게 필요한 조치를 강화시켜준다. 환자들이 질병에 대해 이해할 수 있도록 더 나은 정보를 디자인하는 일은 충분히 가능하다. 처방전을 배포하고 관리하는 방법도 개선할 수 있다. 또한 '순응의 여정'에 맞춰 각종 도움을 받을 수 있는 서포트 그룹, 웹사이트, 간호사들의 상담을 받을 수 있는 콜센터 등도 치유에 긍정적인 역할을 한다. 이 같은 '지원군'은 병이나 치료법의 종류에 따라 달라지지만 기본적인 토대를 형성하는 원칙은 같다.

그 하나는 (시간이라는 요소에 바탕을 둔 다른 디자인 프로젝트와 마찬가지로) 환자가 각종 수속을 밟고 치료를 받는 '여정'은 저마다 유일무이한 독특한 경험이라는 점이다. 또 하나는 환자가 자신의 체험담에 직접 참여한다면 훨씬 더 효과적인 결과를 낼 수 있다는 점이다. 요약하자면 '시간을 갖고 디자인한다'는 의미는 프로젝트의 대상이 된 사람을 자신의 경험담을 직접 써내려 가며 계속 성장하고 사고할 수 있는 존재로 생각하는 것을 말한다.

새로운
아이디어의 정치

시간이 지남에 따라 펼쳐지는 경험은 사람들을 참여시키며, 그들이 자신의 이야기를 풀어내도록 배려할 때 발상을 가로막는 두 가지 장애물을 해결할 수 있다. 두 장애물이란 우선 자신이 속한 조직에서 승인을 얻는 것이고, 그 다음에는 아이디어를 외부세계에 알리는 일이다. 그 아이디어는 상품일 수도, 서비스일 수도, 전략일 수도 있다.

세상에는 좋은 아이디어가 조직의 거세고 불안정한 기류에 휩

쏠려 꽃을 피우지도 못하고 사장되는 경우가 많다. 복잡한 구조를 가진 조직이라면 서로 충돌하는 수많은 이해관계를 균형 있게 조율하는 시스템을 갖춰야 한다. 그리고 경영학 대가인 하버드대학의 클레이튼 크리스텐슨Clayton Christensen 교수가 주장했듯이 새로운 아이디어는 '파괴적 혁신'을 꾀할 수 있어야 한다. 진정으로 혁신적인 아이디어라면 현상유지를 허용하지 않는다. 이러한 혁신은 종종 과거의 성공을 잠식하고 '어제의 혁신가'를 '오늘의 보수주의자'로 만들어버린다. 성공적으로 운영되는 다른 프로그램으로부터 자원을 빼앗아오기도 한다.

혁신적인 아이디어는 경영 실무진들에게 미지의 위험이 내재된 새로운 선택사항을 강제함으로써 삶을 힘들게 만든다. 때로 그 위험요소는 아무것도 선택할 수 없는 최악의 상황까지도 포함할 수 있다. 이러한 잠재적인 장애요소들을 모두 고려하면 새로운 아이디어가 대규모 조직에서 만개할 수 있다는 것은 경이로운 일임에 틀림없다.

근사한 경험담의 본질을 들여다보면 그 중심에는 언제나 소비자의 욕구를 강력한 방식으로 충족시키는 핵심적인 아이디어가 있다. 동네 친구들과 저녁식사 장소를 정할 때 그동안 자주 갔던 곳과는 완전히 다른 레스토랑을 택하는 일, 회의가 진행되는 도중에 조심스럽게 인슐린을 주입하는 일, 가솔린 차량을 전기충전 차량으로 전환하는 일 등도 얼마든지 그런 예가 될 수 있다. 이 같은 일화에 등장하는 모든 캐릭터에는 특정한 역할이 부여되고, 모두가 그런 목적에 부합하는 행동을 하는 방식으로 이야기가 전개될 것이다. 이러한 체험담은 충분히 설득력이 있지만 불필요한 설명으로 우리를 압도하지는 않을 것이다. 오히려 수많은 세부묘사를 동원해 개연성 있는 현실로 엮어낼 것이다.

물론 이러한 일이 가능하기 위해서는 기술과 상상력이 필요하다. 스냅온Snap-on이라는 기업의 임원들이 절감했듯이 말이다. 밝은 빨강과 은색으로 꾸며진 스냅온 공구상자는 집 근처의 주유소에서부터 여객기의 정비 터미널에 이르기까지 어디를 가나 정비의 상징으로 자리매김한 상품이다. 그러나 미국 위스콘신에 위치한 이 회사는 자사의 제품이 '미래의 생존에 핵심적인 도구'라는 주장을 어떻게 하면 설득력 있게 전달할지 고민했다. 물론 작업 현장에 있는 기술공은 자신의 손에 들린 연장에 대해 감성적인 느낌을 갖는다. 하지만 평범하게 자동차를 운전하는 보통의 사람에게는 스냅온의 공구가 그다지 마음에 와닿지 않는다. IDEO 디자인팀은 이러한 문제점을 가진 스냅온의 사례에서 새로운 스토리텔링의 기회를 포착할 수 있었다.

일단 디자인 개요의 윤곽이 잡히자 IDEO의 디자인팀은 팰로 앨토에서 몇 블록 떨어진 곳에 위치한 폐차 정비소를 인수했다. 디자인팀은 그곳에서 일주일을 보내면서 이 정비소를 아주 멋진 곳으로 재창조했다. 즉, 인상적인 시공간의 이야기를 담은 장소로 변화시킨 것이다. 프로젝트에 대한 설명을 하는 최종 발표일이 되자 스냅온 관계자들이 이곳으로 모여들었다. 건물 앞에는 스냅온의 상징인 빨간색과 은색으로 단장된 페라리, 포르셰, BMW 등이 대거 주차돼 있었다. 와인과 치즈를 곁들인 간단한 소개시간이 끝나자 스냅온 임원들은 가장 큰 창고에서 디자인 개요를 들었고, 뒤이어 영감이 가득한 물품들로 장식된 박물관 같은 방으로 안내되었다. 마지막으로는 현장의 정비 전문가들이 실제로 스냅온 브랜드를 어떻게 생각하는지를 들려주는 비디오가 상영됐다.

이 행사의 핵심은 스냅온 임원들이 비디오를 시청했던 임시극장에서 깜깜한 방으로 안내됐을 때이다. 방 안이 점차 밝아지자 임원들은 스냅온의 상징과도 같은 렌치를 비롯한 다양한 공구들, 첨단 버전의 공구상자에 이르기까지 근사한 차세대 프로토타입이 진열돼 있는 모습을 발견했다. 새로운 브랜드 전략을 기반으로 만든 광고 포스터가 벽에 줄지어 붙어 있었다. 회사의 CEO와 임원들이 모형들을 만지작거리면서 흥겨워하자 이 프로젝트를 책임졌던 마케팅 담당 부사장은 감격한 나머지 눈물까지 흘렸다. 물론 이러한 행사가 진행될 때마다 관중이 감동의 눈물을 흘릴 필요는 없지만, 스냅온의 일화처럼 멋진 이야기를 전달할 때는 감성의 파도를 출렁거리게 만들 필요가 있다.

스토리텔링을
최종 상품으로

디자인 씽킹은 세상에 새로운 상품을 가져다줄 수 있지만 때때로 스토리텔링 자체가 최종 상품인 경우도 있다. 진화론을 지지하는 대표적인 생물학자 리처드 도킨스Richard Dawkins가 밈meme(생물체의 유전자처럼 재현·모방을 되풀이하며 존속해나가는 사회관습과 문화)이라고 지칭하기도 했던 일종의 문화요소가 세상에 새로 도입될 때와 같은 경우를 말한다. 밈은 사람들의 행동과 인식, 태도를 바꾸는 획기적인 개념으로 스스로를 확산시킨다. 상명하달로 이뤄지는 권위가 더는 신뢰받지 못하고 중앙에서 통제하는 관리체계가 무너지는 오늘날의 혼란한 비즈니스 환경에서 이처럼 세상을 뒤흔드는 획기적인 아이디어는 스스로 빛을 발산하고 널리 보급될 수 있는 힘을 가져야 한다.

아무리 좋은 아이디어를 가졌다 해도 궁극적으로 무엇을 추구하는지를 직원들이나 고객들에게 명확히 이해시키지 못하면 그들의 도움을 기대할 수 없다. 첨단기술기업을 비롯해 대중이 쉽게 이해할 수 없는 제품을 취급하는 회사의 경우엔 더욱더 그렇다. 컴퓨터 칩을 개발하는 전문인력은 대개 컴퓨터산업계의 뒤편 깊숙이 자리한 비밀기지에서 작업을 한다. 만약 이처럼 막중한 역할을 담당하는 존재가 없다면 세상이 제대로 돌아가지 않는다. 그러나 이들의 기여도가 아무리 크더라도 보호상자 안에 설치돼 있는 첨단기기도 아니고, 그 안에 장착된 얇은 판도 아니고, 그 판 위에 촘촘하게 박혀 있는 초소형 칩(겉으로는 그냥 네모난 상자) 주위에 브랜드를 구축할 수는 없다. 이것이 바로 전 세계 대부분의 PC 위에 붙어 있는 '인텔 인사이드'라는 작은 스티커의 천재성이 돋보이는 이유이다.

컴퓨터업계는 무어의 법칙 Moore's Law(반도체 집적회로의 성능이 12~18 개월마다 두 배로 증가한다는 법칙)에서 짐작할 수 있듯이 절대권력도, 절대강자도 없으며 강력한 기술적 강점도 오래가지 못할 정도로 경쟁이 치열한 곳이다. 인텔은 이처럼 살벌한 '기술의 전장'에서 눈으로 볼 수도 손으로 만질 수도 없는 기술을 바탕으로 소비자들에게 강력한 글로벌 브랜드를 구축한 것이다. 인텔은 최근 스탠퍼드대학의 조직행동론 교수 칩 히스 Chip Heath가 언급한 소위 '머릿속에 쏙쏙 들어오는 아이디어'를 추구하는 차원에서 스토리텔링을 활용해 컴퓨터의 미래를 탐험할 수 있는 전략을 택했다. 이미 데스크톱 PC 시장을 정복한 인텔은 이제 모바일컴퓨팅 시장 공략에 박차를 가하고 있다. 이와 관련한 다양한 프로젝트들이 인텔 개발자 포럼처럼 영향력 있는 행사에서 소개된다. 물론 아직 개발하지도 않은 제품을 보여주는 일은 어렵다. 차라리 편히 앉아서 영화를 즐기는 편이 더 낫다.

오늘날 사람들은 대부분 서류가방이나 배낭 안에 노트북컴퓨터를 넣어 다니지만 인텔은 초소형 기기들이 범람하게 될 소위 '울트라 모바일' PC 시대의 삶은 어떤 것인지 소비자들에게 구체적으로 보여주기를 원했다. 차세대 스마트폰을 비롯해 우리가 항상 몸에 지니고 다닐 미래의 소형 디지털기기들이 실제 생활에는 어떤 식으로 영향을 미칠 것인지를 생생히 보여주고 싶었던 것이다. 이에 따라 IDEO 프로젝트팀은 인텔과 함께 정교하고 세련된 컴퓨터 그래픽을 활용한 창조물 퓨처비전 Future Vision을 고안해냈다.

가까운 미래에는 모바일 컴퓨팅이 어떤 식으로 일상생활에 통합될 수 있는지를 보여주는 시나리오를 바탕으로 영화를 제작한 것이다.

만다린어를 구사하는 비즈니스맨이 어려운 협상을 앞두고 열심히 준비하는 동시에 미국에 있는 협력사 사무실을 찾아가는 과정, 조깅을 하던 사람이 오후 회의가 아침 8시 30분으로 앞당겨졌다는 통보를 무선으로 전송받는 모습, 쇼핑하는 소비자들이 가격을 비교하는 광경 등을 담은 시리즈 영상물이다. 디자인팀은 이 영상물을 유튜브에 올렸으며 50만 명이 넘는 네티즌이 평가했다. 인텔은 퓨처비전 시리즈를 제작하기 위해 굳이 할리우드까지 진출할 필요도 없었다. 디자인팀이 뛰어난 영화제작자들을 초빙해 2~3주 만에 뚝딱 프로젝트를 해치웠기 때문이다. 그것도 일반적으로 소요되는 경비에 비해 훨씬 적은 금액으로 말이다. 제작물의 완성도가 높고 효과적이기까지 한 스토리텔링을 위해 반드시 많은 비용을 지출할 필요는 없다.

신념
전파하기

아이디어가 조직의 위험한 여정을 무사히 통과해 완제품의 모습으로 시장에 나오는 과정에서도 스토리텔링은 또 하나의 중대한 역할을 한다. 대다수는 아니라도 일부 소비자들에게 물건을 구매하고 싶은 욕구를 불러일으키는 방식으로 상품의 가치를 전달하는 역할이다. 우리 모두는 신제품에 얽힌 흥미진진한 이야기를 들려주고 신화를 창조하는 광고의 힘이 어떤 것인지 익히 알고 있다.

나는 1970년대 영국에서 보낸 어린 시절 햄릿 시가, 실크컷 시가렛, 캐드베리의 스매시 등 뛰어난 광고를 보며 자랐다. 당시 내가 즐겨봤던 광고들은 재치가 있고 재미있었으며 감정을 이입시키는 흡인력이 강했다. 그 시절의 광고는 소비자경제의 바퀴를 타고 미끄러지듯 잘 굴러갔고 지금에 비해 낙관적인 대중들과 함께 어울렸다. 하지만 그때 이미 상황의 변화를 감지할 수 있는 조짐은 있었다. 나는 그 광고들을 좋아하긴 했지만 절대로 담배를 피우지 않았고, 캐드베리의 스매시에 첨가된 가루 범벅의 감자 믹스는 여전히 먹지 않는다.

이미 수많은 사람들이 전통적인 광고기법의 효과에 대해 부정적인 의견을 피력해왔다. 이처럼 회의적인 견해가 나온 배경을 살펴보자면, 일단은 과거의 방송 프로그램에 호감을 느끼는 사람들이 줄어들고 있다는 점이 가장 명백한 이유이다. 점점 덜 읽고, 덜 보고, 덜 듣는 성향을 가진 사람이 증가하고 있는 것이다. 하지만 30초 광고가 이제 효과적인 도구로 활약하지 못하는 이유는 다른 곳에 있다. 스워스모어대학의 사회행동학자 배리 슈워츠Barry Schwartz 교수가 '선택의 패러독스'라고 일컬었듯이 사람들은 대부분 선택의 대상이 많은 상황을 원치 않는다. 꼭 필요한 것만 가질 수 있기를 바라는 것이다. 너무나 많은 선택의 기회로 압박을 받을 때 어떤 사람은 특정한 행동을 보이는 경향이 있다. 조금만 더 기다리면, 조금만 더 열심히 찾아다니면 원하는 물건을 가장 싸게 구입할 수 있을 것이란 생각에 휩싸여 아무런 결정도 내리지 못하는 것이다.

슈워츠 교수는 이처럼 절대적 최선만을 원하는 소비자를 가리켜 극대화자optimizer라고 명명했다(혹시라도 더 나은 물건을 더 싼 가격에 사지 못할까 싶어 매장을 샅샅이 훑기 때문에 '손실혐오자'라고도 한다). 이런 종류의 문제는 '자동차'라고 하면 검정색 '모델 T'를 의미하고 '전화회사'라고 하면 'AT&T'를 떠올렸던 옛 시절에는 존재하지 않았다.

다른 한편으로는 이것저것 꼼꼼히 따져 최종적인 결정을 내리는 소비자의 권한을 포기하고 물건이 웬만큼 마음에 들면 대충 구입해 사용하는 만족인satisficer 소비자들도 생겼다. 물론 마케팅 부서의 입장에서는 양쪽 다 그다지 내키지 않는 소비자들이다. 마케팅 담당자들은 어떻게든 이러한 현실을 극복하려는 마음에서 점점 더 무모한 방법들을 동원한다. 결과적으로는 썩 만족할 만한 성과도 얻지 못하면서 말이다. 어떤 광고를 보기는 봤는데 그게 은행의 금융서비스였는지, 진통제였는지, 한정판매 상품이었는지 도무지 기억이 나지 않는 경험을 가진 시청자가 나 혼자만은 아닐 것이다. 디자인 씽커의 관점에서 볼 때 새로운 아이디어를 사람들에게 알리고 싶다면 저도 모르게 귀를 기울이게 하는 매혹적인 방식으로 의미 있는 내용을 전달해야 한다.

광고의 역할은 여전히 존재한다. 하지만 21세기의 광고는 대중에게 일방적으로 메시지를 퍼붓는 식이 아니라 청중을 '스토리텔링을 주도하는 화자'로 활용해야 한다. 참신한 아이디어를 바탕으로 만든 상품(혹은 서비스)을 직접 체험해보고 긍정적인 인상을 갖게 된 사람이라면 누구든지 다른 사람에게도 사용해볼 것을 권유한다. 그러한 방식으로 상품의 핵심적인 장점을 전달할 수 있어야 한다. BOA는 '잔돈을 넣어두세요' 상품을 론칭할 때 대대적으로 광고를 하긴 했지만 그 성공이 광고 덕분은 아니었다. 이 캠페인은 이미 서비스를 체험하고 열광적인 애호가가 된 사람들이 홍보에 나선 덕분에 성공할 수 있었다.

스토리텔링이나 디자인 씽킹을 효과적으로 활용해 대중의 참여를 유도하고 정보매체를 통해 인지도를 높이는 사례는 풍부하다. 소형차 브랜드인 미니쿠퍼Mini Cooper를 미국에서 처음 선보였을 때 BMW는 스토리텔링 기법을 멋지게 활용한 마케팅의 진수를 보여줬다. 이 프로젝트를 맡은 광고대행사 크리스핀 포터+보거스키Crispin Porter+Bogusky는 산길을 타고 질주하는 자동차나 근사한 레스토랑 앞에 우아한 모습으로 등장하는 차의 모습을 보여주지 않았다. 그러한 평범하고 시시한 TV광고에 의존하는 대신 미니 특유의 작고, 앙증맞고, 다소 엉뚱한 느낌을 발산하는 캐릭터를 선택했다. 바로 렛츠모터Let's motor 캠페인이다. 깜찍하고 작은 미니쿠퍼가 거대한 미국 브랜드 자동차들 사이를 용감하게 비집고 들어가 자태를 뽐내는 모습을 부각시킨 광고는 '다윗과 골리앗'의 싸움을 연상시켰다.

미니의 광고판은 어디에서나 볼 수 있었고, 시각적 효과가 뛰어난 재치 있는 광고문구는 읽는 이들로 하여금 관심을 기울이게 했으며 광고 자체에 대해 저절로 얘깃거리를 쏟아내는 효과를 발휘했다. 잡지의 경우엔 접어 넣는 페이지를 많이 활용했다. 접혀 있는 종이를 펼치면 앙증맞은 미니의 모습이 나타나는 기법이다. 특히 끈으로 묶은 미니쿠퍼를 지붕 위에 올린 SUV가 맨해튼 시내 한복판에 나타난 사건은 미국 자동차업계에 통렬한 한방을 날린 사례로 남아 있다. 게다가 미니쿠퍼의 구매자들은 계약서류에 서명을 하고 나면 새 차가 제조되는 과정을 지켜볼 수 있는 개인 전용 웹사이트까지 제공받았다. 이처럼 기막힌 마케팅 기법들은 사람들의 입에 오르내리는 화제를 양산했다. 그리고 그 자체가 하나의 성공신화로 자리 잡은 것이다.

훌륭한 도전

디자인 씽커에게 새로운 도전과제의 해결을 모색하는 '디자인 대회'보다 관찰하기에 더 즐겁고 생산적인 결과물을 얻을 수 있는 곳은 거의 없다. 일반적으로 이러한 행사는 다수의 팀들이 하나의 과제를 해결하기 위해 도전에 나서는 식으로 진행된다. 대개 정상의 자리에 오르는 팀은 하나이지만 집단적인 힘과 지적 능력을 발휘한다는 점에서 궁극적으로는 모두가 승자가 되는 유익한 경쟁이다. IDEO는 샌프란시스코에 자리한 예술학교의 의뢰를 받아 이 학교의 미래를 그리는 프로젝트를 맡았다. 흥미로운 사실은 라이벌 팀에서 어떤 일을 하는지부터 파악하기 위해 예산의 대부분을 이 학교의 디자인 전공 학생들을 채용하는 데 썼다는 점이다. 그리고 그 결과는 모든 이의 기대치를 웃돌 만큼 훌륭했다.

앞서 언급했듯이 쿨비즈 캠페인을 성공적으로 이끈 일본의 광고대행사 하쿠호도의 창조적인 팀은 디자인 과제에서 또 다른 파격을 시도하는 모험을 감행했다. 파나소닉의 건전지 사업부는 옥시라이드Oxyride 브랜드 건전지를 개발했지만 고전을 면치 못하고 있었다. 이 건전지는 일반적인 알카라인 건전지보다 성능이 좋고 더 오래가는 장점이 있지만 다른 점에서는 무수한 경쟁기업들보다 크게 두드러지는 강점이 없었다. 하쿠호도는 옥시라이드의 기술을 부각시키는 평범한 광고 캠페인을 벌이지 않고 아주 간단한 질문을 던졌다. "가정에서 사용하는 건전지의 힘으로 하늘을 날 수 있을까요?" 이 질문에 답하기 위해 일본의 TIT Tokyo Institute of Technology에서 온 학생 신분의 엔지니어들은 건전지로 작동되는 유인 비행기를 설계하는 일에 4개월 동안 매진했다. 한 TV 프로그램은 비행기 설계과정을 방송으로 생생하게 담아냈으며, 대중을 끌어들이는 웹사이트도 구축됐다.

2006년 7월 16일 아침 6시 45분. 300여 명의 기자들은 이 비행기가 임시 활주로를 따라 미끄러지다가 무려 400미터 위로 솟구쳐 날아오르는 모습을 지켜봤다. 이 비행기의 동력원은 160개의 옥시라이드 AA건전지였다. 일본의 모든 뉴스 채널은 이 흥미로운 비행을 방송으로 내보냈고, BBC와 〈타임〉지 등의 해외 언론도 뉴스로 다뤘다. '건전지의 비행'이라는 제목으로 방송에 보도된 광고의 효과를 따지면 적어도 400만 달러에 이른다는 추정치가 나왔다. 게다가 옥시라이드의 브랜드 가치는 30퍼센트나 껑충 뛰어올랐다. 하쿠호도와 파나소닉은 아주 간단한 디자인 과제를 멋지게 수행해냄으로써 광고계를 뒤흔들었던 것이다. 옥시라이드 건전지로 작동한 유인 비행기는 심지어 국립과학박물관에 전시되는 영광까지 누렸다. 듀라셀의 상징인 에너자이저 '버니'도 누려보지 못한 명예를 얻은 것이다.

건전지로 작동하는 최초의 유인 비행기가 하늘을 날아오르기 10여 년 전에, 민간 우주여행 지지자인 피터 디아맨디스Peter Diamandis 박사는 대중의 상상력을 자극하고 기술혁신을 촉진하기 위해 획기적인 디자인 과제에 도전했다. 우주연구 후원재단인 안사리X프라이즈Ansari X Prize는 1996년에 1,000만 달러의 상금이 걸린 우주비행대회를 개최한다고 선포했다. 세 명 이상의 민간인이 지구 표면을 기준으로 100킬로미터 고도의 상공까지 비행하는 것이 우승 요건이었다. 이 대회는 엄청난 성공작이 됐다. 일곱 개 국가에서 참여한 26개 팀이 1억 달러를 썼다.

그 결과 2004년 10월 4일 유명 항공 디자이너 버트 러턴Burt Rutan이 운영하는 기업 스케일드컴포지트Scaled Composites가 후원한 스페이스십원Space Ship One 팀이 승리를 거머쥐었다. X프라이즈재단의 혁신적인 발상에 힘입어 그 후 기업가들이 우주항공산업 투자한 금액은 15억 달러가 넘는다. X프라이즈재단은 '경쟁을 통한 혁명'이라는 취지를 고효율 자동차, 유전자 연구, 달 착륙용 로봇 등으로 넓히고 있다. 그리고 많은 단체들이 디아맨디스 박사의 혁신 사례를 본받으려 노력하고 있다.

디자인대회는 경쟁에 기인한 강력한 힘을 발휘할 수 있게 하며 아이디어에 의미 있는 스토리텔링을 제공함으로써 소비자를 수동적인 관찰자에서 능동적인 참여자로 변모시키는 훌륭한 방법이다. 사람들은 불가능한 일에 도전하는 사람의 모험을 지켜본다는 개념에 반해버렸다. 이처럼 매혹적인 장점을 주 테마로 방송하는 리얼리티 TV 쇼는 탐탁지 않은 결과를 냈지만 X프라이즈재단은 달랐다. 도전을 무기로 기술적인 꿈을 이룰 뿐 아니라 심원한 인본주의적 목표를 달성하는 용도로 활용하는 데 성공했다.

인간에
초점을 맞추다

스토리텔링의 효과는 '시간'이란 요소를 활용하는 대규모 캠페인에도 적절하게 발휘된다. 이때 효과적인 스토리텔링이 진행되는 과정에는 두 번의 중대한 순간이 있다. 간단하게 말하자면 '처음'과 '끝'이다. 우선은 프로젝트 초기에 스토리텔링을 도입하고 그 효과가 혁신의 과정에 깊이 스며들도록 유도하는 일이 중요하다. 그리고 일단 프로젝트가 끝나면 기자나 작가를 영입해 작업의 결과물을 문서로 만든다.

최근에는 이야기를 실시간으로 매끄럽게 전개하기 위한 목적으로 프로젝트가 시작되는 첫날부터 작가들을 디자인팀에 포함시키는 경우가 많아지는 추세이다. 프로젝트가 최종단계에 이르면 그동안 팀 단위에서 엮어낸 이야기가 관객의 관심을 끈다. 이때는 대개 디자인팀이 해산되고 다른 프로젝트로 이동한 지 오랜 시간이 흐른 뒤다. 고객은 자신을 매혹시킨 이야기를 주위에 알리고 많은 사람들과 공유하려는 생각에 한껏 고무된다.

미국의 적십자사가 불우한 사람들에게 구호물자를 제공하는 다양한 방법 중에서도 헌혈은 가장 중요한 수단이다. 자원봉사자들로 이뤄진 이 조직은 학교와 직장을 방문해 1일 헌혈 센터를 운영한다. 최근 수년 동안 헌혈을 하는 사람들의 수는 감소하고 있다. 하지만 적십자는 디자인 씽킹을 동원해 헌혈 인구를 3퍼센트에서 4퍼센트로 끌어올리는 도전에 나섰다. 여기에서 우리는 단순한 숫자놀음이 아니라 인간중심적인 체제에 초점을 맞추어야 한다는 점을 주목해야 한다. 사람들이 헌혈을 하게 만들거나 하지 않게 만드는 감성적인 요인은 과연 무엇일까? 많은 사람들이 자신의 피를 나누는 일에 기꺼이 참여하도록 이끄는 방법은 무엇일까?

IDEO-적십자 합동팀은 헌혈클리닉을 혈액기증자의 입장에서는 편안하고, 자원봉사자의 입장에서는 운영하기 쉬운 곳으로 만들기 위한 다양한 방법을 모색했다. 그러한 고민의 과정에서 저장 공간을 두 배로 늘릴 수 있는 가구, 이동 카트(손수레) 등 실용적인 아이디어들이 수없이 쏟아져나왔다. 그런데 그중에서도 인간의 정서에 초점을 맞춘 새로운 아이디어가 하나 있었다. 현장에서 관찰을 반복하던 디자인팀은 많은 사람들이 헌혈을 하고 싶은 개인적인 동기를 가지고 있다는 점을 발견한 것이다. 예컨대 이미 저세상으로 보낸 가족을 추억하는 마음에서, 친구의 헌혈로 생명을 건진 것에 대한 보답으로 타인에게 혈액을 기증할 마음을 가지게 되는 식이다. 이들의 경험담은 무척이나 감동적이었고, 이 때문에 헌혈자들이 계속해서 헌혈클리닉을 방문하는 주요 동인이 되었다. 또 친구와 직장 동료까지 데려오는 사람도 생겼다.

디자인팀은 보기 쉬운 안내표지와 편안한 침대를 제공하는 것보다 사람들을 초청해 추억을 공유하고 헌혈에 자발적으로 나서도록 감성적으로 이끄는 일이 더 중요하다는 판단을 내렸다. 다시 헌혈을 하러 오는 기증자의 경우 자신의 헌신이 뭔가 더 웅대한 일에 연결돼 있다는 느낌을 가질 수 있다. 신규 헌혈자들은 이타적인 행위에 담긴 각양각색의 동기에 대해 알게 되면서 나눔의 가치를 깨닫게 될 것이다. 기증자들이 클리닉에 도착해 수속절차를 밟고 카드를 받으면 헌혈을 하게 된 동기에 대해 간단히 말한다. 카드에 자신의 얼굴이 들어가기를 원한다면 사진도 찍을 수 있다. 이 사진은 대기실의 게시판에 붙여진다. 각자 다른 이유로 클리닉을 찾았지만 공통된 책임과 서약으로 하나가 된 사람들이 모여 경험담을 얘기하는 것보다 더 간단명료한 방법이 어디에 있겠는가? 현재 미국의 적십자본부는 IDEO-적십자 합동팀의 연구 결과를 바탕으로 미네소타와 코네티컷에서 대형 프로젝트를 추진하기 위해 준비작업을 하고 있다.

30초 스폿광고
이후의 삶

상품과 서비스, 정보 할 것 없이 우리 시대의 '과잉'은 전통적인 광고기법이 점차 하락세를 타고 있는 원인 중 하나이다. 또 다른 원인은 우리 자신이 점점 더 복잡하고 세련된 성향을 띠어가고 있다는 점이다. 이전 세대에서는 상상하기 힘든 많은 양의 정보를 접하면서 우리의 판단력은 복잡해졌고, 선택은 분별력을 갖게 됐다. 현 시대의 수준이 얼마나 달라졌고 발달했는지를 알고 싶다면 어린 시절을 수놓았던 해묵은 CF송이 나오는 광고를 보기만 해도 된다. 하지만 지금의 30초 스폿광고를 통해서는 세제 한 상자를 팔기도 불가능하다.

결국 스토리텔링이라는 도구는 디자인 씽커의 도구상자 안에 반드시 들어 있어야 한다. 처음이나 중간, 마지막에 잠깐 등장하는 식으로 단역을 맡는 게 아니라 사람들이 직접 이야기의 전개과정에 참여해 결말까지도 써 내려갈 수 있는 개방적이고도 지속적인 스토리텔링이어야 한다.

미국의 앨 고어 전 부통령이 아카데미상을 받은 〈불편한 진실An Inconvenient Truth〉의 성공 비결은 바로 여기에 있다. 이 영화의 마지막 부분에서 앨 고어는 지구온난화의 증거를 관객에게 보여주면서 환경문제를 해결하는 일이 지구촌에 사는 인류 모두의 몫임을 일깨워주었다. 디자인은 이제 제품이나 서비스를 마케팅부서에 넘겨주기 전 '폼생폼사' 식으로 던지는 제스처가 아니다. 전 세계 곳곳의 각종 기업과 단체에서 활용하고 있는 새로운 접근방식은 디자인을 상품의 최초 기획단계로 되돌려놓는 동시에 마지막 실행단계로 보내는 효과를 동시에 빚어낸다. 고객들이 이야기의 마지막 장을 직접 쓰도록 하는 것은 디자인 씽킹의 단면을 보여주는 하나의 예이다.

앞서 나는 현장에서의 관찰, 프로토타입 만들기, 시각적인 스토리텔링 등 인간중심의 디자인 프로세스에 자리 잡고 있는 디자인 커뮤니티에서 비롯된 기법에 대해 설명했다. 그런 가운데 나는 두 가지 주장을 펼쳤다. 첫째, 이러한 전문기술들을 이제는 조직의 모든 부분에 적용하고 경영진에까지 도입해야 하는 시대라는 점이다. 디자인 씽킹은 모든 사람이 실천할 수 있는 것이다. CEO를 비롯해 CFO, CTO, COO 등 소위 'C 레벨'이 붙은 모든 경영진은 깊은 통찰을 통해 탄생한 이 기술을 익혀야 한다. 두 번째 주장은 곧이어 시작될 이 책의 2부에서 분명하게 드러난다. 디자인 씽킹이 스튜디오 밖으로 뛰쳐나와 기업의 핵심부로 돌진하면서 서비스 분야와 공공부문으로 가지를 뻗게 됨에 따라 우리는 과거에 비해 훨씬 더 방대한 문제를 해결할 수 있게 됐다. 디자인은 현재의 삶을 향상시킬 수 있다. 디자인 씽킹은 우리로 하여금 미래로 향하는 항로를 개척할 수 있게 한다.

**CHANGE
BY
DESIGN**

2부

우리는 어디로 가야 하는가?

Where Do We Go from Here?

7장

디자인 씽킹,
기업의 심장을 파고들다

Design Thinking Meets the
Corporation

1990년대 초반 노키아는 세계에서 가장 지속적인 성공을 거둔 휴대전화 제조업체였다. 당시만 해도 노키아 제품은 뮌헨에서 뭄바이, 몬트리올에서 멕시코시티에 이르기까지 지구촌 곳곳에서 휴대전화 시장을 장악하고 있었다. 그러한 권위는 애플, 삼성, 화웨이에 내준 지 오래지만, 노키아 사례에는 여전히 교훈으로 삼을 만한 부분들이 있다. 1865년 펄프 공장으로 시작한 노키아는 여러 차례 투자를 단행하면서 사업의 초점을 제지에서 고무, 케이블, 전자제품, 궁극적으로는 휴대전화로 돌렸다. 기술적인 월등함, 조직의 혁신, 최고 수준의 디자인 등을 무기로 노키아는 업계 선두 자리를 꿰찼다.

하지만 문제는 인터넷의 부상으로 이미 게임의 판도가 바뀌고 있었다는 점이다. 선진국 시장에서 소비자의 시선은 하드웨어에서 서비스로 옮겨가고 있었고, 신흥시장에서는 값비싼 PC가 아니라 저렴한 휴대용 단말기에서 인터넷을 처음 접하게 된 사람들이 많았다. 이 같은 변화의 흐름을 감지한 노키아는 2006년 하드웨어 위주의 방식을 대체할 수 있는 방법을 모색하기에 나섰다. 기술전문가와 인류학자, 디자이너들로 하여금 거리로 나가 사람들이 어떻게 의사소통을 하고 정보를 공유하고 엔터테인먼트를 즐기는지 파악하도록 했다. 그리고 이 조사를 통해 얻은 결과물을 생생한 현장 체험담과 미래지향적인 시나리오의 형태로 경영진에 보고했다. 당시 새롭게 부상하고 있던 소비자들의 행태가 어떻게 인터넷과 기기들이 연결된 통합 플랫폼상에서 이음새 없는 경험으로 묶일 수 있는지를 제시한 것이다.

이렇게 노키아는 하드웨어 제조업체에서 서비스 제공업자로 거듭나기 시작했다. 실리콘밸리에서 나온 매혹적인 용어를 빌리자면 '피벗 pivot'(시장 흐름의 변화에 따라 핵심원천기술을 축으로 유지하면서 초창기의 사업 아이템이나 비즈니스모델을 변경하는 것)을 시도한 것이다. 하지만 때는 이미 늦었고, 그 움직임도 미약했다. 세상은 이미 가파른 변화의 물결을 맞이하고 있었고, 때맞춰 경쟁자들이 기다리고 있었다. 그리하여 노키아는 2014년 휴대전화 사업부를 마이크로소프트 MS에 매각하기에 이르렀다.

이 사례에서 우리가 얻을 수 있는 교훈은 하나의 기술에 대한 과도한 의존, 또는 전반적인 기술 자체에 대한 의존조차도 지나칠 경우에는 극도의 위험을 초래할 수 있다는 점이다. 오늘날 가장 혁신적인 회사들은 핵심 제품군에 국한되지 않는 경계 너머의 사고를 하면서 사람들이 근본적으로 원하는 것이 과연 무엇인지 자문해보는 자세를 배우고 있다. 예컨대 사람들이 원하는 바가 근사하게 생긴 플립 폰(뚜껑이 위로 열리는 소형 휴대전화기)인지 아니면 완전한 연결성인지? 자동차의 맵시가 중요한지 아니면 기동성이 더 중요한지? 비싼 의료시술을 받는 것과 양호한 건강을 누리는 것 중 무엇에 더 가치를 두는지? 국민총생산GNP이라는 경제지표가 의미 있는지, 아니면 남아시아의 불교 왕국 부탄에서 헌법으로 명시했듯이 국민총행복GNH이라는 지표가 더 의미를 지니는지?

이처럼 핵심사업에 대한 경영전략을 재고하는 일은 때때로 고통스럽고 굴곡이 있을뿐더러 혼란을 초래하기도 한다. 그런데 이 작업이 아무런 토대 없이 불쑥 이뤄질 리는 없다. 그와는 정반대로, 그것의 기원은 2차 세계대전이 막을 내린 이후로 꾸준히 발달해온 첨단기술의 역할에 대한 전면적인 재평가 작업에 그 뿌리를 두고 있다.

어떻게
혁신할 것인가

2차 세계대전이 치열하던 1940년, 명성 높은 영화감독 험프리 제닝스Humphrey Jennings는 '런던은 이겨낼 수 있다London Can Take It'는 제목의 감동적인 뉴스 영화 다큐멘터리로 전 국민을 결집하게 만들었다. 그로부터 6년 뒤, 전쟁이 끝나고 민주주의가 널리 확산됐다. 전쟁으로 타격을 입은 대영제국의 경제는 회복을 위해 몸부림쳤고 이번에는 산업디자인위원회가 또다시 전국을 달아오르게 만들었다. '영국은 해낼 수 있다The Britain Can Make It'는 야심 찬 구호를 앞세운 대형 전시회를 빅토리아앨버트박물관에서 개최한 것이다. 9만 제곱미터의 전시공간을 자랑하는 이 전시회는 전자제품부터 인체공학에 이르기까지 모든 분야에서 선진국들이 소비를 부흥시키기 위해 혁신적인 기술발전을 어떻게 이용할지에 대한 미래상을 보여주었다.

당시 영국에는 전쟁이라는 긴급상황으로 인해 유래가 없을 정도로 엄청난 규모의 정부 투자가 단행된 상태였다. 그러나 전후에는 투자의 초점이 민간 부문으로 이동했다. R&D센터는 농업, 자동차, 섬유, 정보통신 등 모든 산업 분야에서 활짝 꽃을 피웠고 미국, 유럽, 일본 등 각국의 명문 공대를 졸업한 인재들이 R&D센터로 몰려들었다. 1951년의 브리튼페스티벌Festival of Britain, 세계박람회World's Fairs 같은 주요 전시회는 과학이 우리의 궁금증을 모두 해결해주고 기술이 모든 수요를 만족시켜주는 상품으로 탈바꿈하리라는 믿음을 굳건히 해줬다.

기업 R&D센터의 점진적인 성장은 전후 시대의 비즈니스 세계에서 볼 수 있는 가장 두드러진 특징이었다. 미국의 경우 1958년 2만 5,000명에 불과했던 R&D 인력이 이제 100만 명을 훌쩍 넘어선다. 매사추세츠의 루트128을 비롯해 영국의 케임브리지, 일본 도쿄의 교외지역, 미국 캘리포니아의 실리콘밸리가 지역 단위의 R&D센터로 두각을 나타냈다. 최초로 가시적인 성과를 거둔 분야는 소비재를 생산하는 제조업이었다. 그리고 컴퓨터 산업과 통신

하드웨어, 소프트웨어 산업, 인터넷이 그 뒤를 이었다. 각각의 분야는 폭발적인 경제성장과 궤를 같이했다. R&D가 경쟁우위를 바탕으로 한 성공의 길을 터준 것이다.

하지만 노키아의 사례에서도 볼 수 있듯이 대기업들은 이제 전적으로 기술적 우위에만 의존하는 방식은 효과적이지 않다는 점을 깨달았다. 제록스의 PARC, 벨연구소와 같은 훌륭한 R&D센터의 상당수가 자취를 감춰버리거나 전성기에 누렸던 위상을 잃어버렸다. 많은 기업들은 장기적 관점의 기초연구에서 단기적 차원의 응용과제로 이동해가고 있다. 물론 이는 반드시 나쁜 일이라고는 할 수 없다. 기술 중심의 중소기업들과 혁신 마인드로 중무장한 벤처기업들은 종종 대기업에 비해 경쟁력을 가질 수 있기 때문이다. 그렇다고 해서 기술적인 실행 가능성만을 가지고 혁신에 덤비다가는 암초에 걸릴 수 있다. '호감도-실행력-생존력'으로 구성된 세 가지 화음을 맞추어야 한다.

사실 신생기업을 위한 궁극적인 비즈니스모델은 초기에는 명확하지 않다. 이러한 경우에는 유연성과 적응력이 엄청난 자산이 된다. 구글은 광고에 검색을 접목시키면 강력한 이점이 따른다는 사실을 발견했지만 그러한 잠재력에 눈을 뜬 것은 검색 사업에 뛰어든지 한참이 지난 후의 일이다. 컴퓨터 인터페이스에 대한 제록스의 연구결과를 맥 데스크톱PC 아이콘과 마우스라는 상품의 형태로 시장에 선보인 주체는 당시 천하를 호령했던 제록스가 아니라 새싹을 틔우고 있던 애플이었다.

대기업은 기존 시장의 테두리 안에서 혁신적인 발전을 꾀하기에 유리한 여건을 갖추고 있다. 기존 시장에서 기술적인 역량이 성공을 보장해줄 수 없는 상황이라면 대기업의 입장에서는 이미 소유하고 있는 자산을 활용하되 소비자 관점에서 혁신을 추진해야 한다. 예컨대 폭넓은 고객층, 인지도와 신뢰도 높은 브랜드, 숙련된 대고객 서비스, 방대한 유통 · 공급망 등이 그러한 자산들이다. 이는 디자인 씽킹을 바탕으로 도모하기에 적합한 인간중심적인 접근방식이다. P&G, 나이키, 콘아그라ConAgra(미국의 식품제조회사), 노키아 등 다양한 분야의 기업들이 지나치게 기술에 의존하거나 '대박'의 환상에 젖는 오류에 빠지지 않도록 뒷받침해준 버팀목이 바로 디자인 씽킹인 것이다.

디자인 씽킹으로써
혁신 포트폴리오 꾸리기

상당한 괴짜들이 버티고 있는 IDEO에서도 디에고 로드리게스Diego Rodriguez와 라이언 자코비Ryan Jacoby는 특히나 눈에 띄는 친구들이다. 이들은 IDEO의 다른 인재들과 마찬가지로 강력한 디자인 프로젝트 경험을 가지고 있으며 MBA 학위도 갖고 있다. 사실 IDEO는 오랫동안 경영대학원 출신을 고용하지 않았다. 그들이 똑똑하지 않아서도, 브레인스토밍을 위한 자리에 정장을 차려입고 나타나기 때문도 아니었다. 단지 디자인 씽킹이 요구하는 확산적이고 종합적인 방법론에 적응하기 힘들 것이라는 판단 때문이었다.

그런데 어느 순간, 우리는 이러한 생각을 바꿔야 했다. 그 이유로는 첫째로 혁신을 둘러싼 이론과 실천이라는 문제에 대해 진중하게 해결책을 모색하는 MBA 과정이 많이 생겨났다는 점을 꼽을 수 있다. 또한 디자이너들이 문제의식을 제기하는 사안에 흥미를 가지는 MBA 졸업생들이 점점 더 늘어나는 추세 덕분이기도 하다. 예를 들어 미국 스탠퍼드대학의 하소플래트너디자인연구소Hasso Plattner Institute of Design, 버클리대학의 하스경영대학원Hass School of Business, 캐나다 토론토대학의 로트먼 경영대학원 등에서는 MBA 과정 학생들이 디자인 프로젝트를 직접 수행한다. 그리고 'MFA Master of Fine Arts는 새로운 종류의 MBA 학위'라는 경영학자 톰 피터스Tom Peters의 진단을 진지하게 받아들이는 학교도 있다. 바로 샌프란시스코에 위치한 캘리포니아칼리지오브아트California College of the Arts이다. 이 예술학교는 순수미술, 도안, 사진 같은 다양한 프로그램과 함께 디자인 전략을 전공으로 하는 MBA를 운영한다. MBA 과정의 일반적인 관습에서 벗어나 디자인 씽킹을 능동적으로 실천할 수 있는 훈련을 제대로 받은 경영학 전공자들이 이젠 상당히 많아졌다.

둘째, 디자인 씽킹에 있어 빠뜨릴 수 없는 요소가 바로 비즈니스 사고이다. 디자인에 기초한 해법은 비즈니스 세계에서 진화를 거듭해온 정교한 분석도구가 있어야만 가능하다. 게다가 무자비하고 냉혹한 비즈니스 세계는 디자인팀으로 하여금 상황을 둘러싼 갖가지 제약에 대해 고민하게 한다. 물론 디자이너들도 프로젝트가 진행되는 과정에서 이 같은 제약사항을 시험하기는 한다. 예를 들어 전자뱅킹 개념을 프로토타입으로 제작하는 경우에 인터랙션 디자이너는 매출의 원천인 광고가 사용자들에게 타격을 가할 수도 있다는 관찰결과를 내놓는다. 이러한 협력과정 덕분에 모든 이해관계자들은 '혁신 방정식'을 구성하는 요소의 한 가지인 '생존력'을 가늠할 수 있게 된다. 단순히 사실에 입각한 시장분석 방식만이 아니라 창의적인 방식으로 말이다.

디에고와 라이언은 프로젝트에 지속적으로 기여할 뿐만 아니라 어떻게 하면 기업들이 디자인에 기초한 혁신 포트폴리오를 효율

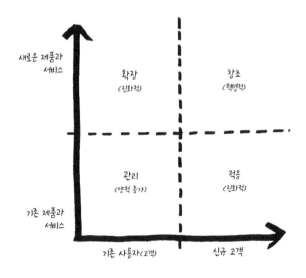

혁신을 평가하는 성장해법 매트릭스

적으로 관리할 수 있는지를 연구했다. 이들은 자신들이 연구한 사례를 바탕으로 '성장해법'이라고 이름 붙인 매트릭스를 개발했다. 이 매트릭스는 조직에서 이뤄지는 혁신을 평가하기 위한 것이다. 이미 시장에 나와 있는 제품(또는 서비스)에서부터 새로운 제품을 나타내는 세로축, 그리고 기존 고객과 신규 고객을 나타내는 가로축을 따라 혁신의 현주소를 짚어볼 수 있는 매트릭스이다. 기업들은 이 매트릭스를 통해 조직혁신이 얼마나 균형 있게 진행되고 있는지를 알 수 있다.

좌측 아래에 있는 프로젝트, 다시 말해 기존의 고객과 방식을 고수하고 있는 기업 프로젝트의 경우에는 근본적으로 점진적 혁신을 꾀할 수밖에 없다. 이러한 프로젝트도 나름대로 상당한 중요성을 갖고 있다. 사실 대다수 기업의 프로젝트는 이러한 부류의 혁신으로 분류될 가능성이 높다. 이미 성공을 거둔 브랜드의 수명을 연장하거나 기존 상품의 후속타를 노리는 식이다. 슈퍼마켓에 가면 이 같은 사례를 무수히 목격할 수 있다. 수십 가지 종류의 향을 자랑하는 치약은 점진적 혁신의 추진과정에서 탄생한 결과물이며 제조사의 판매량 증가에 긍정적인 요소로 작용했다.

기계설비와 양산체제를 갖추는 비용이 천문학적 수준인 자동차업계에서는 기존 모델을 개선한다든지 현재의 범위를 확장하는 식의 점진적 혁신에 집중하는 경우가 많다. 전 세계 자동차기업들은 최근의 경기침체기에 전반적으로 고난의 길을 걷고 있다. 하지만 그중에서도 점진적 혁신에만 초점을 맞췄던 미국의 '빅3' 기업들은 가장 큰 고통을 겪고 있다.

기업의 밑바탕을 공고히 하는 점진적 혁신 위주의 프로젝트에만 치중하는 데서 한 걸음 나아가 새로운 방향으로 토대를 넓힐 수 있는 진보적 프로젝트를 추구하는 태도는 매우 중요하다. 이처럼 모험적인 요소가 강한 목표는 현재 고객의 충족되지 않은 수요를 해결하거나, 기존 상품을 확장하거나, 새로운 고객(혹은 시장)에 대한 필요성을 충족시키는 방식을 택함으로써 달성할 수 있다.

도요타의 하이브리드 차 프리우스Prius는 이처럼 진화를 거듭한 혁신의 한 예라고 할 수 있다. 도요타는 뛰어난 공학기술과 세련된 디자인을 통해 에너지효율성이 높은 교통수단을 찾는 소비자의 마음을 절묘하게 낚아챘다. '보다 더' 덩치가 큰 SUV에 열을 올리는 미국의 자동차기업들과는 대조적인 행보였다. 시기적절하게도 전 세계 유가가 상향곡선을 그리던 시점에 프리우스는 연료 소비량이 현격하게 낮아진 매력적인 자동차를 미국의 고객들에게 선사했다. 하지만 진정한 혁신은 하이브리드가 아니라 운전자에게 시시각각 연료 상황을 전달해줌으로써 연비를 향상하도록 부단히 유도하는 커다란 형형색색의 계기판이었다. 이처럼 도요타는 점진적 혁신만이 아니라 진보적 혁신에도 투자했기 때문에 상대적으로 경제적 난관을 뚫고 나가는 데 유리한 위치에 있다고 볼 수 있다.

사용자 중심으로 진화하는 혁신의 과정에는 생산단가를 낮춰 소비자층을 넓히는 식으로 기존 제품을 응용하는 방법도 포함된다. 많은 논란의 불씨를 지폈던 인도 타타모터스의 소형차 나노Nano도 이러한 예에 해당한다. 나노는 전혀 새롭거나 독창적인 개념에서 탄생한 제품이 아니다. 이미 유럽 시장에서는 1950년대 이후 소형차의 존재감이 뚜렷이 지속돼왔다. 하지만 메르세데스 계열의 1만 2,000달러짜리 소형차 스마트Smart는 아직까지 대부분의 인도 도시에서 접할 수 없는 것이 현실이다. 타타는 소비자들이 기대하는 사양을 갖추고도 매우 저렴한 가격에 살 수 있는 자동차를 내놓겠다고 선언함으로써 시장의 요구에 부응했다. 나노의 2실린더 엔진은 어떤 기존의 엔진보다도 작고 가볍기 때문에 제조비용도 훨씬 저렴하다. 이 회사의 전자식 엔진 제조시스템은 갤런당 54마일이 가능하도록 뒷받침했고 인도의 북적거리는 도로를 도배하다시피 점령하고 있는 수백만 대의 이륜차에 비해 훨씬 더 적은 배기가스를 배출한다. 게다가 고작 2,000달러밖에 안 되는 판매가격에 힘입어 자동차 제조사들은 예전엔 엄두도 내지 못했던 시장 영역에 발을 들여놓게 됐다.

가장 어려우면서 가장 위험도가 높은 혁신의 종류는 상품'과' 사용자가 모두 새로운 경우이다(상품'이나' 사용자가 아니다). 혁명적 수준의 혁신은 완전히 새로운 시장을 창출해낸다. 하지만 이런 일은 상당히 드물게 발생한다. 소니는 과거에 워크맨으로 이러한 성과를 거뒀고 20여 년이 지나 애플이 아이팟으로 눈부신 성공을 이뤘다. 엄밀히 따지자면 두 가지 경우 모두 기술에 있어서는 참신성이 없었다. 하지만 두 회사는 모두 색다르고 신선한 음악 경험을 누릴 수 있는 시장을 만들어내는 데 성공했다. 이와 대조적으로 세그웨이PT Segway Personal Transporter(1인용 전동스쿠터)는 실패의 교훈을 얻을 수 있는 사례이다. 스스로를 발명가라 칭하는 딘 캐면Dean Kamen은 걷기에는 너무 멀고 그렇다고 차를 타고 가기엔 그리 멀지 않은 곳으로 가기 위한 이동수단이 필요하다고 생각했다. 그리고 두 개의 바퀴가 달린 정교한 차량을 개발했다. 위에 올라타고 달리면 자동으로 균형을 잡아주는 새로운 교통수단이었다.

세그웨이PT가 처음 세상에 선보였을 때는 상당한 파장을 몰고 올 것 같았다. 전형적인 '창조적 파괴'의 성공사례가 또 하나 등장한 것처럼 보였다. 많은 사람들이 인지하지 못했던 문제점에 대해 완전히 새로운 해결책을 제공했기 때문이다. 하지만 세그웨이PT의 판매성적은 초라했다. 실패의 원인으로는 우선 4,000달러를 웃도는 만만치 않은 가격을 꼽을 수 있다. 나로서는 사람들이 어떤 식으로 세그웨이PT를 삶의 일부로 받아들일지에 대한 인간중심의 심층적 분석이 결여돼 있었다는 점을 지적하고 싶다. '발명이 곧 혁신일 수 없다'는 진리는 주위의 실제 사용자들을 보면 명백하게 드러난다. 모험심 넘치는 얼리어답터가 세그웨이PT를 끌고 아파트 계단을 올라가느라 낑낑대는 모습, 한 무리의 관광객들이 소란스레 윙윙거리며 에펠탑을 지나치는 모습, 우편배달부가 하루 일을 마치기도 전에 리튬 건전지가 다 닳았다며 불평하는 모습을 관찰하면 충분히 상황파악이 된다.

만약 여러 분야의 전문가들로 이뤄진 디자인팀이 길거리로 나가 도시인들의 삶을 제대로 이해하기 위해 집중적으로 파고들었다면 어땠을까? 사람들의 행태를 관찰하고, 시나리오와 스토리보드를 만들고 브레인스토밍을 하느라 밤늦도록 열을 올리고, 초기의 프로토타입으로 시작해 현실에서 마주치는 실제 사용자들을 위한 프로토타입을 선보이고, 그런 과정을 거쳤다면 우리는 아마도 세그웨이PT를 타고 동네를 돌아다녔을지도 모른다.

'성장해법 매트릭스'는 기업들이 혁신적인 포트폴리오를 관리하고 끝없이 변화하는 현실세계에서 경쟁우위를 유지할 수 있게 도와주는 중요한 도구이다. 뛰어난 상상력은 평생에 한 번 있을까 말까 한 엄청난 히트작을 탄생시킬 수 있지만, 그런 일은 흔치 않을 뿐더러 상당한 시간차를 두고 일어난다. 비즈니스 예측이 쉬운 점진적 혁신 프로젝트에 집중하는 것은 상당히 유혹적이지만 그처럼 근시안적인 접근방식은 한 치 앞을 알 수 없는 불확실한 미래를 더욱 불안하게 만든다. 나심 니콜라스 탈레브Nassim Nicholas Taleb가 말한 것처럼 '블랙스완Black Swan'(예기치 못한 극단적 상황을 뜻하는 말. 탈레브가 쓴 책의 제목이기도 하다)의 충격에 손을 쓸 수 없게 만든다. 세상의 판도를 뒤집는 사건은 언제든지 일어날 수 있고 가장 신중하게 수립된 경영계획조차도 사정없이 흔들어놓는다.

디지털 음악의 통합이 진행되면서 왕좌를 내준 소니를 생각해보라. 전통적인 음악산업계는 전반적으로 인터넷의 가공할 위력에 대처할 준비가 전혀 되어 있지 않았다. 상당히 조용하고 은밀한 방식으로 경매를 진행하는 크리스티와 소더비는 소란스러운 이베이의 경쟁상대가 되지 못한다. 뒤늦게 반추해볼 때 2008년의 금융위기는 이 세상에는 '망하기엔 너무 규모가 큰' 기업은 더 이상 존재하지 않는다는 진리를 일깨워준다. 그리고 아무리 탄탄한 조직이라도 보험은 들어두는 게 현명하다는 점을 명심할 필요가 있다.

다음에는 블랙스완이 어디에서 나타날지 아무도 모른다. 첨단 생명과학 기업인 제네테크Genetech의 연구소에서, 뉴욕 월가의 고층 빌딩에서, 또는 아프가니스탄 동부의 산악지역인 토라보라Tora Bora의 동굴에서도 얼마든지 출현할 수 있다. 그러므로 기업 입장에서 마련할 수 있는 최대한의 방어책은 '혁신 매트릭스'의 사분면에 걸쳐 빠짐없이 투자를 함으로써 포트폴리오를 다양화하는 것이다.

조직의 변혁

자, 여기에 오늘날 대부분의 기업들이 현실에서 맞닥뜨리는 두 가지 도전과제가 있다. 하나는 디자이너들의 창의적인 문제해결 능력을 전략적인 큰 그림에 효과적으로 반영시키는 것, 또 하나는 더 많은 인력이 디자인 씽킹을 꾀할 수 있도록 장려하는 것이다. 디자이너들은 슈퍼마켓 점원, 창고 관리자, 사무직원, 운동선수, 마케팅 임원, 인사 담당 관리자, 트럭 운전기사, 노동조합 간부 등은 물론 의사와 간호사도 얼마든지 프로젝트팀에 참여시킬 수 있다. 마찬가지로 같은 조직에 속해 있는 젊은 마케팅 담당 임원과 연륜 있는 연구 담당 임원을 동시에 한 팀에 끌어들여 이들이 각자의 영역을 넘어선 사고를 하도록 장려하는 것도 가능하다. 오늘날 비즈니스 세계에서 볼 수 있는 가장 대담무쌍한 시도는 디자인 씽킹을 이용해 혁신의 노력을 배가시키고 성장을 도모하는 기업들에서 나온다.

"어떻게 하면 우리 회사를 혁신적인 조직으로 만들 수 있을까?" 내가 기업의 CEO들과 얘기를 나눌 때면 가장 자주 듣는 질문이다. 이들은 오늘날의 변화무쌍한 경영환경에서 혁신이야말로 기업의 경쟁력을 키우는 비결이라는 사실을 분명히 인식하고 있다. 더불어 이러한 목표를 향해 유기적으로 움직일 수 있도록 조직을 꾸려나가는 일이 얼마나 어려운 작업인지에 대해서도 잘 알고 있다. 사무용 가구로 유명한 스틸케이스에서 CEO로 일했던 짐 해킷Jim Hackett은 혁신적인 상품을 꾸준하게 내놓을 수 있는 저력의 근간에는 '혁신 문화'가 버티고 있다는 점을 이해하는 '혜안을 가진' 몇 안 되는 비즈니스 리더이다. 그는 혁신적인 신상품을 디자인하는 일도 굉장히 흥분하면서 받아들이지만 조직 자체를 디자인하는 일에 대해서는 더욱더 신나게 덤벼든다.

해킷은 수많은 혁신가들과 마찬가지로 남들보다 한발 앞서 나가는 인물이다. 경제신문과 잡지에서 앞다퉈 혁신을 신흥종교와 같은 존재로 부각시키기 수년 전에 '조직의 변혁'에 대해 진지하게 고민을 시작했고, 그에 대한 대가도 이미 치렀다. 물론 그가 세운 목표를 성취하도록 이끌어주는 길잡이도 없었고 성공을 측정할 수 있는 방법도 존재하지 않았다. 하지만 시간이 흐르면서 스틸케이스는 1914년에 세계 최초로 내화성을 지닌 쓰레기통을 선보인 회사와는 전혀 다른 성격의 기업으로 변신할 수 있었다. 사내 리더십팀의 부단한 노력과 해킷의 과감한 실험정신에 힘입은 성과였다. 과거에는 첨단기술과 제조 능력이 신제품 개발 프로젝트의 대부분을 주도했지만 이제는 고객의 수요에 초점을 맞추는 일에서부터 혁신 프로세스가 시작된다. 인간중심의 디자인 사고를 갖게 된 스틸케이스의 시선은 회사 바깥의 세상을 향하고 있는 것이다.

스틸케이스의 워크플레이스 퓨처스Workplace Futures라는 부서는 심층 교육과 정보기술 등 여러 가지 분야를 담당하는 일종의 '사내 싱크탱크' 역할을 한다. 워크플레이스에는 인류학자, 산업디자이너, 경영전략가 등 다양한 인력이 있는데, 이들은 직접 현장으로 나가 스틸케이스의 실제 사용자와 잠재적인 고객들이 겪는 문제점을 파악하기 위해 집중적인 관찰 활동을 벌인다. 이들은 이러한 심층적 관찰을 바탕으로 대학의 연구원, IT 전문가, 호텔 매니저 등의 미래 수요를 예측하는 시나리오를 개발하고, 시각적으로 해결책을 제시하는 프로토타입을 만들며, 잠재적인 기회를 구체적으로 보여주는 강력한 스토리를 창조해낸다. 판매팀은 단지 최신 제품을 홍보하고 파는 일에 열을 올리는 대신 고객과 함께 문제점을 해결하려고 노력하는 '협력' 작업을 추진한다.

워크플레이스는 성장 가능성이 큰 영역으로 헬스케어 산업을 꼽았다. 스틸케이스는 이러한 전망을 토대로 헬스케어 산업을 전문으로 하는 너처Nuture라는 고성장 사업을 시작했다. 너처에 속한 다수 팀들은 최첨단 의료시설을 갖춘 메트로헬스병원Metro Health Hospital을 위한 프로젝트부터 가난한 사람들을 위한 비영리시설인 뉴욕의 시드니힐먼헬스센터Sidney Hillman Health Center에 대한 프로토타입 작업에 이르기까지 다채로운 프로젝트를 진행하고 있다.

아마도 예전에는 이러한 헬스 프로젝트의 디자인 개요는 '대기실에 더욱 편안한 의자 공급하기', '병동의 환자들을 위해 더 넓은 수납공간 제공하기' 등의 목표에 초점을 맞췄을 것이다. 그러나 너처에서 일하는 디자인 씽커들의 디자인 개요는 '공공장소에서 개인의 사생활 공간을 어떻게 창조할 수 있는가?', '회복실에서 환자와 방문객, 의료서비스진의 저마다 다른 공간에 대한 욕구를 어떻게 수용할 수 있는가?' 등의 문제에 대해 고민한다.

다시 말해 초점을 가구에서 헬스케어 전반의 환경으로 바꾼 너처는 디자인 씽킹을 현장에서 실천하는 대표적인 사례에 해당한다. 너처의 이처럼 신선한 접근방식은 종종 딥 다이브Deep Dive라 부르는 강도 높은 워크숍(강도가 좀 더 약한 버전은 스키니 딥스Skinny Dips라고 한다)으로 시작되곤 한다. 제품 디자이너, 인테리어 디자이너, 건축가 등이 내과 의사, 간호사, 환자 등과 함께 한 팀을 이뤄 문제를 탐구하고 해결책을 프로토타입으로 제작하고 결과에 대한 평가를 하는 식으로 진행하는 워크숍이다. 이처럼 보기만 하지 않고 실제로 참여하는 실용적인 시도는 산업 전체를 바라보는 관점에서 문제점을 이해하고 해결하려는 전형적인 방식이다.

하지만 너처는 구체적인 고객 그룹을 대표해 프로젝트를 진행한다. 너처는 웨스턴미시건에 있는 암과 혈액학 전문 병원인 캔서앤드헤마톨로지센터 Cancer and Hematology Centers의 요청으로 전국의 암 치료환경에 대한 현장조사를 진행한 적이 있다. 이 암센터의 건축가들과 함께 기능적인 프로토타입을 제작하는 작업도 함께했다. 애틀랜타에 있는 에모리대학병원 Emory University Hospital은 신경계 중환자실을 신축하기 전에 설계의 잠재적인 문제점을 규명하는 프로젝트를 너처에 의뢰했다. 이때 너처의 담당팀은 관련 시설의 외관모형을 제작한 다음 시뮬레이션을 진행하고 병동에 환자 가족들을 위한 공간을 포함시키기 위해 건축가, 의료진, 환자의 가족 등과 함께 디자인 토론회를 구성했다.

너처가 제공할 수 있는 영역은 안내데스크, 대기실의 의자, 연구실의 조명시설, 간호사들을 위한 수납시설 등 다양하다. 그러나 전통적인 디자인 기반의 접근방식과 다른 점은 가구기업보다는 헬스케어 산업의 관점에서 프로젝트를 진행한다는 점이다. 너처의 접근방식이 기본적으로 안고 있는 명제는 물리적인 환경도 처방약, 외과 수술도구, 숙련된 간호사들만큼이나 환자의 치료에 큰 역할을 한다는 것이다. 너처가 만들어내는 공간에는 대화를 하면서도 사생활을 보장할 수 있는 대기실, 환자의 상황을 잘 관찰할 수 있고 작업의 진행과정을 효율적으로 관리할 수 있으며 즉석회의를 열기에도 편리한 간호사 근무실, 활용도를 최대한 높인 수납

공간, 상황에 따라 조절이 가능한 조명시설, 부설연구소 등이 해당
된다.

사실 의료연구진만이 과학적인 사실과 자료를 바탕으로 작업을
진행하는 것은 아니다. 너처는 마요클리닉과 공동으로 의료환경
을 개선하기 위한 통찰력 테스트를 고안했다. 공동팀은 환자와 의
사 사이의 상호작용을 테스트하기 위해 두 가지의 서로 다른 진료
실 디자인을 놓고 그 효과를 비교 분석하는 실험을 진행했다. 그
리고 양심적이고 견실한 의료연구진이 대개 그러하듯 내용에 개
의치 않고 그 결과를 공개적으로 발표했다. 디자인 씽킹을 하는
사람들이 대부분 상상력과 통찰력, 영감에 심하게 의존하는 반면
너처는 엄격한 과학적인 절차에도 똑같은 비중을 두고 프로젝트
를 진행했다.

이처럼 새로운 방식을 적극적인 자세로 수용하는 스틸케이스
의 디자이너들은 단지 디자인이 잘된 사물에 대해서뿐만 아니라
미래의 작업공간에 대한 개념, 공간을 어떤 식으로 꾸밀 것인가라
는 문제에 대해서도 골똘히 고민한다. 이러한 변화야말로 스틸케
이스가 회색빛 도는 금속 서류함의 고루한 이미지(회사명에서 알 수
있듯이)를 벗어던지고 디지털 테크놀로지를 정보의 저장이나 검색
도구로서는 물론 공유할 수 있는 수단으로 발돋움시키는 일에 선
두주자로 부각되고 있는 증거이다. 그리고 짐 해킷이 디자인 씽킹
을 적극적으로 수용하는 과정에서 처음 얻은 통찰력 중 하나는 스
틸케이스의 고객 기업들 중 다수가 개인 위주가 아니라 팀 협력을

바탕으로 지식을 공유한다는 점이다. 이러한 흐름은 스틸케이스가 물리적인 공간과 가구 시스템을 통한 광범위한 구조적 변혁을 꾀하는 방식에도 중대한 변화를 초래했다. 그리고 이는 단지 시작에 불과했다.

디지털시대가 도래했음을 알리기라도 하듯 스틸케이스는 2000년에 처음으로 100퍼센트 인터넷 기반의 제품을 세상에 선보였다. 룸위저드Room Wizard라는 이름이 붙여진 이 제품은 네트워크를 통한 작은 디스플레이로서 누가 예약을 했고 소요시간은 얼마나 되는지를 알 수 있도록 회의실 바깥에 설치되었다. 간단하게 터치스크린 방식으로 조작할 수 있으며 고객의 인트라넷에서도 접근 가능한 룸위저드를 사용하면 팰로앨토에 있는 내 노트북컴퓨터로 뮌헨이나 상하이에 있는 회의실을 예약할 수 있다. 이 제품은 또 시설 담당자들이 가장 효율적인 방식으로 미래의 공간 수요에 대한 계획을 세울 수 있게 한다. 사무용 가구기업이 이 같은 정보 가전제품을 판매하기 시작했을 때 뭔가 긍정적인 변화가 기지개를 켜기 시작했다. 하지만 시설이라는 것은 편리함이라는 본연의 존재가치가 있어야 하며 룸위저드야말로 그러한 가치를 갖고 있다. 짐 해킷은 의자, 책상, 방화 기능의 쓰레기통을 여전히 팔고 있지만 가장 적극적으로 판매하려는 대상은 바로 오늘날 사무환경의 효율성과 이용의 만족도를 높여주는 '솔루션'이다.

옷을 맞추듯
디자인 씽킹 응용하기

1980년대로 거슬러 올라가면 IDEO는 대만의 컴퓨터기업 에이서Acer와 상당히 많은 일을 함께 했다. 그중 눈에 띄게 성공적으로 진행했던 하나의 프로젝트가 막바지에 이를 무렵, IDEO 팀과 에이서 팀의 문화적 괴리를 해결하려고 노력했던 데이비드 리앙David Liang 교수는 흥미롭고 자극적인 제안을 내놓았다. '그들은 물고기를 좋아한다. 그러므로 다음번엔 그물을 주라'라는 조언이었다. 실제로 당시의 결과물은 굉장히 긍정적으로 평가됐는데, 리앙 교수는 여기에서 가능성을 포착해 이 프로세스를 에이서 본사에서도 수용하면 바람직할 것이라는 생각을 떠올렸다. 그리하여 우리는 이 프로세스를 에이서의 직원들에게 전수할 팀을 꾸린 다음 형광펜과 포스트잇, 노트가 한 가득 들어 있는 가방을 들고 서둘러 타이페이로 건너갔다. 그곳에서 우리는 훗날 혁신 워크숍의 대표적 프로그램으로 정착하게 된 초기 프로젝트를 진행했는데, 바로 'IDEO U'라고 불리는 프로그램이다.

맥도날드와 모토로라 같은 대기업에서는 사내 대학에서 직원들을 교육시키는 데 반해 우리는 밖으로 발걸음을 돌려 인간중심적이며 디자인에 바탕을 둔 혁신론을 기업들에 전파한다. 사용자 관찰, 브레인스토밍, 프로토타입, 스토리텔링, 시나리오 작성 등에 이르기까지 모든 구체적인 과정이 이 프로그램에 담겨 있다. 하지만 시간이 흐르면서 깨달은 점이 있다. 전 세계에서 열린 수없이 많은 워크숍을 진행하면서 우리는 디자인 교육으로 단련되고 혁신적인 마인드로 무장된 '도우미'들을 방대한 조직에 심는 방식은 최고의 효과를 내지 못한다는 점이다. 혁신이라는 코드는 대규모로, 장기적으로 효과를 발휘할 수 있도록 기업의 DNA로 입력돼야 한다. 이처럼 '혁신 교육'에 대한 개념이 진화를 거듭하면서 우리는 네슬레, P&G, 크래프트푸드Kraft Foods(미국의 식음료 가공기업) 등을 비롯한 상당수 기업들의 구체적인 목표에 맞춰 짜임새 있는 워크숍을 운영하기 시작했다.

하지만 보다 광범위하고 근본적인 조직변화 없이는 일회적인 워크숍이 미치는 영향은 제한적일 수밖에 없다. 전 세계적인 규모로 열리는 워크숍에도 불구하고 P&G의 래플리 회장이 각고의 노력을 기울이지 않았다면 변혁은 결코 이뤄지지 않았을 것이다. 래플리 회장은 최고혁신책임자Chief Innovation Officer라는 보직을 신설하고 디자인 매니저의 수를 무려 500퍼센트 이상 늘리고 혁신센터인 P&G이노베이션짐P&G Innovation Gym을 설립했다. 또한 외부세계와 활발하게 상호작용을 꾀할 수 있는 새로운 접근방식인 C&D Connect and Develop를 정립해 혁신과 디자인을 기업의 핵심전략으로 승격시켰다.

P&G, HP, 스틸케이스처럼 제품을 만들고 브랜드를 관리하는 기업들은 내부 문화에 대대적인 변화를 꾀하는 일이 그다지 어렵지 않다. 왜냐하면 이미 기업 내부에 디자인 씽커들이 포진해 있기 때문이다. 물론 대기업의 경영진에게 디자인이 전략적인 역할

을 맡을 때 따르는 장점을 설득시키고 확신을 주는 일은 쉽지 않다. 하지만 일단 경영진이 확신을 갖게 되면 일은 순조롭다. 조직에서 요구하는 재능을 갖춘 인력이 이미 내부에 있기 때문이다. 반면 디자인 인력을 아웃소싱으로 충당해온 제조사는 이러한 인적 자산을 갖추고 있지 않을 가능성이 크다. 그러므로 넘어야 할 산도 더 높다. 이런 맥락에서 헬스케어 업계의 거물인 카이저퍼머넌트Kaiser Permanente의 사례를 눈여겨볼 필요가 있다.

2003년 카이저는 환자의 입장에서도, 의료진의 입장에서도 헬스케어의 만족도를 높일 수 있는 작업에 착수했다. 이때 IDEO는 내부적으로 디자이너들을 대거 고용하기보다는 기존의 임직원들이 디자인 씽킹의 핵심 법칙을 익히고 스스로 적용하는 것이 바람직하다는 제안을 건넸다. 그리하여 우리는 간호사, 의사, 행정 실무진과 함께 다양한 혁신 도구를 실제로 경험하고 만드는 과정으로 구성된 워크숍을 수개월에 걸쳐 진행했다. 그중에서 하나는 간호 인력의 근무교대에 관련된 프로젝트였는데, 이를 위해 간호사 출신의 전략가, 조직개발전문가, 기술전문가, 프로세스디자이너, 노동조합대표 등이 동원됐다.

이 팀은 카이저 산하 네 곳의 병원에서 근무하는 간호 인력과 함께 프로젝트를 진행하면서 근무교대에 따른 문제점을 밝혀냈다. 대개 간호사들은 교대 인력이 도착하기 전 45분의 시간을 근무기록을 작성하는 일에 소비했다. 그런데 이 절차는 전혀 시스템화되어 있지 않았고 심지어 병원마다 달랐다. 일지에 기록을 하는 병원도 있고 직접 대면해 말로 전달하는 병원도 있었다. 게다가 자료를 작성하는 방법도 제각기 달랐다. 포스트잇을 사용하는 사람도 있었고 수술복 위에다 낙서처럼 휘갈겨놓는 경우도 있었다. 또 환자에 대한 자료가 분실되는 사례도 잦았다. 예컨대 오전반 근무자가 일할 때 환자가 어떤 식으로 병세의 변화를 보였는지, 가족 중의 누구와 함께 시간을 보냈는지, 어떠한 진료와 처방이 구체적으로 사용됐는지 등 중요한 정보를 담은 자료가 오후반 근무자에게 제대로 전달되지 않았다는 것이다.

우리 팀은 많은 환자들이 간호사의 근무교대로 인해 치료에 큰 지장이 초래된다고 느끼고 있다는 사실을 알게 됐다. 그리고 이러한 관찰결과에 따라 브레인스토밍, 프로토타입 만들기, 역할연기, 비디오 녹화 등 디자인 프로세스의 핵심요소들을 차례로 적용했다. 전문 디자이너들이 아니라 카이저의 직원들이 직접 참여하는 과정이었다.

그 결과는 다양하게 나타났다. 간호사 근무실이 아니라 환자 앞에서 자료를 교환하는 것이다. 이 방식을 적용한 첫 번째 프로토타입은 일주일 만에 만들어졌는데 새로운 프로세스와 함께 간호사들이 오전반 근무기록을 불러오고 새로운 기록을 추가할 수 있는 간단한 소프트웨어도 포함돼 있었다. 더욱더 중요한 점은 환자들이 이제 이 프로세스의 일부분으로 자리 잡게 됐을 뿐 아니라 자신에게 필요하다고 여겨지는 사항에 대해서는 추가로 요구할 수 있게 되었다는 사실이었다.

카이저는 이 같은 변화를 측정한 결과 교대근무를 위해 도착하는 간호사가 처음으로 환자를 응대하는 시간이 평균 2분의 1로 줄어들었다는 사실을 발견했다. 카이저병원의 혁신 사례는 간호사들의 직업만족도에 중대한 영향을 끼쳤다. 설문조사에서 한 간호사는 이렇게 대답했다. "45분밖에 근무하지 않았는데도 한 시간 이상 앞서 있다는 느낌이 들어요." 또 다른 간호사는 "근무를 마쳤을 때 실제로도 일이 마무리돼 정말 기분이 좋았다"는 소회를 밝혔다.

새롭게 도입된 간호사 근무교대시스템은 환자와 간호사들에게 긍정적인 영향을 주긴 했지만 그 자체로 '전반적인 질적 수준의 개선'이라는 근본 목표에 도달하지는 못했다. 그와 같은 목표를 달성하기 위해 카이저는 간호사, 개발 전문가, 첨단 기술인력 등으로 구성된 핵심 팀으로 하여금 자체적인 프로젝트를 진행하는 동시에 조직의 다른 구성원들을 위한 컨설턴트 역할을 맡도록 했다. 이노베이션 컨설턴시Innovation Consultancy라는 조직이었다. 이 팀원들은 환자의 만족도를 높이고 '미래의 병원'이라는 회사 비전을 구체화하며 병원 전반에 걸쳐 혁신과 디자인 씽킹을 도입하는 임무를 수행했다.

조직 전반에 걸쳐 대대적인 변화를 일궈내기 위해서는 체계적인 접근방식이 필요하다. 간호사들과 직급을 막론한 행정 담당자들을 디자인 씽킹의 신비로운 세계에 편입시키는 과정에서 열정과 에너지, 창조성이 샘솟듯 솟구칠 수 있다. 카이저의 경우 실제로 병원 전체 시스템에 바로 적용될 수 있는 수십 가지의 혁신 아이디어가 나왔다. 또 조직개편을 위해 엄청난 시간을 투자했지만 그 과정에서 기여를 할 수 있을 것이라고는 상상도 하지 못했던 직원들의 참여를 이끌어낼 수 있었다. 지속적인 열의와 참여, 통합적인 접근방식을 유지하지 못했던 초기의 노력은 매일처럼 발생하는 돌발적인 긴급사태에 압도돼 물거품으로 사라졌을 수도 있다.

위기에 처해도 여전히 '복지부동'이 만연한 조직을 혁신과 디자인에 초점을 맞춘 유기적인 조직으로 변화시키는 작업에는 물리적인 활동, 의사결정, 태도의 '3박자'가 반드시 요구된다. 워크숍은 조직 구성원들이 디자인 씽킹을 새로운 방식으로 받아들일 수 있는 기회를 마련해주는 도구이다. 시범 프로젝트는 디자인 씽킹이 상품성 있는 대상으로 흡수되도록 도와준다. 이 과정에서 경영진의 리더십은 혁신 프로그램에 초점을 맞추면서 직원들이 체험으로 배울 수 있는 기회를 제공하는 역할을 한다. 그리고 다학제적인 팀을 구성함으로써 이러한 시도는 기반을 넓힐 수 있다. 또 P&G의 이노베이션짐 같은 혁신 공간은 장기적인 관점에서의 디자인 씽킹을 위한 자원을 제공하고 변화의 노력을 지속시키는 토대를 마련해준다.

정성적이든 정량적이든 혁신의 영향을 측정하는 시스템을 갖추고 있다면, 경영 사례로 삼을 수 있는 귀중한 자료를 생성하고 그러한 지적 자산을 적절하게 배분하는 일이 가능하다. 각 부서마다 새로운 방식으로 협력할 때 인센티브를 주어 젊은 인재들이 혁신을 커리어의 '위험요소'가 아니라 '성공에 이르는 길'로 확신하는 문화를 장려해야 한다.

앞서 언급한 모든 요소들이 조화롭게 어우러진다면 혁신의 행로는 순조롭게 나아갈 수 있다. 하지만 현실세계에서 기업들이 매일 맞닥뜨리는 온갖 난제들 속에 이처럼 혁신을 향한 순항을 계속하는 것은 결코 쉽지 않다. 개별 부서는 긴급하게 해결해야 할 과제들에 우선 집중하기 때문에 각 직원들에게 조직 차원에서 강조하는 혁신을 설득하는 일은 어렵다. 변동이 심한 비즈니스 세계에서는 단기적인 장애물이 장기적인 목적보다 훨씬 더 '크고 어렵게' 보인다. 그러한 상황에서 신념을 굳게 지켜나가는 일이 얼마나 버거운지 우리는 잘 알고 있다.

혁신은 수도꼭지처럼 맘대로 조정할 수 있는 일이 아니다. 세상에 변화를 일으키는 위대한 아이디어가 싹트는 데는 가장 길고 가장 심각한 경기침체가 지나가는 데 소요되는 시간보다 더 오랜 시간이 걸릴 수 있다. 경영이 하강곡선을 탄다고 해서 갑자기 혁신을 중단하고 직원들을 해고하고 프로젝트를 사장시킨다면 근본적인 경쟁력이 약화된다. 투자 대상에 대한 초점을 새로 맞추고 프로젝트에 투입하는 자원을 줄일 수는 있겠지만, 아예 가지를 잘라버린다면 훗날 시장이 회복될 때 경쟁자들에게 패하게 된다.

이와는 반대로 경기가 좋지 않을 때 공들여 배양한 뛰어난 아이디어는 시간이 흐른 후 폭발적인 영향력을 뿜어낸다. 앤드류 라

제기 Andrew Razeghi(미국 노스웨스턴대학 켈로그 경영대학원 교수로 창의성에 대한 연구로 유명하다) 박사가 설명했듯이, 〈포춘〉은 미국 증시가 대폭락을 맞이한 1929년 10월에서 불과 4개월이 지난 시점에 한 권당 1달러라는 높은 가격에 발간되기 시작했다. 처음 이 잡지의 구독자는 3만 명 남짓이었지만 1937년에는 무려 46만 명의 구독자와 50만 달러의 순이익을 자랑하는 놀라운 성과를 냈다. 이와 비슷한 성공사례로는 인스턴트커피, 저가 항공, 그리고 최근의 사례로는 아이팟 등을 꼽을 수 있다. 라제기 교수는 소비자들의 새로운 수요를 파악하는 일은 호황기보다 침체기에 더 쉽다고 주장했다. 이 같은 논리에 담긴 핵심은 기업이 침체기에 실천할 수 있는 가장 수익성 있는 전략의 하나가 바로 디자인 씽킹이라는 점이다.

1950년대 '품질관리 운동의 아버지'로 불렸던 미국의 에드워즈 데밍 W. Edwards Deming 은 엄격한 규율을 지닌 기업들을 대상으로 품질에 대한 연구를 뿌리내리게 하는 작업에 착수했다. 물론 디자인 씽킹이 정밀한 과학 차원으로 이동할 가능성은 희박하다. 하지만 데밍이 주도했던 과거의 품질관리 사례에서 볼 수 있듯이 디자인 씽킹은 마술 같은 수단이 아니라 경영에서 체계적으로 적용되는 전략으로 변모해갈 수 있다.

이러한 전망을 현실에서 구현하기 위해서는 창의적인 프로세스의 혼을 고갈시키지 않고 경영의 안전성과 효율성, 디자인 씽커들이 필수적으로 요구하는 핵심요소들(자발성, 기대하지 않았던 것을 뜻밖에 찾아내는 재능, 실험적인 작업정신 등)에 대한 예측 가능성을 결합시키는 구도가 필요하다. 토론토대학의 로저 마틴 교수가 강조했듯이 관건은 '통합'이다. 기업은 혁신적인 성과를 창조해나가는 과정에서 충돌을 일으키는 요소들을 긴장감 있게 조율해야 한다. 통합적으로 이뤄진 혁신은 부딪치는 각각의 요소보다 훨씬 더 강력한 힘을 발휘하기 때문이다.

새로운 사회계약

The New Social Contract

인간중심적 기치를 내세운 디자인 씽킹을 실천하는 조직이 진보한 방식으로 이익을 추구하고 있다고 가정해보자. 이 기업이 고객을 잘 이해하게 되면 당연히 그들이 원하는 바에 대해서도 더 잘 이해할 수 있게 된다. 이것이야말로 장기적 수익과 지속적 성장이라는 두 마리 토끼를 다 잡을 수 있는 원천이다. 비즈니스 세계에서는 아무리 뛰어나고 근사한 아이디어라도 숫자로 저울질되는 '손익'의 테스트에서 살아남아야 한다. 하지만 이는 한쪽의 시각만을 강요하는 일방적인 명제는 아니다. 기업들이 인간중심적인 방식으로 전환하는 현상은 대중의 기대치가 진화하는 것에 따른 변화이다.

물건을 구매하는 고객의 입장이든 병원을 찾는 환자의 입장이든 사람들은 이제 산업경제의 끝자락에 자리한 수동적인 소비자로 머물지 않는다. 어떤 이들에게는 이러한 변화가 단지 돈을 벌고 소비하는 차원을 벗어나 의미 있는 가치를 찾는 탐색으로 이어진다. 또 어떤 이들에게는 기업이 만든 제품이 우리 몸과 문화, 환경에 미치는 영향력을 감안해 그 기업이 책임 있게 행동할 것을 요구하는 방식으로 나타난다. 하지만 상품과 서비스를 판매하는 주체와 구매하는 소비자 간의 역학구조에 엄청난 변화가 일어났다.

우리는 소비자의 입장에서 다양하고 새로운 요구를 만들어내고 있으며 기존과는 다른 방식으로 브랜드와의 관계를 형성하고 있다. 또 우리 자신에게 제공되는 상품과 서비스를 결정하는 과정에 직접 참여하기를 원한다. 그리고 제조업자 및 판매업자와의 관계가 구매 시점에서 끝나는 것이 아니라 계속 이어지기를 바란다. 이처럼 한껏 고양된 소비자들의 기대치를 충족시키기 위해 기업들은 그동안 누려왔던 주권의식을 포기하고 고객과의 쌍방향 대화에 적극적으로 나서야 한다. 이러한 변화는 현재 세 가지 차원에서 일어나고 있는데, 이것이 바로 8장의 주제이다.

첫째, 상품과 서비스의 경계는 이제 흐릿해졌다. 소비자들의 관심이 '단순한 기능적인 요소'에서 '경험의 만족'이라는 광범위한 차원으로 옮겨가는 것에 따른 현상이다. 둘째, 디자인 씽킹은 개별 상품들과 서비스의 영역에서 복잡한 시스템으로 옮겨가면서 새로운 차원에 적용되고 있다. 셋째, 제조업자, 소비자, 그 중간에 있는 모든 사람들 사이에 새로운 인식이 싹트고 있다. 바로 우리가 '한계의 시대'로 진입하고 있다는 점이다. 다시 말해 대량생산과 무분별한 소비로 특징지어졌던 산업시대의 사이클은 이제 더는 유지될 수 없다. 그리고 이와 같은 새로운 추세는 피할 수 없는 한 가지 명백한 진리로 귀결된다. 디자인 씽킹은 참여적인 사회계약을 새롭게 만들어야 한다는 점이다. 지금은 '판매자의 시장'이나 '구매자의 시장' 같은 대립되는 개념은 존재하지 않는다. 이제는 모두를 하나의 테두리 안에서 바라봐야 한다.

서비스로의 이동

어떤 의미에서 볼 때, 모든 상품은 이미 서비스나 마찬가지이다. 하지만 '상품'이라 하면 관성의 법칙처럼 그 뒤에 버티고 있는 브랜드와 연관되게 마련이고 일단 그 상품을 구매하면 유지, 보수, 업그레이드와 같은 서비스 요소들에 대해서도 기대를 품게 된다. 즉, 눈으로 볼 수 있는 구체성을 포함하지 않는 서비스는 거의 존재하지 않는다. 대륙을 횡단하는 여객기의 좌석이든 광범위한 모바일 네트워크의 세계로 우리를 연결해주는 블랙베리든 모두 구체성을 포함하고 있다.

상품과 서비스의 경계는 흐려졌다. 영국의 버진항공Virgin Atlantic Airways, 유럽의 이동통신 기업 오렌지Orange, 포시즌그룹의 호텔과 리조트 시설 등 세상엔 이러한 변화를 남들보다 먼저 깨닫고 재빨리 대응에 나선 기업들이 있다. 그리고 그런 발 빠른 노력에 대한 보상으로 고객의 충성도를 얻었다.

놀랍게도 서비스 분야의 기업들은 사무용 가구, 가전, 스포츠 의

류용품 등을 생산하는 회사들에 비해 혁신에 있어 훨씬 느린 행보를 보여왔다. 강력한 R&D 시스템을 가진 서비스기업은 소수에 불과하다. 또한 다른 분야에서 엄청난 성공을 거둔 경영전략을 탐구하고 도입하는 서비스기업의 사례도 극히 드물다.

이러한 문제의 핵심에는 제조사들은 기계설비를 다루고, 서비스 분야는 사람을 상대한다는 차이점이 있다. 물론 이는 심하게 단순화시킨 측면이 분명 있다. 하지만 사실 이는 상당히 복잡한 원칙에 기초한 해석이다. 산업화는 기술의 대대적인 혁신에 의해 주도됐다. 찰스 디킨스, 에밀 졸라, D. H. 로렌스 등 19세기 대표 작가들이 쓴 작품만 봐도 산업혁명의 태동기에 사람들이 얼마나 기술에 끌려다녔는지를 알 수 있다. 기업들은 기술의 우위를 바탕으로 힘겨루기를 했고 기술혁신을 궁극적인 목표로 삼았으며 생산력을 증대시키기 위한 다양한 수단을 도입했다. 소기업으로 시작한 기술중심의 기업들은 GE, 지멘스, 크룹스KRUPS(독일의 소형가전회사) 등 '신흥 산업제국'으로 성장했고 이들 기업은 연구소, 디자인 스튜디오, 부속 대학을 설립했으며 체계적인 혁신을 위한 여러 가지 요소들을 도입했다.

데이비드 노블David Noble과 토머스 파크 휴즈Thomas Parke Hughes 같은 사학자들은 특허, 저작권, 각종 라이선스 등 새로운 형태의 지적 자산이 어떻게 이러한 거대기업들의 성장과 관계가 있는지를 심층적으로 연구했다. 심지어 정부조차도 국가경쟁력 차원에서 지적재산권을 보호하는 역할을 자처했다. 1850년대의 영국, 1910년대의 독일, 1950년대의 일본, 오늘날의 중국이 대표적인 사례이다.

제조업을 바탕으로 한 대기업의 입장에서 미래 흐름을 주도할 기술혁신에 투자하는 일은 경영의 일부분이 됐다. 에디슨은 1876년 사상 최초로 현대적 연구소인 소위 '발명공장'을 설립함으로써 이러한 흐름을 이끌었다. 그 이후로 R&D는 제조사들의 중요한 일부분으로 존재해왔다. '멘로파크의 마법사' 에디슨(그는 미국 뉴저지 중부에 위치한 멘로파크의 실험실에서 연구를 했는데 열흘마다 작은 발명품을 선보이고, 6개월을 주기로 엄청난 발명품을 내놓겠다고 선언했다)만큼 야심만만하지는 못할지라도 제조사들은 '내일'을 주도할 제품을 선보이기 위한 확실한 방법은 '오늘'의 R&D에 투자하는 것이라는 점을 알아야 한다.

혁신에 대한 투자는 계속 증가하고 진화하게 마련이다. 이제는 제품 모델의 다양성도 이러한 범주에 들어간다. 애플은 대규모 연구시설을 운영하지는 않지만 매년 수천만 달러를 신상품 디자인과 공학 분야에 투자하고 있다. P&G는 R&D에도 매진하고 있지만 소비자 중심의 혁신과 디자인 분야에서 엄청난 규모의 투자를 단행하고 있다. 제품을 만들어내는 기업들은 이처럼 새로운 아이디어에 크게 의존하기 때문에 증시에서는 종종 혁신에 회사가 얼마나 전념하고 있는지에 따라 가치를 매긴다. 그런데 왜 서비스 분야에서는 이러한 현상을 찾아보기 힘든 것일까?

서비스 분야에서 혁신에 투자하는 기업이 없는 것은 아니다. 하지만 그러한 기업들도 서비스 자체보다는 대부분 서비스를 가능케 하는 인프라에 집중적으로 투자를 한다. 통신사는 처음에는 구리선을 기반으로 한 유선 네트워크에 투자를 한 다음 이동통신 인프라에 막대한 투자를 했다. 하지만 고객의 체험에는 크게 신경 쓰지 않았다. AT&T는 세계적으로 명성 높은 벨연구소를 설립했다. 하지만 벨연구소는 전성기에도 통신서비스 제공 기업이라기보다는 전화 제조사와 같은 행태를 보였다.

소매유통, 식음료 서비스, 은행, 보험, 헬스케어 등 실물경제를 반영하는 주요 서비스 분야에서조차 홈컴퓨팅의 출현, 더욱 구체적으로는 인터넷의 등장 이전에는 체계적인 혁신에 별 관심을 기울이지 않았다. 시티뱅크는 1977년 뉴욕의 모든 지점에 현금자동지급기ATM를 설치하면서 가장 혁신적인 금융기관이라는 명성을 얻었다. 이처럼 급진적인 서비스 혁신으로 고객들은 스스로 은행 업무를 볼 수 있게 됐다. 슬롯머신의 발명 이래 처음으로 첨단기술의 한 조각이 인간과 돈 사이에 끼어든 것이다. 하지만 많은 사람들이 그 기계를 사용하는 일에 어려움을 겪기도 했다. ATM을 발명한 돈 웨첼Don Wetzel의 부인 엘리노어 웨첼Eleanor Wetzel 여사는 자신은 한번도 사용해본 적이 없다며 불평하기도 했다.

컴퓨터와 인터넷이 등장하기 이전엔 거의 모든 서비스가 서비스 제공자와 수혜자 사이에서 일어나는 직접적인 상호작용에 집중되는 방식이었다. 이와 같은 '사람 대 사람'의 세계에서 기업의 경쟁력은 서비스 담당자가 고객을 얼마나 잘 응대하는지에 전적으로 달려 있었다. 이러한 현상은 간단한 공식으로 풀어낼 수 있다. '서비스의 프리미엄이 더해질수록 더 많은 인력이 서비스 분야에 투입된다'는 간단한 원리이다. 예를 들어 고급 호텔에는 고객 1인당 할당되는 벨보이와 안내원, 청소부, 요리사의 수가 더 많다. 또 부유층을 대상으로 하는 프라이빗뱅킹 서비스의 경우, 고객들이 줄을 서지 않게끔 일 대 일의 서비스를 제공한다. 이처럼 고객이 받는 서비스의 질을 결정하는 요소가 '사람'인 이상, 획기적인 서비스 혁신에 대해 연구할 필요가 없었다.

물론 예외는 있다. 이사도어 샤프Isadore Sharp는 대규모 시설을 갖춘 호텔과 훌륭한 서비스가 공존할 수 있다는 전제 아래 포시즌호텔을 설립했다. 하워드 슐츠Howard Shultz는 커피 애호가들에게는 분위기가 카페인만큼이나 중요하다는 현명한 통찰력을 바탕으로 스타벅스를 글로벌 브랜드로 키워냈다. 음반을 팔든 웨딩드레스를 팔든 비행기표를 팔든 리처드 브랜슨Richard Branson(영국 버진그룹 창업자)은 언제나 서비스의 중요성을 인식하고 있었다.

대다수 기업들은 1990년대 말에 이르러서야 고객의 체험을 규정하는 데 있어 인간의 역할은 첨단기술에 의해 엄청나게 축소되거나 아예 대체될 수밖에 없는 숙명을 지녔다는 사실을 인지했다. 그로부터 몇 년도 채 지나지 않아 신흥 벤처기업이었던 아마존, 자포스, 넷플릭스 같은 기업들이 인터넷 시대의 주요 브랜드로 등극했다. 이베이는 한 걸음 더 나아가 고객들로 하여금 모든 일을 알아서 진행하게 하고 그러한 권리를 뒷받침하는 대가로 수수료를 받는 기막히게 영리한 온라인 인프라를 만들어냈다.

다른 산업 분야에서도 이러한 새로운 네트워크가 엄청나게 큰 가능성을 제공한다는 점을 인식했다. 델컴퓨터는 컴퓨터를 유통하기 위해 전자제품 판매점을 거칠 필요가 없다는 점을 포착하고 고객과 직거래하는 방식을 택했다. 월마트는 공급자망을 효율적으로 관리하기 위해 컴퓨터 네트워크를 이용했다. 덕분에 이전에는 불가능했던 효율성을 발휘할 수 있을 뿐만 아니라 고객에겐 최대한 낮은 가격대의 상품을 공급할 수 있게 됐다. 이제 서비스기업들은 인력이라는 자산뿐만 아니라 기술을 조율하는 능력으로 경쟁을 벌이고 있다. 서비스 경쟁력도 혁신에 의존하게 된 것이다.

물론 모든 서비스기업들이 제조사들이 그토록 힘들게 체득한 소중한 교훈, 즉 '기술만으로는 고객체험의 질적 향상을 도모할 수 없다'는 진리를 깨달은 건 아니다. 영국 중부지방 출신인 나는 가끔 수많은 온라인 유통기업이 운영하는 혼란스러운 웹사이트나 징그러울 정도로 반복되는 자동전화응답시스템ARS이야말로 심각한 고통을 동반했던 산업혁명 초기에 시인 윌리엄 블레이크의 상상력을 사로잡은 '시커먼 악마의 공장들dark satanic mills'(산업혁명과 기술문명의 심각한 폐해를 비판한 블레이크의 명시 '예루살렘'에 등장하는 구절로 '악마의 맷돌'로도 통한다)의 현대판이 아닐까 생각한다. 이들은 도저히 이해할 수 없는 기계의 논리에 인간을 종속시킴으로써 인간의 품위를 떨어뜨리며 삶의 질과 일의 효율성 또한 저하시킨다.

혁신적인 기술을 활용하지만 사용자들의 체험을 향상시키지 못한 서비스기업들은 산업시대의 수많은 기업들이 겪었던 쓰디쓴 교훈을 답습할 수밖에 없다. 과거의 혁신이 미래의 성공을 보장하는 것은 아니라는 진리를 뼈저리게 느낀다는 얘기이다.

넷플릭스는 이러한 점을 잘 이해하고 있다. 이 회사는 설립 초기에 인터넷을 통해 DVD를 대여하고 우편으로 배달하는 혁신적인 서비스를 개시했는데, 가장 먼저 핵심역량을 구축하고 그러한 경쟁력을 유지할 수 있는 고객을 확보하는 일에 집중했다. 따라서 초기에는 기존 기술에 바탕을 둔 점진적 혁신과 함께 서비스 차별화를 꾀하고, 웹사이트의 지명도를 끌어올리는 일에 초점을 맞췄다. 그 다음 단계로는 사용자 경향을 파악하고 가입자들에게 영화 데이터와 순위 등의 정보를 제공했다. 그 후 인터넷이란 공간을 단순한 DVD 판매 창구가 아니라 온라인 영화 배달시스템으로 활용하는 작업에 돌입했다.

처음에는 영화를 다운로드한 다음 컴퓨터로 감상하는 서비스로 운영됐지만 기술은 눈 깜짝할 사이에 진보하게 마련이다. 캘리포니아에 본사를 둔 로쿠Roku는 영화를 다운로드한 다음에 TV 스크린으로 볼 수 있는 셋톱박스를 개발했다. 또 한국의 LG전자는 넷플릭스의 다운로드 기술을 차세대 DVD 플레이어인 블루레이 플레이어에 탑재했다.

넷플릭스는 이렇게 한 걸음씩 전진하면서 기술이 아니라 '체험의 디자인'에 집중했다. 물론 차세대 다운로드 서비스가 빨간 봉투에 담겨 하루 수백만 통씩 미국 전역에 배달되는 '넷플릭스 우편'(DVD가 담긴 우편물이 일등급 우편으로 분류돼 대부분 주문한 지 하루 만에 우송되는 편리한 자동분류시스템)을 대신하기까지는 상당히 오랜 시간과 노력이 필요하다. 넷플릭스의 혁신은 우리에게 많은 교훈을 준다. 넷플릭스는 결코 고객을 좌절하게 만들거나 소외시키지 않고, 혁신으로 안내하는 모험을 제시했다.

서비스는 차츰 체험화의 경로를 밟고 있다. 이처럼 심오하고 불가피한 진화의 기저에는 디자인을 기반으로 한 체계적인 혁신이 얼마나 중요한지를 이해하는 통찰력이 깔려 있다. 그리고 이 같은 혁신과정에는 핵심적인 이해 당사자들(고객과 직원 모두)이 가장 깊은 수준에서 동참한다. 궁극적으로 서비스 분야의 기업들에도 혁신연구소를 운영하는 일이 당연시되는 시대가 도래할 것이다. 대다수 제조사들이 R&D 센터를 활성화하고 있는 것처럼 말이다.

꿀벌과 같이 행동하면
안 되는 이유

IDEO에서 진행되는 디자인 프로젝트 과제는 모두 '어떻게 하면 ○○할 수 있을까?'라는 질문으로 시작한다. 지나치게 일반적인 것과 지나치게 구체적인 것 사이에서 끊임없이 움직이면서 우리는 스스로에게 묻는다. "어떻게 하면 사용자 인터페이스를 단순하게 만들 수 있을까?", "어떻게 하면 아이들이 야채를 많이 먹도록 할 수 있을까?", "어떻게 하면 캔자스 시티의 재즈 거리를 부활시킬 수 있을까?" 등등. "어떻게 하면 인간이 처한 상황을 개선할 수 있을까?"라는 거창한 질문은 우리 힘으로 해결하기에는 좀 버겁다. 반면 "어떻게 하면 디스크 드라이브의 '꺼내기' 기능에서 자주 발생하는 불안정함을 해소할 수 있을까?"와 같은 질문은 지나치게 사소하다고 볼 수 있다.

"어떻게 하면 공항의 보안 검색 절차를 탑승객의 입장에서 향상 시킬 수 있을까?" '공항의 보안 검색'이라는 사안은 9·11참사 이후 모든 디자인 씽커들이 수백 번은 곱씹으며 고민한 문제이다. 나 역시 그렇다. 인도 출신의 동료가 공항에서 신발을 벗은 다음 혹시라도 자기 때문에 흐름이 끊길까봐 신속하게 컨베이어벨트에 올려놓는 모욕적인 모습을 볼 때마다, 또는 건망증 심한 할머니가 샴푸를 보안 담당자에게 건네는 광경을 볼 때마다 그런 생각을 떠올린다. 디자이너라는 직업을 가진 나로서는 9·11참사 이후 보안에 대한 정당한 요구를 어떻게 하면 더 좋은 방식으로 충족시킬 수 있을지에 대해 고민하지 않을 수 없었다. 그랬기 때문에 줄곧 고민해오던 바로 그 질문을 미국의 연방교통안전청TSA으로부터 받았을 때 나는 시민의 한 사람으로서, 또 한 명의 디자이너로서 무척이나 들뜨고 흥분하지 않을 수 없었다.

TSA와의 작업은 IDEO의 30년 역사를 통틀어 가장 힘겨운 도전과제였다. 이 프로젝트는 대규모 시스템을 전반적으로 향상시키기 위해서는 디자인 씽킹이 모든 참가자들의 손을 거쳐야 한다는 사실을 여실히 증명해준다. 보안검색대의 공간과 순서를 재구성하면 여행을 더 즐겁고 편안하게 할 수 있다는 점은 분명하다. 탑승객들에게 옷매무새를 가다듬고 짐을 정돈할 수 있는 시간적

여유를 주고 상황을 더 정확하게 파악할 수 있도록 하기 때문이다. 하지만 그 공간이란 것은 시스템 오류에 의해 야기된 물리적 차원의 문제일 뿐이다. 이 문제를 해결하는 핵심은 탑승객과 보안 담당관이 공통적으로 겪는 경험에 대해 새로운 시각으로 다시금 고찰하는 데 있었다.

TSA는 보안 검색의 초점을 바꾸려는 시도를 꾀하고 있었다. 공항을 통과하는 모든 사물을 감시하는 대신 악의적인 의도만을 감지해 원천적으로 차단하려는 시도였다. 예컨대 여성의 가방에 들어 있는 손톱 다듬기용 가위는 별다른 위협을 가할 수 없지만 빈 탄산음료수 병은 치명적인 무기로 바뀔 수 있다. TSA의 간부가 음료수 병을 살상무기로 바꾸는 과정을 직접 보여주었을 때 그 자리에 있던 IDEO 디자이너들은 경악을 금치 못했다. 하지만 정부에서 상명하달로 내려온 규정과 법규만 가지고 보안시스템을 근본적으로 변화시킬 수는 없었다. 새로운 보안전략을 실행하기 위해서는 참신한 디자인 전략을 전면적으로 도입해야 했다.

이처럼 규모가 큰 프로젝트, 그것도 시스템 전반에 걸쳐 적용되는 프로젝트의 경우에는 중요한 길잡이가 되는 법칙을 잊지 말아야 한다. 프로젝트 참가자들의 목적이 통일성을 가져야 한다는 말이다. 공항 보안의 경우에는 검색요원과 여행객들이 서로 적대적인 관계가 아니라 협력관계에 있다는 점을 인식해야 한다. 잠재적인 테러리스트를 색출해내려는 보안요원의 목적과 스트레스를 최소화하고 출국 게이트를 서둘러 빠져나가려는 여행객의 목적은 상호보완적이라는 얘기이다. 정상적인 탑승객의 스트레스를 줄이거나 아예 없애는 일이 가능하다면 악의적인 행동을 하려는 사람의 비정상적인 행태를 눈치 채기도 쉬워진다(보안 검색을 위해 줄지어 서 있는 탑승객들이 모두 초조함과 긴장감으로 불안정한 상태라면 신발 속에 폭탄을 숨기고 있는 범인은 쉽사리 사람들의 무리에 섞일 수 있다). 바로 이러한 통찰력이 우리 디자인팀이 강력하게 추진한 프로젝트의 기본 틀로 자리 잡았다. IDEO 디자이너들은 이 기본 틀을 보안 검색 절차를 간소화하고 긍정적인 변화를 줄 수 있는 방법으로 채택했다.

TSA 프로젝트의 '관찰' 단계에서 우리는 탑승객들이 왜 화를 내고 공격적으로 반응하며 비협조적인 태도를 보이는지 알 수 있었다. 하지만 탑승객에게 단호하고 강경한 자세로 대응하는 보안요원에게도 나름대로의 이유가 있다. 그들은 명문화된 규정에 따라 자신의 역할을 하다 보니 위협적이고 냉정한 태도를 취하게 되는 것이다. 이러한 관계는 비효율성과 불쾌함으로 점철된 악순환의 고리를 만들어내고 전반적으로 분위기를 어수선하게 만든다. 그 결과 '즐겁고 안전한 여행'이라는 공동목표는 온데간데없이 자취를 감추는 것이다.

그러므로 이러한 경우 대개 디자이너가 품은 '어떻게 하면 공항 검색대를 효율적으로 재구성할 수 있을까?'라는 질문은 '어떻게 하면 엑스레이 양쪽에 자리한 모든 사람들에게 공감대를 불어넣을 수 있을까?'라는 질문으로 바뀐다. 이것이 바로 디자인 씽커의 관점에서 문제를 바라볼 때 떠올리게 되는 질문이다. 우리가 마련한 물리적인 디자인 솔루션은 궁극적으로 더 광범위하고 인간중심적인 전략으로 나아가기 위한 방식이라고 할 수 있다.

IDEO 팀은 공항 로비부터 시작해 마지막 보안검색대로 이어지는 동선을 더 유연하게 하기 위해 '환경적 디자인 요소'와 '정보를 제공하는 디자인 요소'로 구성된 프로그램을 만들었다. 그리고 이를 바탕으로 볼티모어 워싱턴국제공항에 프로토타입을 설치했다. 보안 검색이 어떤 순서로 진행될 것인지에 대해 탑승객들에게 가능한 한 자세히 설명해주려는 목적에서 외관의 변화를 도모했고 관련 정보를 제공하는 영상 장치를 설치했다. 검색과정에서 실제로 어떠한 질문이 주어지고 왜 그러한 질문이 필요한지를 이해할 수 있게 되면 자칫 무의미하고 독단적으로 비춰질 수 있는 보안 절차에 대해 탑승객들의 인내심도 커진다.

이와 동시에 우리는 TSA 보안 담당자들을 위한 교육 프로그램도 새로 만들었다. 이는 보안 검색시스템을 새로운 방식으로 운영할 수 있는 권한을 부여하는 프로그램으로, 틀에 박힌 절차에서 벗어나 융통성 있으면서도 엄격한 태도를 갖도록 구성되었다. 새로운 교육에는 행동, 사람, 보안수단 등에 대한 이해도를 높이는 한편 탑승객들에게 믿음을 심어주는 행동에도 초점을 맞췄다.

조직 차원의 행동은 중앙집중적인 명령과 통제가 아니라 개개인이 취하는 일련의 행동(수천 번 반복되어도 예상 가능한 결과를 얻는)에 의해 나타난다는 논리를 강조하는 '구조의 수평적, 비계급적 시스템'에 대해 그동안 많은 사람들이 글을 써왔다. 개미탑과 벌집은 이러한 논리를 설명하는 좋은 예로 꼽힌다. 하지만 인간의 영역으로 오면 자유의지와 고도의 지능 등 추가요소를 고려해 논리를 적용할 필요가 있다. 내가 이러한 얘기를 하는 이유는 우리는 차별화된 사고를 할 줄 알아야 한다는 말을 하고 싶어서이다. 경직되고 계급화된 프로세스 대신 어떻게 하면 매우 유연한, 진화를 거듭하는 시스템을 창조할 수 있을지 상상할 필요가 있다. 참가자들 간에 이뤄지는 교류 하나하나가 공감, 통찰력, 혁신, 실행을 위한 계기로 거듭날 수 있는 시스템을 뜻하는 것이다. 모든 상호작용은 시너지를 발휘해 그러한 교류를 서로에게 더 가치 있고 의미 있게 만들어주는 작지만 소중한 기회이다.

지속적인 번영이 목적이라면 개미든 꿀벌이든 인간이든 모든 집단은 제각기 환경에 적응하고 진화해야 한다. 그리고 이러한 목적을 달성하기 위한 효과적인 방법 중 하나는 최종결과에 이르기까지 각각의 개인에게 동기와 권한을 부여하는 것이다. TSA의 사례에서 궁극적으로 실행의 책임을 지는 주체들에게 디자인 씽킹 도구를 넘겨주는 방법을 택한 디자인 씽커들의 결단은 이러한 방식을 설득력 있게 뒷받침한다.

구매자와 판매자의
시각을 동시에

2004년 베스트바이Best Buy의 고객중심 서비스 담당 부사장인 줄리 길버트Julie Gilbert는 'WOLF'라는 약칭으로 불리는 여성지도자포럼Women's Leadership Forum을 창설했다.

WOLF에 소속된 25명의 여성과 두 명의 남성으로 구성된 소그룹 WOLF팩Pack은 구매의 45퍼센트가 여성인 유통업계에서 발생하는 문제점들을 해결한다는 목표를 갖고 구성됐다. 2만 명이 넘는 고객과 직원이 참여한 WOLF는 많은 성과를 냈다. 여성 구직자 지원이 37퍼센트나 증가하고 여성 직원의 이직률은 6퍼센트나 감소한 것이다. 베스트바이라는 공간을 쇼핑도 하고 일도 하는 장소로 변화시키는 과정에서 여성들은 큰 몫을 해냈다.

구매자 역할과 판매자 역할을 동시에 맡고 있는 여성은 활발한 참가자로서 참신한 시도를 이끌었다. 이들은 아기 엄마들이 유모차를 끌고 가기 쉽도록 통로를 넓히는가 하면 높게 쌓여 있는 장비를 적당한 높이로 정돈함으로써 상점 분위기를 편안하게 만들었다. 또 실물 크기로 꾸며진 모형거실에 넓은 TV 스크린과 서라운드 음향 시스템을 갖춤으로써 상품들이 가정에서 어떤 식으로 사용될지를 쉽게 알 수 있도록 했다. 이제 베스트바이의 점원들은 복잡한 기능에 대한 설명을 퍼부어 고객을 질리게 하는 대신 라이프스타일에 대해 얘기하고 구체적으로 어떤 기능을 원하는지에 대해 묻도록 단련돼 있다.

2000년 1월, 지미 웨일즈Jimmy Wales와 래리 생어Larry Sanger는 자발적인 참여자가 정보를 제공하는 방식으로 편찬되는 무료 온라인백과사전을 선보였다. 이들이 처음에 택한 방식은 인터넷 세계에서는 상당히 틀에 박힌 방식이었다. 공인된 전문가가 온라인에 글을 올리면 동류집단이 리뷰를 하는 식이다. 그로부터 9개월 후 이 같은 신중한 프로세스를 통해 12건의 항목이 생성됐다. 그러던 와중에 이들은 우연히 위키wiki라는 소프트웨어에 대해 알게 됐다. 미국의 프로그래머 워드 커닝햄Ward Cunningham이 개발한 오픈소스 기반의 협업 소프트웨어로, 허락 없이도 누구나 정보를 첨가하고 편집할 수 있는 특징을 갖추고 있었다. 웨일즈는 이 새로운 도구로 온라인백과사전을 완성시킬 수 있다는 생각이 들었다.

그리하여 2001년 1월, 드디어 네티즌들이 글을 작성해 직접 온라인에 올릴 수 있는 위키피디아라는 웹사이트가 공식 개설됐다. 그로부터 한 달 만에 위키피디아는 1,000건이 넘는 항목을 확보했고, 그해 9월이 되자 그 수는 1만 건으로 증가했다. 위키피디아는 현재 인터넷에 존재하는 가장 방대한 간행물로 고등학교 과제물부터 경영서적에 이르기까지 폭넓은 자료를 제공한다. 지미 웨일즈는 위키피디아를 이익을 추구하는 기업이 아닌 비영리재단으로 운영함으로써 금전적인 대가를 받지 않는 정보제공자들이 핵심적인 역할을 한다는 원칙을 고수해나가고 있다. 돈을 받는 전문가들보다는 특정 정보에 대해 진심으로 관심이 있는 사람들이 참여하기 때문에 신뢰를 얻을 수 있고 품질을 관리할 수 있으며 정보의 적합성을 유지할 수 있는 것이다. 위키피디아는 참여의 힘을 여실히 보여주는 살아 있는 증거이다.

우리는 위키피디아, 베스트바이의 성공사례를 일상에서 흔히 볼 수 있는 시스템과 비교함으로써 중요한 교훈을 얻을 수 있다.

예컨대 운전면허증을 발급받을 때나 투표를 할 때 숱하게 겪는 고통스러운 체험을 생각하면 우리 삶의 일부분을 차지하는 수많은 대규모 시스템이 효율적이지 못하고 참여를 이끌어내지 못한다는 사실을 알 수 있다. 정부 관료들에게서 흔히 볼 수 있는 구태의연한 업무방식에 대해서는 단념할 수도 있다. 하지만 소비자의 돈을 바탕으로 움직이는 기업들에게서 드러나는 상상력 부족만큼은 결코 용납해서는 안 된다.

콘텐츠의 디지털화를 거부하는 미디어 기업, 단일화된 소스에서 나오는 서비스를 구매하도록 강요하는 독점기업, 터무니없이 비싼 수수료를 받는 은행 등을 생각해보라. 이러한 기업들은 좀 더 기민하고 풍부한 상상력을 가진 실력 있는 경쟁자들에게 기회를 열어주고 있다. 지금은 구글 소유가 된 오픈소스(리눅스) 기반의 모바일 플랫폼 안드로이드는 파괴적 혁신이 무엇인지를 보여주는 좋은 사례로, 기존의 휴대전화 기업들을 몰아낼 태세를 갖추고 있다. 수천, 수만 명의 개발자들이 이미 안드로이드 소프트웨어로 작업을 하고 있다.

은행업계는 거대기업들이 권좌에서 밀려날 때의 양상이 그대로 나타나는 또 다른 산업이다. 대표적인 예로 조파Zopa 같은 온라인 대출기업은 개인 간의 대출을 인터넷에서 중개하는 색다른 방식으로 눈길을 끌고 있다. 이 금융회사의 P2P Peer-to-Peer 모델은 기존의 은행과는 전혀 다르다. 돈을 빌리려는 사람과 돈을 빌려주려는 사람이 서로 '협정을 맺을 수 있는 공간'을 만들어주는 것이다.

2005년 영국에서 설립된 이 금융기업은 미국, 이탈리아, 일본 등으로 사업을 확대했고 높은 대출금 회수율('금융업계의 이베이'라 불리기도 하는 조파는 소액대출을 주로 취급하며 철저한 신용정보를 바탕으로 운영된다)을 기록하고 있다.

'참여'라는 개념은 분명 매력적이지만 그것만으로는 충분하지 않다. 소비자가 능동적으로 참여할 수 있는 여지가 아무리 크게 느껴지더라도 사용자 관점의 디자인이 엉망인 모바일 애플리케이션에 돈을 지불하거나 신뢰할 수 없는 은행에 돈을 맡기는 사람은 없다. 따라서 새로운 종류의 시스템 역시 하향식 기업들을 앞서지는 못할망정 최소한 뒤떨어지지 않는 품질과 성능을 갖춰야 한다. 안드로이드 같은 모바일 플랫폼은 애플이나 노키아처럼 매력적이고 직관적인 속성을 지닌 상품으로 진화해야 한다. 그렇지 않으면 오픈소스 진영의 첨단기술에 열광하는 소수의 영역에서만 생명을 유지하게 된다. 조파의 P2P 금융서비스를 이용하는 고객은 자신의 자금이 안전하다는 확고한 신뢰가 들어야 움직인다.

이러한 종류의 확신은 네트워크 관리자로부터 얻을 수 있는 게 아니다. 만약 개방적이고 유연하며 규모가 큰 조직이 굉장한 아이디어를 실현하겠다고 나선다면 해당 개발자들은 그 상품(혹은 서비스)을 사용할 소비자들에게 먼저 공개하는 용기를 내야 한다. 디자인은 사용자에게 만족스러운 경험을 선사하는 일이다. 그리고 디자인 씽킹은 모든 사람들이 그러한 경험에 참여할 수 있는 기회를 만들어내는 일이다.

기업, 경제
그리고 지구의 미래

앞서 다룬 모든 주제와 사례가 공통적으로 지닌 속성은 사람과의 직접적인 접촉을 떼놓고는 말하기 어렵다는 점이다. 고객이든 의뢰인이든 청중이든 웹사이트의 방문객이든 사람들과 직접 맞닿아 있다. 전통적인 제조사들 사이에서조차도, '상품' 위주의 시각에서 '서비스' 중심의 시각으로의 변화는 디자인 씽커들이 공항 보안 검색의 순서를 재구성하는 복잡한 시스템과 씨름을 하기 위한 무기가 된다. 이러한 변화가 바로 오픈 소스 진영, 소셜 네트워킹 사이트, 웹2.0 시대의 정수이기도 하다.

공항의 여행객, 시장의 제품, 인터넷 가상세계 등을 둘러보았으니 이제는 지금까지 살펴본 그 어떤 것보다도 규모가 큰 대상으로 눈을 돌릴 차례이다. 바로 벅민스터 풀러Buckminster Fuller(미국의 전설적인 건축구조디자이너)가 스페이스십 어쓰Spaceship Earth(우주선 지구호)라고 부른 민감하고 아름다우면서도 섬세하게 균형이 잘 잡힌 인간의 생명유지시스템이다. 그렇다. 만약 분석적이면서도 종합적인 시도, 수렴과 융합의 시각, 기술적 우위와 인간행동에 대한 통찰력이라는 요소들을 조화롭게 결합해야 하는 수준 높은 과제가 있다면 그것은 우리가 살고 있는 지구를 보존하는 일일 것이다. 사회의 경제적인 지속성과 지구의 생물학적 지속성을 균형 있게 유지하는 일은 가장 상호 대립적인 성격을 지니고 있다.

나는 디자이너로서, 사람들의 수요를 충족시키는 제품을 만들어내고 사람들이 신뢰하는 기술에 인간적인 숨결을 불어넣는 일을 한다는 사실에 자긍심을 느낀다. 오늘날 사람들은 더 편안하게 일하고 생활할 수 있는 건물을 갖게 됐고, 예전에는 꿈도 꾸지 못했던 방식으로 의사소통을 하고 정보를 교환하고 즐길 수 있는 혁신적인 미디어를 향유하게 됐다. 하지만 우리 손엔 전혀 예상하지 못했던 문제들이 담긴 판도라의 상자도 쥐어져 있다. 이미 우리의 문화, 경제, 환경에 치명적인 해를 입힌 심각한 문제들이다.

수년 전, IDEO는 오랄B와 공동으로 어린이용 칫솔을 개발하는 프로젝트를 맡았다. 이 팀은 회사 밖으로 나가 모든 연령대의 아이들이 양치질하는 모습을 직접 눈으로 관찰하는 첫 단계에 돌입했다. 아동이 건강한 치아를 유지하지 못하는 주된 이유의 하나는 이를 닦는 행위가 스스로 원해서 하는 일이 아니기 때문이다. 재미가 없고 종종 아프기까지 한 데다 치약 맛까지 이상하니까 말이다. 다른 한 가지 이유는 어린아이들에겐 손으로 칫솔을 능숙하게 잡을 수 있는 능력이 부족하다는 사실이다.

아이들이 사용하는 칫솔은 어른을 위해 디자인된 칫솔에서 크기만 줄여놓은 작은 버전이었다. 이러한 고찰을 바탕으로 탄생한 작품은 말랑말랑한 고무 손잡이가 달린 최초의 아동용 칫솔이었다. 고무 손잡이는 이제 어린이용 칫솔이나 어른용 칫솔이나 가릴 것 없이 일종의 '표준'이 되어버린 요소이다. 또한 디자인팀은 오랄B의 칫솔에 환한 색상과 강렬한 질감, 거북이와 공룡의 캐릭터도 부여했다. 결과는 대성공이었다.

오랄B는 성공적인 제품을 확보하게 됐고 많은 어린아이들은 건강한 치아를 갖게 됐다. 하지만 이는 이야기의 시작에 불과했다. 제품을 시장에 선보인 지 6개월 후에 이 팀에서 중추적인 역할을 했던 한 디자이너는 바하칼리포르니아Baja California(멕시코의 북서쪽에서 남동쪽으로 뻗은 좁고 긴 반도)의 외딴 해변을 걷다가 파도가 닿을까 말까 한 곳에서 화사한 파란색의 물체를 발견했다. 그것은 거북이가 아니었다. 엄청난 성공을 거둔 오랄B 칫솔이 해변가에 버려져 있었던 것이다. 바닷물 속의 이물질이 들러붙어 있다는 점을 제외하면 그 칫솔은 누군가가 처음 던져버렸을 때와 똑같은 모습을 유지하고 있었다. 우리의 대표 제품은 멕시코의 때묻지 않은 아름다운 해변을 마지막 안식처로 삼은 것이다.

사람들이 각자 소유한 물건을 어떻게 처리하든 디자이너들이 그러한 행동을 막을 수는 없다. 하지만 그렇다고 해서 환경보호를 무시하라는 뜻은 아니다. 종종 우리는 눈앞에 놓인 문제점을 해결하기 위한 열의에 불타 우리 스스로가 일으킨 다른 문제를 인식하지 못한다. 디자이너, 그리고 디자이너처럼 사고하기를 열망하는 사람은 어떤 종류의 자원이든지 이용할 수 있으며 그러한 자원이 흘러가는 종착역은 어디인지에 대한 결정도 내릴 수 있다. 브루스 마우Bruce Mau가 주장했듯이 오늘날 절실히 요구되는 '대변화'를 디자인 씽킹에 의해 도모할 수 있는 주요 영역은 세 가지가 있다. 첫째는 현재의 문제에 대한 정보 파악을 게을리하지 않으면서 우리가 내리는 결정의 진정한 혜택을 확실히 알리는 것이다. 둘째는

새로운 것을 창조하는 일에 사용되는 시스템과 프로세스를 근본
적으로 재점검하는 일이다. 셋째는 개인들로 하여금 지속가능한
성장에 일조하도록 장려하는 것이다.

현재의
문제점 파악하기

1962년 레이첼 카슨이 《침묵의 봄》을 발표한
것을 계기로 환경은 문화적 주요 관심사로 떠올랐다. 하지만 그
이후 환경이라는 이슈에 대중이 합류하기까지는 무려 40년의 세
월이 소요됐다. 두 번의 석유파동을 거치고 광범위한 과학적 합
의가 형성되는 일련의 과정이 필요했다. 그러한 가운데 앨 고어의
다큐멘터리 〈불편한 진실〉(2006)은 큰 자극제가 됐다. 그의 다큐멘
터리에 등장한 신랄한 비유의 힘이 근본적인 변화를 촉구하는 효
과를 자아낸 것이다. 또 사실에 입각한 기자들의 조사, 자료를 바
탕으로 한 과학자들의 분석, 정치적으로 영향력 있는 각종 커뮤니
티들의 행동, 그래픽 아티스트들의 작품도 우리로 하여금 벼랑 끝
까지 갔다가 발걸음을 되돌리게 하는 데 지대한 역할을 했다.

크리스 조던Chris Jordan은 '규모'의 힘을 부각시켜 사람들이 다양
한 사회적 이슈를 인식하도록 한 미국의 아티스트이다. 그의 시리
즈 '픽처링 익세스Picturing Excess'는 미국에서 5분마다 무려 200만
개의 플라스틱 물병이 소비되고 있는 현실을 5×10피트 크기로 표
현한 작품이다. 42만 6,000대의 휴대전화를 담은 또 다른 작품도

있다. 이는 하루에 미국인들이 폐기시키는 휴대전화의 수를 나타낸 것이다. 조던의 작품이 뿜어내는 시각적 효과는 지구의 유한한 자원을 무분별하게 낭비하는 우리의 행태를 신랄하게 꼬집는다.

캐나다 출신의 아티스트 에드워드 버틴스키Edward Burtynsky는 세상을 돌아다니면서 지구의 아름다움과 인간이 이 지구에 가한 끔찍한 해악을 기록으로 남겼다. 망치로 깨부순 중고 컴퓨터 모니터와, 동굴처럼 음침한 중국 선전深川의 공장에서 노동에 시달리는 시골사람들의 삶을 담은 그의 대형 사진은 강렬한 메시지를 전달한다. 온타리오의 주석광산에서 꿈틀거리며 흘러나오는 주황색의 광물이 대지를 뒤덮는 섬뜩한 아름다움은 인간의 행동이 일으키는 파급효과를 본능적이고 감성적인 방식으로 전달한다. 버틴스키가 찍은 광활한 풍경 사진과 크리스 조던이 시각적으로 풀어낸 그래픽 작품은 엄청나게 우리를 압도한다.

하지만 '환경을 파괴하지 않는 지속가능성'을 일상에서 좀 더 쉬운 방식으로 실천할 수 있음을 증명한 디자인 씽커도 있다. 영국의 엔지니어링 기업인 애럽Arup에서 국제적 차원의 미래 예측과 혁신을 담당하고 있는 크리스 뤼브크만Chris Luebkeman 박사는 '변화의 동력'이라 이름 붙인 몇 벌의 카드를 만들었다. 기후, 에너지, 도시화, 쓰레기, 물, 인구 등 환경변화의 주요 영역을 각각 다루고 있는 것이 특징이다. 이러한 변화의 동력에 대해 사회, 기술, 경제, 환경, 정치 등 다양한 관점에서 고찰할 수 있는 단서를 제공하면서 중대한 환경문제에 대한 이해와 위기의식을 강화시키는 여러

장의 카드가 하나의 세트로 구성되었다. 각각의 카드는 비유적 묘사, 그래프, 적절한 사실 등을 내세워 보는 사람에게 부담을 주지 않으면서 하나의 문제에 대해 명확하게 설명해준다.

예를 들어 한 카드는 이러한 질문을 던진다. '우리에게 나무는 얼마나 중요한 존재인가?' 그런 다음 산림의 벌채로 야기되는 이산화탄소 배출 문제에 대해 논하는 것이다. 그러면 또 다른 질문이 나온다. '그렇다면 앞으로 우리는 어떻게 탄소 배출량을 줄일 수 있을까?' 이에 대해 이산화탄소 배출량 감소를 위한 선진국의 역할에 대해 설명이 뒤따른다. 애럽에서는 이 '변화의 동력'을 사내에서 열리는 워크숍과 토론그룹을 위한 도구로 사용하며, 직원들이 스스로 경각심을 일깨울 수 있는 개인적인 지침으로 활용하도록 유도한다. 나아가 '이 주의 생각'이라는 표제 아래 영감을 제공하는 메시지로도 활용한다.

적은 것으로 많은 것을 이뤄내라

판게아오가닉스Pangea Organics는 미국 콜로라도 볼더에 둥지를 틀고 있는 작은 회사로 자연친화적 화장품을 만든다. '판게아'라는 단어는 라틴어로 '모든 땅'이라는 뜻이다(고생대와 중생대에 존재했던 초대륙을 가리키는 용어로 20세기 초 대륙이동설을 세시한 독일의 베게너가 붙인 이름이다). 설립된 지 4년이 지나자 판게아 브랜드의 비누, 로션, 샴푸 등은 그 수는 적지만 자연친화 상품을 파는 상점을 거래처로 확보할 수 있게 됐다. 이 시점에서 판게아의 창업자 조슈아 오니스코Joshua Onysko는 판게아 브랜드가 뿌리를 두고 있는 환경가치를 훼손하지 않으면서 회사를 성장시킬 수 있는 방법에 대해 고민하기 시작했다.

이러한 상황에서 유능하고 열의 넘치는 디자이너였다면 대중의 눈을 사로잡는 근사한 제품 포장 디자인과 최신 흐름에 잘 들어맞는 전국적인 광고캠페인을 제안했을 것이다. 그러나 디자인 씽커로 구성된 IDEO의 디자인팀은 더 넓은 시각으로 이 프로젝트를 다뤘다. 그들은 단지 유기농 비누를 파는 게 아니라 지속가능성, 심신의 건강, 사회적 책임을 파는 기업이라는 목표를 설정했다.

IDEO 팀은 회사의 수익을 꾸준히 향상시키면서도 판게아의 상품을 사용함으로써 지구를 지키는 수호자와 같은 책임의식을 느끼는 고객층을 대상으로 삼았다. 환경에 대한 피해를 최소화하면서도 비용을 적게 들여야 한다는 제한 안에서 실현 가능한 답을 찾는 일이 이들이 풀어야 할 숙제였다. 그리고 결론은 고객들로 하여금 환경친화적 여정에 동참하도록 이끄는 총체적인 리브랜딩rebranding 전략으로 가닥을 잡았다.

공장과 매립지를 헤매고 돌아다니는 여정이 아니라 '요람에서 요람으로cradle to cradle'라고 이름 붙일 수 있는 여정이었다. 바나나를 포장재료로 이용하면 다음 세대의 나무들에게 영양소를 공급할 수 있는 원리와 마찬가지로 판게아 포장 상자는 퇴비화가 가능한 재료로 만들어졌다. 새롭게 선보인 판게아의 비누 상자에는 들꽃의 씨앗이 박혀 있었다. 이 판지 상자를 물에 담갔다 꺼낸 뒷마당에 던져놓으면 며칠 뒤에 정원으로 변한다.

'생체모방'이라는 개념을 대중적으로 확산시킨 재닌 베뉴스Janine Benyus는 산업혁명 이후의 시대는 '열을 가하고 부수고 고치는' 세 가지 원칙에 기반을 둬왔다고 말했다. 이처럼 물리적인 역학에 의한 접근방식은 이제 덜 강압적이고 소모적이지 않으며 기계적이기보다는 생물학적인 요소에서 영감을 얻는 방식으로 대체되어야 한다. 디자인 씽커들이 디자인 프로젝트의 개요를 받아든 다음 해결할 과제는 호감도, 실행력, 생존력이라는 3대 요소를 균형 있게 결합시키는 동시에 이러한 문제를 풀어내는 방식으로 진행되어야 한다.

비록 작은 규모이긴 하지만 판게아가 적극적으로 시도한 방식을 에너지 분야의 권위자인 애모리 로빈스Amory Lovins 박사는 자동차산업 전반에 걸쳐 적용하기를 기대한다. 그는 어떻게 하면 더 매력적이고 경제적인 자동차를 만들 수 있는가를 고민하지 않는다. 자신이 운영하는 록키마운틴연구소RMI에서 로빈스 박사는 동료들과 함께 기존과는 다른 시각으로 문제를 제기했다. "어떻게 하면 연비를 다섯 배 이상 향상시키면서 성능, 안전성, 쾌적함, 가격을 그대로 유지하거나 개선할 수 있을까?"이러한 태도는 분명 디자인 자체보다는 디자인 씽킹 차원에서 접근하는 방식과 닮았다. 그리고 이들은 인간중심적이면서도 체계적인 디자인 개요를 바탕으로 하이퍼카Hypercar를 탄생시켰다. 첨단기술의 요소를 두루 갖춘 데다 공기역학을 접목한 디자인, 하이브리드 전기 구동 시스템 등을 특징으로 한 미래형 자동차의 개념이었다.

RMI는 1994년 이 새로운 개념의 자동차 프로토타입을 만들기 위해 하이퍼카센터를 설립했다. 또 이러한 시도를 뒷받침하기 위해 각종 첨단기술을 개발하는 파이버포지Fiberforge라는 영리기업을 운영하고 있다. RMI는 대량생산품 시대에서 벗어난 시각으로 사고의 전환을 꾀함으로써 전혀 다른 차원의 문제를 제기했고, 이는 오늘날 대부분의 자동차기업들이 가장 관심을 기울이는 분야로 자리 잡았다. 과거에는 RMI의 공상주의적 캠페인에 대해 비현실적이고 이상주의적 시도라는 비판이 있었지만, 현재 자동차산업의 위태로운 상황은 그러한 노력을 절박한 심정에서 끌어낼 수 있는 계기가 되고 있다.

어떤 제품이 만들어지고 사용되는 주기, 즉 원재료를 추출하는 것부터 폐기하는 시점까지 이르는 모든 과정을 면밀히 들여다보라. 그러면 우리 삶의 질을 지속적으로 향상시키면서도 환경 피해를 줄이는 혁신 기회를 새롭게 발견할 수 있다. 기업들은 나무가 아니라 숲, 전체 구조를 바라보고 생각함으로써 더 큰 기회를 잡을 수 있다. 하지만 거기에서 그칠 수는 없다. 디자인 씽커라면 반드시 소비자의 입장도 고려해야 한다.

SUV 자동차는 아마도 '소비시대'의 특징을 가장 잘 나타내는 상품일지도 모른다. 비용이 얼마가 소요되든 상관없이 소비자 욕구에 재빨리 부응하는 기업의 본질을 다른 어떤 제품보다도 잘 구체화시킨 제품이기 때문이다. 그런데 실상 시중에 나와 있는 SUV들을 보면 차별화의 요소를 찾아보기 힘들 정도로 대동소이하다. 이처럼 위험하고 비싸며 비효율적인 데다가 생태학적으로 재앙에 가까운 악영향을 끼치는데도 인기가 많다.

이 인기를 보노라면 변화는 수요와 공급이 적절한 균형을 이룰 때 일어나야 한다는 명제가 절로 상기된다. 우리는 사람들이 에너지 보존을 희생이라기보다는 투자 개념으로 바라볼 수 있는 방법을 찾아야 한다. 담배를 끊거나 몸무게를 줄이거나 은퇴를 대비해 저축을 할 때 사람들의 심리가 그러하듯 말이다.

미국 에너지자원부DoE는 이러한 점을 잘 이해하고 있다. DoE 산하 에너지효율및재생에너지국EERE 직원들이 자원 낭비를 방지하기 위해 디자인 씽킹을 활용했다는 사실에서도 알 수 있다. DoE는 전통적으로 대부분의 사람들이 이미 에너지효율에 대해 상당한 관심이 있다는 기본전제 아래 활동을 펼쳐왔고, 이러한 수요를 충족시켜줄 수 있는 R&D 프로그램에 자원을 집중해왔다. IDEO는 시프트 포커스Shift Focus라는 코드명을 가진 프로그램을 통해 이러한 전제 자체에 '물음표'를 부여한 뒤 새롭고 인간중심적인 접근방식을 제시했다.

대대적인 현장조사를 통해 모빌, 댈러스, 피닉스, 보스턴, 주노, 디트로이트 등 다양한 도시에서 소비자 의견을 수렴한 IDEO 팀은 다음과 같이 흥미로운 결론에 이르렀다. '사람들은 에너지효율에 별 관심이 없다.' 이는 대중이 무지하고 낭비가 심하며 무책임하다는 사실을 의미하지는 않는다. 다만 에너지효율은 사람들이 진정으로 신경을 쓰는 편안함, 스타일, 커뮤니티와 같은 목표를 성취하기 위한 수단에 지나지 않는 추상적 개념이라는 뜻이다.

이러한 사실에 입각해 IDEO 팀은 국민들이 앞으로 요구할 것으로 예상되는 기술적인 해결책에서 눈을 돌려야 한다는 조언을 DoE 측에 전달했다. 국민들이 실제로 소중하게 여기는 가치의 눈높이로, 그리고 그들의 삶에서 의미 있는 지점에서 동참을 유도하는 방안을 모색하라는 권유였다. 이러한 배경에서 작성된 IDEO의 디자인 제안서에는 보온효과가 높은 멋진 창문덮개, 에너지효율이 강조된 디스플레이, 새로운 집 등을 구매하거나 인테리어를 업그레이드할 때처럼 실제로 변화가 생길 때 더 적극적으로 정보를 받아들인다는 점을 포함시켰다.

우리는 경제의 초점이 제품에서 서비스와 체험을 중시하는 쪽으로 진화함에 따라 힘의 균형까지 이동하는 신기원을 맞이하고 있다. 기업들은 통제력을 소비자의 손에 넘겨주고 있으며 고객을 '최종 소비자'가 아니라 '상호작용에 동참하는 참가자'로 여기는 변화를 겪고 있다. 현재 우리가 목격하고 있는 움직임은 새로운 사회계약이다. 하지만 모든 계약에는 양쪽의 이해관계자가 개입

되다. 기업으로부터 수동적인 구매자 취급을 받지 않으려면 소비자들 스스로 권리를 주장해야 하며 그만큼 책임에 대한 몫을 공평하게 나눠가져야 한다.

이러한 변화가 의미하는 바는 이제 우리는 느긋하게 팔짱을 끼고 앉아 기업에서 알아서 제공하는 상품만 기다려서는 안 된다는 사실이다. 마케팅 부서, R&D센터, 디자인 스튜디오 등 기업 내부의 불가침 영역에서 나오는 뭔가를 기다리기만 해서는 안 된다. 일반 소비자들도 카이저의 간호사들, 베스트바이의 WOLF팩 멤버들, TSA와 DoE의 공무원들처럼 디자인 씽킹을 일상의 삶에서 활용해야 한다.

디자인 씽커의 수가 증가함에 따라 사람들이 구매하는 상품과 서비스를 향상시킬 수 있는 해결방안 또한 함께 진화하는 모습을 볼 수 있다. 오늘날 우리 사회가 맞닥뜨리고 있는 가장 힘겨운 문제에도 디자인 씽킹은 창의적인 해결의 실마리를 제공해준다. 또 아무리 규모가 큰 문제라도 현명한 지침을 마련할 수 있다. 이대로 세상이 돌아가도록 내버려둔다면 디자인-제조-마케팅-소비로 이어지는 악순환이 지치도록 계속될 것이며 '지구호'는 연료가 없어 멈추고 만다. 모든 사회계층을 막론한 보통 사람들의 능동적인 참여가 이뤄져야만 우리는 지금의 여정을 당분간이나마 더 길게 누릴 수 있다.

디자인 능동주의

Design Activism

반세기 전, 산업디자이너 레이먼드 로위는 럭키스트라이크 담배 포장지 디자인 프로젝트를 맡았다. 그는 멋진 도안을 선보여 매출 증대에 한몫을 톡톡히 했고, 그 사실에 커다란 자부심을 느꼈다. 하지만 오늘날 디자이너들은 이러한 대기업 프로젝트를 도맡아 진행하기는커녕 발을 담그는 기회조차 드물다. 디자인 씽킹이 급부상하는 현상은 문화의 변화에 따른 것이다.

오늘날 최고의 디자인 씽커들을 진정 흥분시키는 일은 중요 프로젝트에서 전문성을 유감없이 발휘하는 것이다. 진심 어린 도움의 손길이 절실한 이들의 생활여건을 향상시키는 일은 그중에서도 최우선순위에 있다. 이는 단순히 집단 이타주의의 발현이 아니다. 역사를 돌아볼 때, 위대한 디자인 씽커들은 언제나 가장 힘든 과제에 도전하기 위해 발을 내디뎠고 난이도나 종목을 가리지 않았다. 로마제국에 물을 공급하는 일이든, 피렌체 성당의 둥근 천장을 만드는 일이든, 영국 중부지방을 관통하는 철로를 건설하는 일이든, 최초의 노트북컴퓨터를 디자인하는 일이든 모두 환영했다.

그들은 절망으로 치닫는 문제를 찾아나섰다. 극단의 상황으로 자신을 몰고 가야만 아직까지 한 번도 시도되지 않았던 가치 있는 성과를 이뤄낼 가능성이 높기 때문이었다. 오늘날 디자이너들의 입장에서는 신기술이 그런 문제를 불러일으킨 핵심적인 원인이었다. 차세대 디자이너들의 입장에서 가장 시급하고도 흥미진진한 도전과제는 어쩌면 동남아시아의 고원지대에 도사리고 있거나 말라리아 병균이 득실거리는 동아프리카의 습지대, 브라질의 우림과 빈민가, 그린란드의 녹아내리는 빙하 속에 웅크리고 있을지도 모른다.

디자이너들이 지속가능한 발전이나 세계의 빈곤 등과 관련된 문제를 해결하기 위한 시도를 한 적도 있었다. 내가 30년 전 예술학교에 입학했을 때 빅터 파파넥Victor Papanek의《인간을 위한 디자인Design for the Real World》은 필독서였다. 지금도 "디자인은 '영리가 아닌 사람'을 향한 것이어야 한다"는 파파넥의 주장에 대해 밤늦도록 토론을 벌이던 기억이 떠오른다. 이처럼 정의감을 분출하여 만든 버려진 깡통으로 만든 깡통 라디오와 재난용 긴급구호쉘터 등이 세상에 선을 보였고 사회적 책임감에 대한 의식이 싹텄다. 하지만 실제로 파파넥의 디자인 철학이 디자이너들 사이에서 지속적인 영향력을 행사했다는 증거는 별로 없다. 대부분의 디자이너들이 프로젝트에 관련된 사물에만 역량을 쏟았고 나머지는 무시했기 때문이다. 내가 디자인한 물건을 누가, 어떤 식으로, 어떤 환경에서 사용할 것인지? 어떻게 제조되고 유통되며 보수되는지?

또 문화적인 전통을 지지하거나 타파할 것인지? 이처럼 전체적인 시각에서 질문을 던지지 않았던 것이다.

스탠퍼드대학 박사 출신의 사업가 마틴 피셔 Martin Fisher 는 더 나은 표본을 제시했다. 그는 스페인어를 하지 못한다는 이유로 풀브라이트장학금을 받지 못했고 페루에서 일할 기회를 놓쳤다. 그는 대신 어쩔 수 없이 케냐에서 10개월에 걸친 과제를 수행하는 일에 자원했는데, 결과적으로는 무려 17년이나 체류하게 됐다. 피셔는 케냐의 수도 나이로비에서 세계경제의 소용돌이에 끌려들어 간 가난한 사람들을 면밀히 관찰했다. 그 결과 그들은 생계수단으로서의 돈조차 별로 필요로 하지 않는다는 점을 알았다.

피셔 박사는 이런 깨달음을 바탕으로 동료이자 개발 전문가인 닉 문 Nick Moon 과 함께 킥스타트 KickStart 라는 단체를 설립했다. 일명 슈퍼 머니메이커 Super MoneyMaker 라 불리는 펌프를 비롯해 각종 저렴한 기술을 제공하는 이 단체는 동아프리카 지역에서 약 8만 명의 농부들이 중소 규모의 사업을 시작할 수 있도록 지원했다.

피셔는 독창적인 양수기와 벽돌 제조기, 야자유 추출기 같은 기술과 장비만으로는 충분하지 않다는 사실을 잘 알고 있었다. 그의 고객인 가난한 나이로비 주민들에게는 마케팅, 유통, 관리 등을 아우르는 인프라가 필요했다. 첨단기술의 온상인 실리콘밸리에서 교육을 받고 나이로비의 슬럼가에서 생생한 교훈을 얻으면서 강인하게 단련된 피셔는 디자인 씽킹이 어떤 식으로 문제의 반경을 넓힐 수 있는지를 몸소 보여준 인물이다.

극단적 부류의
사용자들

HP로부터 동아프리카 지역의 마이크로파이낸스microfinance(저소득 소외계층을 위한 소액금융 서비스) 프로젝트를 의뢰받았을 때, IDEO의 휴먼팩터 전문가들은 자신들이 어떤 일에 연루되고 있는지 미처 깨닫지 못했다. 우리는 아프리카와 관련한 경험을 많이 쌓지 못했지만, 마이크로파이낸스라는 영역에서는 전문가라 자처할 만큼 경험과 노하우가 있었기에 HP의 프로젝트 제안을 선선히 받아들였다. 그렇게 해서 2인으로 구성된 팀이 우간다로 파견됐다. 이들은 수도인 캄팔라를 비롯해 시골 마을을 돌아다니며 현지 사람들과 마이크로파이낸스에 대해 현실적인 이야기를 나눌 수 있었다. 그리고 이러한 조사를 통해 서구사회에서는 당연시되는 금융거래 관련 도구와 기술을 동아프리카에서 사용하는 것이 얼마나 어려운지 깨닫게 되었다.

아프리카 시골에서는 아직 전자기기 사용이 어려운 상황이다. 그곳에서는 더 간단하고 튼튼한 장비가 필요했다. 제품 수리도 용이하고 저렴한 가격으로 부품을 교환할 수 있어야 했다. MS 윈도 같은 프로그램은 다양한 언어와 방언이 존재하는 부족집단들에게는 효용성이 없었다. 자세히 들여다볼수록 동아프리카 지역은 만만찮았다.

이들이 현장답사를 끝내고 돌아오자 전체 디자인팀이 제품개발에 착수했다. 이 과정에서 소비자 가전보다는 완구업계와 일하면서 쌓아온 수십 년의 경험이 훨씬 더 큰 역할을 했다. 우리가 개발한 장비는 사용하기 간단하고 당장 손에 넣을 수 있는 일반적 부품을 사용할 수 있으며, 수리하기도 쉽게 설계됐다. 크고 비싼 디스플레이가 장착된 인터페이스 대신 종이에 인쇄된 간편한 키보드를 버튼 위에 얹어 새로운 언어에 적응하기 쉽도록 했다. 종이에 손으로 직접 쓰는 느낌을 주려 한 것이다. URTD Universal Remote Transaction Device 라는 이름의 이 장비는 라스베이거스에서 매년 열리는 국제가전쇼에서는 전혀 돋보이지 않겠지만 개발도상국의 신흥시장에서는 꼭 필요한 물건이었다. 게다가 소액금융 거래 기록을 정리하는 일뿐만 아니라 의료 사고, 농업과 관련한 다양한 문제, 공급망 관리 등 각종 사안을 원격 모니터링할 수 있었다.

앞에서 나는 극단적인 사용자를 찾는 일에서 얻을 수 있는 장점을 설명했다. 또한 가장 강력한 통찰력이 종종 시장의 가장자리까지 눈을 돌릴 때 생기는 이유에 대해서도 설명했다. 그런 노력의 목적은 시장의 중심부에서 벗어나 끝자락에 위치한 소비자들을 위해 디자인하는 데 있다기보다는 그들의 열정과 지식, 처한 환경의 극단성에서 영감을 얻는 데 있다. 하지만 우리는 어쩌면 이 같은 개념이 함축하고 있는 의미에 대해 너무 소심한 태도를 취하고 있는지도 모른다. 또한 우리는 기본적으로 사용자로서 느껴온 소비자 위주의 문제점에만 집착한다.

우리는 이 세상에서 가장 가난하고 소외된 곳으로 발걸음을 옮겨 체제의 울타리 밖으로 팽개쳐진 사람들의 삶에 대해 종종 잊으면서 살아간다. 하지만 사실은 세상의 이러한 변두리야말로 가장 시급한 문제에 대해 적용 가능한 해결책을 찾을 수 있는 곳이다. 그러나 이러한 주장은 자칫 잘못 해석될 수도 있다. 사람들이 가진 재능을 질병의 박멸, 재난 구조, 농촌 교육 등과 같은 일에 사용하는 것은 칭찬할 일이다. 하지만 우리는 무의식적으로 이 같은 개입이 기업의 현실적인 관심사와는 본질적으로 다르며 우월성을 느끼게 하는 사회적 행위라는 생각을 하게 된다. 또는 이러한 일에 참여하는 것은 비영리재단, 자선단체, 자원봉사자, NGO의 영역이며 겉핥기만을 일삼는 '영혼이 없는 기업'들은 비껴나 있다고 생각한다.

하지만 이는 편견에 불과하며 오늘날의 사회에 적합한 접근방식이 아니다. 시장점유율을 올리는 데만 기를 쓰는 기업은 시장의 판도를 완전히 바꿀 수 있는 중대한 기회를 놓치게 되고 '고군분투' 식으로 애를 쓰는 비영리기구는 지속가능하며 장기적 변화를 일으키는 데 필수적인 인적 자원과 기술 자원을 거부하고 있는 것인지도 모른다.

경영전략가 프라할라드C. K. Prahalad 교수는 '피라미드 맨 아래'에 자리한 부는 세상에서 가장 빈곤한 사람들을 창의적인 사업을 함께 해나갈 협력자로 바라보는 기업들이 창출할 수 있다고 강조했다. 프라할라드 교수가 언급한 인도의 아라빈드안과병원Aravind Eye Hospital은 바로 이런 방식으로 부를 창출하는 혁신적인 기업이다.

인도 남부 타밀나두의 소도시 마두라이에 위치한 아라빈드병원은 지금은 고인이 된 벤카타스와미 Govindappa Venkataswamy 박사에 의해 1976년 설립됐다(모든 이들이 '닥터V'라는 애칭으로 그를 불렀다). 이 병원의 설립목적은 낙후지역과 개발도상국의 빈민들에게 의료서비스를 제공하는 것이었다. 당시에도 서구 사회로부터 들여온 의료시설과 기술이 상용되기는 했지만 대부분의 인도 국민들은 그처럼 비싼 치료를 언감생심 꿈도 꿀 수 없었다. 반면 민간요법에 의존한 치료는 사람들에게 현대의학의 풍부한 결실을 전혀 나누어주지 못했을뿐 아니라 부작용을 일으키는 경우도 많았다. 하지만 벤카타스와미 박사는 제3의 방도가 반드시 존재한다고 생각했다.

인도를 방문했을 때 나는 마두라이 교외에 있는 이동진료소를 답사했다. 나는 그곳에서 침실 세 개가 딸린 근사한 집들을 기대하지 않았다. 그러나 한편으로는 극단적인 가난의 광경을 자연스럽게 받아들일 준비도 되어 있지 않았다. 그곳에는 마분지 상자와 철판 등을 사용해 날림으로 지은 판자촌, 영국 식민통치의 잔재로 보이는 낡은 작업장, 월마트 주차공간 크기의 상점들이 자리 잡고 있었다. 그러나 나는 또한 사람들이 안과 검진을 받는 모습도 볼 수 있었다. 심각한 질병의 경우엔 위성을 통해 병원으로 전달돼 그 분야에 정통한 의사들이 최종 진단을 내리는 시스템이 운영되고 있었다. 수술 가능한 백내장 진단을 받은 환자들은 버스를 타고 아라빈드병원으로 갔으며 바로 그날 수술을 받았다.

아라빈드는 인공수정체와 봉합사를 만드는 원내 제조시설도 운영하고 있었다. 이는 극단적인 장애를 획기적인 혁신으로 승화시킨 놀라운 역발상의 사례였다. 아라빈드병원 소속 발라크리슈난Balakrishnan 박사와 함께 일하던 데이비드 그린David Green 박사는 1세트당 200달러나 하는 렌즈를 수입하는 대신 소규모 렌즈 생산공장을 설립했다. 아쇼카재단, 맥아더재단, 슈왑재단 등에서 이미 명성을 쌓은 그린 박사는 1992년 프로젝트 임팩트Project Impact라 불리는 비영리사업을 통해 아라빈드의 한 병동 지하 공간에 작은 설비를 들여놓고 플라스틱 렌즈를 생산하기 시작했다. 이 시설은 점차 규모가 커지면서 봉합사도 제작할 수 있게 됐으며 세계 곳곳으로 수출하는 데 필요한 모든 국제표준을 완벽히 지키는 수준으로까지 도약했다. 오로랩Aurolab이라 불리는 이 시설은 이제 개발도상국가에서 렌즈와 봉합사를 가장 많이 수출하는 '의료기기 기업'으로 자리매김하고 있다. 이 시설은 최근 새로운 공장으로 이전했다. '사회적 기업가'를 자칭하는 그린 박사는 이제 과제의 초점을 청각 손실과 소아 에이즈로 돌렸다. 이는 아라빈드의 시스템에서 프로토타입으로 제작됨으로써 시작된 글로벌 캠페인이다.

우리 팀은 깨끗한 수술복 차림으로 매년 25만 건 이상의 수술이 집행되는 아라빈드 수술병동을 견학했다. 수술과 관련한 절차의 일관성은 이 병원의 효율성을 유지하는 핵심 요소이다. 집도의가 환자의 손상된 수정체를 신속하고도 능숙한 솜씨로 제거하는 동안 수술실 밖에서는 이미 다음 환자를 위한 준비가 진행되고 있다. 수술을 받은 환자는 골풀로 짜인 매트가 깔려 있는 작은 방에서 하룻밤을 보낸 뒤 다음날 바로 퇴원한다. 서구사회의 기준에서 보면 호사와는 거리가 멀지만 자기 집에 있는 침대에서 자는 것처럼 편안한 환경이다. 환자들 가운데 3분의 1 정도는 돈을 내지 않는 '무료 수술'을 받고, 나머지 환자는 3,000루피(약 65달러) 정도의 수술비를 지불한다. 물론 수술비 지불 여부와 상관없이 환자들이 제공받는 의료 서비스의 수준은 동일하다.

서구사회의 의사나 병원 행정인력, 건축가, 산업디자이너를 생각해보라. 그들이 훌륭한 시설을 갖춘 서구식 병동을 버리고 골풀 깔개와 콘크리트 바닥을 택할 리는 만무하다. 아무리 그 목적이 맹인을 돕는 것이라고 해도 말이다. 아라빈드병원에서 볼 수 있는 깊은 통찰력과 식견은 가난한 사람들의 문화에 진심으로 공감하는 닥터V에게서 나온 것이다. 그는 환자들에게 평소의 주거환경과 비슷한 시설에서 의학 치료를 제공하는 것이야말로 경제적인 실용성을 확보하면서 빈민들에게 혜택을 주는 방법이라는 사실을 깨달은 것이다. 그리고 멋지게 성공했다.

그동안 아라빈드병원은 수백만 명의 환자들에게 의료서비스를 제공했다. 오로랩의 수익성은 무려 30퍼센트에 이를 정도로 높다. 이곳에서 제작된 의료기기는 네팔, 이집트, 말라위, 중앙아메리카 등 세계 곳곳으로 수출된다. 아라빈드의 경영진이 다른 프로젝트를 추진하기 위해 기부활동을 하는 상황에서도 병원의 운영구조는 자생력이 높다. 서구사회의 대다수 의료시설들처럼 자선단체의 기부에 더는 의지하지 않고도 꾸려갈 수 있는 경쟁력을 갖추게된 것이다.

많은 이들이 아라빈드병원이 보여준 '온정적 자본주의' 또는 '더불어 사는 자본주의' 정신을 칭송한다. 디자이너인 나도 그곳에서 직접 겪은 체험 덕분에 극한상황에서 피어나는 인간의 거대한 잠재력을 깨달았다. 미국이 그토록 추구하는 성배, 다시 말해 획기적인 해결책으로 이끄는 혁신과 향상된 수익성이 인도의 시골에 있는 골풀 깔개 위에서 실천되고 있다니 이 얼마나 기막힌 아이러니인가! 이제 아라빈드병원은 마두라이, 퐁디셰리 등 인도 농촌지역 주민들에게만 혜택을 제공하지는 않는다. 세계 곳곳에 있는 가난한 나라의 의료시설을 대상으로 아이디어와 기술을 전파하고 있다. 그리고 아마도 그 반경은 더욱 넓어질 것이다.

아라빈드 같은 혁신적인 접근방식과 운영 모델은 서구사회에서도 적용될 가치가 있다. 미국과 유럽의 젊은 의사들이 아라빈드병원을 찾아 교육을 받고 실습하고 있을 뿐 아니라 뉴욕, 로스앤젤레스 같은 대도시에서 소요되는 비용에 비하면 몇 분의 1도 안되는 금액으로 세계적인 수준의 의료서비스를 받기 위해 인도를 찾는 환자들이 늘고 있기 때문이다.

벤카타스와미 박사는 2006년에 세상을 떠났다. 그는 목숨이 다하는 날까지 아라빈드병원에 대한 비전을 이야기하면서, 규모와 효율성 면에서 맥도날드를 기준으로 삼는 걸 좋아했다. 전 세계에

방대한 체인을 갖고 있는 맥도날드의 규모와 효율성을 의료 분야
로 끌어오는 것이 그의 꿈이었기 때문이다.

마음의 양식

　　　　　　　인도 뉴델리 북쪽에서 1,000마일 떨어진 외곽지
역에는 국제개발단체IDE가 설립한 실험농장이 있다. 폴 폴락Paul
Polak이라는 사회기업가가 설립한 IDE의 사명은 인도를 비롯한 개
발도상국의 영세 소농들에게 저비용의 농업기술을 제공하는 것이
다. 이 농장으로 가는 좁은 길은 다양한 관개시설에 의해 자라는
작물들로 가득 차 있다. 한쪽에는 적수관개滴水灌漑(파이프를 통해 식물
의 뿌리 부분에 간헐적으로 물을 주는 방식) 파이프들이, 다른 한쪽엔 아주
단순한 모양새에 저렴한 재료로 만들어진 스프링클러들이 작동
한다. IDE의 리더인 아미타바 사단지Amitabha Sadangi는 동일한 메시
지를 몇 번이고 반복해서 강조한다. 빈곤한 농민을 위한 디자인의
핵심은 처음부터 끝까지 낮은 원가에 있다고! 어떠한 세부장식도
추가 비용이 절대로 발생하지 않도록 디자인해야 하며, 아무리 효
율성이 뛰어난 아이디어라도 원가경쟁력이 떨어지면 과감히 버려
야 한다.

　이러한 접근방식은 대부분의 서구 제조업자들에게도 받아들여
질 것이다. 하지만 사단지와 폴락은 이보다 한 차원 앞서나갔다.
농민에게 투자한 자금은 반드시 한 시즌 내에 상환하도록 정했다.
미국 농민은 고가의 트랙터를 구매하기 위해 대출을 받고 그 돈을

수년에 걸쳐 갚을 수 있지만 개발도상국의 농부들은 그런 장기적 투자를 감당할 만큼의 여윳돈이 없다. 이러한 어려움을 해결하기 위한 방책은 개발도상국 농업이 근본적인 변화를 꾀하거나 대대적인 약진을 이루는 것이다.

IDE의 적수관개용 시설들은 서구에서 흔히 보듯이 10~20년 동안 사용할 수 있도록 설계되지 않았다. 고작해야 한 철이나 두 철을 버티면 더 이상 쓸 수 없다. 이처럼 근시안적인 방식은 서구 엔지니어에겐 무책임하게 비치겠지만 실상은 그렇지 않다. 내구성이 떨어지는 만큼 가격이 저렴한 재료를 사용함으로써 관수비용을 67제곱미터당 5달러 가까이 줄일 수 있기 때문이다. 농부 입장에서는 과일이나 야채 등을 재배해 비용의 몇 배에 해당하는 수익을 낼 수 있고, 이로써 다음 철에는 더 많은 경작지에 관개시설을 설치할 수 있는 발판을 마련할 수 있다. 비용을 낮춤으로써 IDE는 농부들이 추가소득을 올리고 재투자할 수 있도록 뒷받침한다. IDE는 아리빈드병원처럼 저비용 시스템에 대한 수요를 증대시킴으로써 지속가능한 비즈니스모델을 기반으로 운영되고 있다.

이러한 접근방식은 인도, 아프리카 등에 있는 자급자족 농민들의 삶에 지대한 영향을 준다. '고객이 더욱 빠른 속도로 부를 창출하게 한다'는 목표로 저가 제품을 디자인한다는 발상은 농업 영역을 훌쩍 벗어나 힘차게 나래를 펼칠 수 있는 쓰임새를 지녔기 때문이다. 실제로 개발도상국에서는 이 같은 비즈니스모델이 모바일 컴퓨팅, 커뮤니케이션, 깨끗한 물 공급, 농촌 지역의 의료서비스, 저렴한 주택을 제공하는 문제에까지 적용되고 있다. 그렇다면 왜 서구사회에서는 이런 비즈니스모델이 적용될 수 없을까?

이 글을 쓰고 있는 시점에서 전 세계를 흔들고 있는 경제적 혼란은 현재의 비즈니스모델이 제대로 작동하고 있지 않다는 점을 시사한다. 우리가 구매하는 물건이 부를 소비하는 데 그치지 않고 창출하는 일에 보탬이 되는 방향으로 움직이기에는 지금보다 적당한 시기가 없다. 투자수익을 빨리 얻을 수 있는 제품, 서비스, 비즈니스모델을 디자인한다는 생각은 참으로 매력적이며, 그러한 일이 처음 가능했던 곳이 바로 대부분의 사람들이 어떠한 선택의 여지도 없었던 곳이라는 사실은 결코 우연이 아니다.

아라빈드병원, IDE 같은 조직들은 수익이 아니라 사회적 파급효과를 성공의 주요한 잣대로 삼는다. 그리고 우리가 이러한 교훈을 다른 분야에서도 적용할 수 있는 방안을 모색하도록 만든다. 우리는 어떤 면에서 이미 이러한 종류의 혁신을 보았다. 아라빈드 방식의 비즈니스모델도 마찬가지이다. 가장 극단적인 상황에 처한 사람들, 다시 말해 제약이 지나치게 심하고 실패비용이 높은 곳에 있는 사람들의 눈높이를 맞추는 헌신은 단지 사회적으로 가치가 있다는 의미만 품고 있는 것이 아니다. 이는 아마도 세계 무대에서도 적합성을 인정받는 기회를 찾아내고 신중한 조직들이 발을 들여놓기 두려워하는 곳에서 꽃을 피운다는 것을 의미한다.

협력 다지기

디자인 씽킹을 조직 차원에서 도입했든지 아니든지, 아니면 한번 들어라도 봤든지 아니든지 간에 많은 사회기업가들은 이미 그러한 신조를 실천에 옮기고 있다. '사회적 이슈'는 그 말의 정의 자체로 인간중심적인 속성을 지니고 있다. 세계 최고 수준을 자랑하는 각종 재단, 원조기구, NGO는 이러한 사실을 알고 있다. 하지만 이들에겐 외부의 기부만이 아니라 자신들이 봉사하고 있는 대상들의 의지력과 자원에 불을 지필 수 있는 결의와 헌신을 지속하기 위한 올바른 '도구'가 부족했다.

2001년 재클린 노보그라츠Jacqueline Novogratz가 창설한 애큐먼펀드Acumen Fund는 동아프리카와 남아시아의 기업들에 투자하는 뉴욕 소재의 사회벤처 펀드이다. 이 펀드는 꾸준하고 지속가능한 방식으로 빈민층에 혜택을 제공하고 있다. 애큐먼은 프랜차이즈 방식의 의료시설부터 저렴한 주택에 이르기까지 다양한 분야의 영리 및 비영리기업에 투자해왔다. 그동안 애큐먼펀드는 사업의 지속가능성과 사회적 영향력의 균형을 바탕으로 개별 투자 성공 여부를 평가하기 위해 투자성과를 측정하는 표준기법과 더불어 디자인 씽킹을 어떻게 활용했는지에 대해 명확하게 밝혀왔다. 경영목표와 인류애적 사명의 균형을 유지하는 데 디자인 씽킹을 어떻게 활용할 것인지 꾸준히 관심을 기울여왔다는 공통분모 덕분에 IDEO는 애큐먼펀드와 협력관계를 유지해왔다.

우리의 협력은 우선 말라리아 예방접종부터 위생 문제에 이르기까지 광범위한 영역에 걸친 워크숍을 잇달아 개최하는 것으로 시작됐다. 우리는 깨끗한 물에 초점을 맞추기로 결정했다. 개발도상국가들의 경우 12억 명에 이르는 사람들이 오염된 물을 마심으로써 질병 위험을 안고 살아간다. 수원의 수질이 뛰어나다 해도 물이 마지막 목적지에 도착하기까지 거치는 기나긴 여정에서, 종종 험한 길을 도보로 이동하면서 오염되는 경우가 많다. 이러한 사실을 염두에 두고 IDEO는 다음과 같은 디자인 개요를 마련했다. 지역의 사업자들에게 수익 창출의 기회를 제공하면서도 저소득 주민들의 건강과 삶의 질을 끌어올리는 물을 편리하고 안전하게 저장하고 운송할 수 있는 방안은 무엇일까?

프로젝트가 진행되면서 우리는 아이디어를 실질적인 해결책으로 승화시킬 수 있는 여러 방법을 찾았다. 하지만 어떠한 아이디어가 아무리 강렬한 매력을 지녔다 해도 인도나 아프리카에 사는 주민들이 지속적으로 뒷받침해주지 않는 한 그 가치는 미미할 수밖에 없다. 따라서 프로젝트팀은 NGO와 사회기업가들에 대한 이해와 지식을 쌓기 위한 작업에 착수했다. 그리고 이러한 노력 덕분에 문화적으로 적절한 아이디어를 수없이 얻을 수 있었다. 예를 들어 휴대전화나 선불 쿠폰을 이용한 새로운 지불 방법, 인지도를 높이기 위한 운송 차량의 브랜딩 작업, 지역 커뮤니티가 직접 운영하는 배달·보관소 등이었다.

아라빈드병원, IDE, 애큐먼펀드 같은 조직의 사례들은 훌륭하게 디자인된 제품만이 아니라 해결해야 할 문제점의 전면에 걸쳐 디자인 씽킹이 적용되는 모습을 보여준다. 예를 들어 어떤 제품이 있다고 하자. 그러면 제품 자체는 물론 그 제품을 기반으로 한 서비스, 그 서비스를 제공하는 기업의 비즈니스모델, 그 기업을 뒷받침하는 투자자 등에 이르기까지 제품을 둘러싼 모든 면면을 빠짐없이 고려하는 것이다. 이 같은 조직들을 선의를 가진 부유한 자선단체 정도로 치부한다면 그것은 명백한 실수이다.

이러한 사회적 기업들은 호감도-실행력-생존력이라는 '삼각편대'의 밀도 높은 통합을 위해 소매를 걷어붙이고 나섰기 때문이다. 이러한 행보는 자연스럽게 다양한 분야의 인재들을 아우르는 방식으로 전개된다. 아라빈드병원의 경우에는 대부분의 디자인 씽커들이 디자이너가 아니라 의사였다. 애큐먼펀드의 디자인 씽커들은 벤처캐피털리스트와 개발 전문가들이다. 이들은 정부의 관료주의에 현명하게 대처하면서 목표를 추구하고, 접근 가능한 인프라에 자신들의 노력을 적용하는 방법을 터득했다. 조직의 문제점은 조직 전반에 걸친 협력을 통해서만 제기되고 논의될 수 있기 때문이다.

주목해야 할
당면과제

이미 포화된 시장에서 새로운 틈새 영역을 창출하려 분투하는 기업들과 대조적으로 사회적인 참여가 필요한 디자인 과제는 어디에서나 쉽게 볼 수 있다. 현재 디자인 씽킹 역량을 가진 사람들의 수는 제한돼 있기 때문에 이러한 현실은 그 자체로 사회적인 문제점을 내포하고 있는 셈이다. 록펠러재단은 사회문제를 해결하는 일에 어떻게 공헌할 수 있는지에 대해 연구할 것을 최근 IDEO에 제안했다.

NGO, 재단, 컨설턴트, 디자이너 그리고 깊은 식견을 지닌 선각자 등 많은 사람들과 이야기를 나눈 결과, 현재의 세상에는 그런 재능을 갖춘 사람들이 너무 부족해 위험이 크다는 목소리가 높았다. 시간적, 역량적 한계를 고려할 때 한 명의 디자인 씽커가 맡을 수 있는 잠재적인 프로젝트는 열 개 정도이며 전체 예상 프로젝트의 95퍼센트는 아프리카, 아시아, 남미 지역에 집중될 것으로 보인다. 이러한 상황은 현장에 나가 통찰력을 얻고 빠른 속도로 프로토타입을 제작하는 일에 만만찮은 부담을 준다.

그러므로 해결책은 전 세계적인 디자인 씽커들이 힘을 합칠 수 있는 방도를 찾아 개혁의 확산에 필요한 다수를 형성하고, 핵심적인 계기를 만들어 우리가 진심으로 제기하고 싶은 문제에 대해 실질적인 진전을 이뤄나가는 것이다. 이러한 점에서 가장 유망하면서도 설득력 있는 사례는 비영리 건축단체인 아키텍처포휴머니티Architecture for Humanity이다. 인도주의적 디자이너 겸 건축설계사인 캐머런 싱클레어Cameron Sinlclair가 저널리스트 케이트 스토Kate Stohr와 1999년 공동으로 설립한 단체이다. 이들은 2004년 동남아시아를 황폐화시켰던 쓰나미, 이듬해 찾아왔던 허리케인 카트리나 같은 대재앙이 덮친 후 필요한 난민 주택이나 보호시설을 세우는 일에 전 세계의 건축 인재들을 모집하는 과감한 시도를 했다. 공학자와 예술가, 디자이너들이 모여 만든 비영리단체 TED에서 매년 수여하는 'TED프라이즈' 수상자가 되면서 싱클레어는 단지 긴급 사태에만 임시방편으로 대응하는 것이 아니라 보다 장기적이고 구조적인 해결방법이 요구되는 문제에 대응하기 위해 오픈아키텍처네트워크Open Architecture Network라는 웹사이트를 구축했다.

이 네트워크가 내세우는 사명은 '60억 인구의 삶의 수준을 향상시키는 것'이다. 인간중심적 차원의 디자인 과제를 설정하고 그에 대한 해결책을 게시함으로써 참가자들 간에 의견이 공유되고 발전될 수 있도록 설계한 이 플랫폼은 이해관계자들을 연결하는 다리 역할을 할 뿐 아니라 디자인 과제를 해결하는 일에도 적극적으로 참여한다. 다시 말하자면 이 네트워크가 추구하는 바는 세계 곳곳에 흩어져 있는 건축가와 디자이너들의 에너지를 한데 모으고 필요한 곳에 집중하며 증강시키는 방식으로 조절하는 것이다.

만약 우선순위를 정해야 한다면 UN이 장기적 목표로 수립한 새천년개발목표Millennium Development Goals라는 과제가 바람직한 출발점이 될 것이다. 하지만 '극도의 빈곤을 뿌리뽑자', '성평등을 도모하자'는 내용은 지나치게 광범위하다. 이 같은 과제를 효율적으로 수행하기 위해서는 한계요인을 분명히 파악하고 성공 방법론을 구체적으로 담은, 좀 더 실용적인 디자인으로 재구성할 필요가 있다. 이때 고려해야 할 사항들은 다음과 같다.

- 어떻게 하면 가난한 농부들이 간단하고도 저렴한 제품과 서비스를 통해 경작지의 생산성을 끌어올리도록 도울 수 있을까?

- 어떻게 하면 사춘기 소녀가 보다 나은 교육과 서비스를 제공받음으로써 능력을 키우고 지역사회에 보탬이 되는 일꾼이 되도록 뒷받침할 수 있을까?

- 어떻게 하면 농촌 지역사회에서 의료서비스 근로자들을 훈련시키고 지원할 수 있을까?

- 어떻게 하면 도시의 빈민가에서 볼 수 있는 장작 때는 난로와 등유 난로를 대체할 저가의 제품을 찾을 수 있을까?

- 어떻게 하면 전기 공급을 필요로 하지 않는 유아용 인큐베이터를 만들 수 있을까?

모든 디자이너들이 이미 알고 있듯이 이러한 문제에 대한 해결의 열쇠는 우선 훌륭한 디자인 개요를 만드는 것이다. 디자인팀의 상상력을 한껏 펼치게 해줄 융통성을 갖추고 있으면서도 그 혜택을 받을 사람들에게 기여하는 디자인 개요가 성공의 첫걸음이다.

때로는
집에 있는 게 보약

중대한 사회적 디자인 이슈가 반드시 개발도상국에서 생기란 법은 없다. 이점을 증명해줄 가장 명백한 사례로는 일촉즉발의 위기에 직면한 서구사회의 보건의료 문제를 꼽을 수 있다. 실제로 수백만 미국인들의 입장에서 이미 의료시스템은 붕괴한 것이나 다름없다. 막대한 사회적, 경제적 대가를 치르게 하는 불건전한 생활방식을 뿌리뽑겠다는 시민의식과 결의는 사회 전반적으로 강해졌지만 점점 치솟아 오르는 비용이 의료시스템을 위협하고 있다.

의학 연구진들은 심장병, 암, 뇌졸중, 당뇨 등 중대 질병의 치료에 전력을 기울이고 있으며 정책 전문가들은 보건의료의 행정시스템과 서비스의 효율성을 높이는 일에 열을 올리고 있다. 하지만 각개전투를 벌이는 식으로는 이러한 노력들이 결코 좋은 결과물을 내놓을 수 없다. 각 분야에서 진행되는 노선들을 통합하고 다양한 대안을 모색하는 지속적인 노력이 절실한 시점이다. 그리고 이것이 바로 디자인 씽킹이 한몫을 할 수 있는 영역이다.

의학 세계에서는 일단 환자가 안정을 찾으면 건강한 몸 상태를 유지하는 일이 더욱 큰 과제이다. 질병의 치유에서 예방으로 움직이는 것이다. 비만은 이에 해당하는 대표적인 예이다. 비만은 서구 사회에서 사망의 주요 원인이자 전염병 만큼의 비중을 차지할 정도로 많은 사람들을 괴롭히는 질병이다. 질병과 관련한 요인들을 살펴보면 어떤 경우엔 생물학적, 문화적, 인구동태학적, 지리적 환경에 영향을 받지만 개인적인 선택과 기호의 문제인 경우도 많다. 이러한 요소들은 모두 디자인 씽킹이 비중 있는 역할을 할 수 있는 기회를 제공한다.

소아비만은 지난 10여 년 동안 하늘을 찌를 듯이 가파른 증가세를 보여왔다. 미국 질병통제예방센터에 따르면 분류상 과체중 및 비만에 속하는 어린이들의 수는 1980년대 이후 세 배나 증가했다. 과거 성인형 당뇨병으로 불렸던 이 병은 이제 제2형 type 2 당뇨라는 병명으로 통한다. 어린이들에 대한 인슐린 투여가 이제 예외적인 일이 아니기 때문이다. 이를 해결하기 위해서는 어째서 어린이들이 바람직하지 못한 식습관을 기르게 됐는지 고찰해야 한다. 그러고 나서 해결방법 모색에 본격적으로 나설 수 있다.

어떤 학군에서는 교내의 카페테리아와 자동판매기에서 정크푸드 판매를 금지하기도 했다. 하지만 단순히 아이들이 원하는 음식을 빼앗는 방법은 어찌 보면 본연의 목적을 포기하는 것이다. 더욱 좋은 해결책은 버클리의 오가닉 푸드 전문 레스토랑 셰파니즈 Chez Panisse 설립자 앨리스 워터스 Alice Waters가 택한 방법일 것이다. 워터스의 레스토랑은 학교가 직접 농산물을 재배하도록 장려하는 에더블 스쿨야드 Edible Schoolyard라는 캠페인을 주도적으로 펼쳐 화제가 됐다. 학교 급식용으로 신선하고 건강한 재료를 공급할 뿐만 아니라 학생들에게 자신이 섭취하는 음식이 어디에서 오는지를 알려주는 교육적 효과까지 고려한 시도였다.

영국에서는 스타 요리사 제이미 올리버 Jamie Oliver가 아이들을 위해 건강하고 맛 좋은 식단을 도입하고자 지방정부와 연계해 스쿨 디너 School Dinner라는 프로그램을 개발했다(그는 이러한 공로를 인정받아 2010 TED프라이즈 수상자로 선정됐다). 이러한 시도들은 모두 사회적 이슈에 대응하는 의미 있는 행보이다. '아동비만의 시대를 끝내자'는 UN의 목표처럼 정의감 넘치는 권고 대신 이들은 디자인 씽커로서의 질문을 던진다. "어떻게 하면 아이들의 식탁을 보다 건강하게 만들 수 있을까?"

비만을 해결하는 공식이 있다면 그 절반은 운동과 관련이 있다. 이는 아마도 경제학자들과 영양사들이 이구동성으로 '인풋-아웃풋' 모델이라 부를 수 있는 원리가 작용되는 영역이다. 현대의 성인들은 칼로리를 점점 더 많이 섭취하고 있음에도 역사를 통틀어 가장 활동적이지 못한 세대이다. 여기에 바로 디자인 씽킹이 의학 분야와 공공정책 분야에 긍정적인 힘을 발휘할 수 있는 기회가 있다. 예를 들어 나이키는 디자인팀이 운동선수들에게 스포츠 용품을 제공하는 데 그치지 않고 선수들의 행동을 관찰하고 연구하도록 했다. 이러한 전략은 중대한 제품혁신의 결과를 낳았다.

2006년 이후 이 프로젝트의 대상이 된 나이키 고객들은 무려 1억 마일이 넘는 자신의 달리기 거리를 조회할 수 있는 혜택을 누려왔다. 달리는 속도와 거리에 대한 정보를 아이팟에 전송해주는 기능을 갖춘 간단한 장치가 러닝슈즈 안에 장착돼 있기 때문이다. 따라서 달리기를 끝내고 집에 도착하면 웹사이트에서 데이터를 내려 받아 일정 시간에 얼마를 뛰었는지, 또는 다른 동료 주자들의 기록에 비해 얼마나 발전했는지 등을 파악할 수 있다. 나이키의 혁신은 사람들이 자신의 행동이 빚어내는 효과를 평가할 수 있게 한다. 닌텐도의 위핏Wii Fit도 이와 비슷한 양상으로 결과를 직접 확인하고 싶어 하는 소비자들의 필요성에 부응했다. 그것도 거실의 안락함을 포기할 필요조차 없이 말이다(직접 운동을 하지 않는다는 사실은 안타깝지만).

　이처럼 사람들을 건강한 습관으로 이끌기 위한 작은 노력들이 수없이 반복돼야 사회적 혜택이 의미 있는 수준으로 구현될 수 있다. 미래의 발전을 향한 발걸음을 지켜보노라면 분명히 희망의 조짐이 있음을 알 수 있다. 디자인 씽커들은 개인적인 동기부여의 관점에서, 그리고 뒤를 잇는 행동들에 대한 예측을 가지고 중대한 사회적 문제에 접근하는 일에 능통하게 됐다. 하지만 우리가 애초에 내릴 수 있는 선택부터 제한해버리는 사회적 세력을 겨냥한 분석이 필요하다. 건강한 신체는 건강한 사회를 이루는 충분조건이 아니라 필요조건이다. 하지만 그 반대의 논리도 성립한다. 건강한 사회야말로 건강한 신체를 뒷받침하는 필수적인 배경이라는 얘기이다. 디자인 씽커들은 실천가가 되어 사회의 역기능을 일으키는 근본적인 문제점을 해결하기 위해 세계를 무대로 달려야 한다.

세계에서 다시
지역 무대로

　　　　　　　　영국산업디자인진흥원 The British Council for Industrial Design은 2차 세계대전이 종료된 후 경제회복을 도모하는 일에 기여한다는 취지로 설립됐다. 개원 이래 진흥원은 다양한 분야의 사회문제를 해결하는 일에서 디자인의 영역을 넓혀왔다. 이제 디자인카운슬 Design Council이라고 불리는 이 조직은 10년 전만 해도 상상조차 하지 못했던 문제점들을 해결하기 위해 중앙정부 등과 협력하고 있다.

당대 최고의 디자인을 뜻하는 닷07 Dott07, Designs of the Times이란 기획에서 디자인카운슬은 1년 동안 잉글랜드 동북부 전역에 걸쳐 지역사회에 기반을 둔 프로젝트, 경연대회, 전시회, 컨퍼런스, 심포지엄, 페스티벌 등 다양한 행사를 통해 지원을 아끼지 않았다. 당시의 주요 안건으로는 '어떻게 하면 디자인을 활용해 학교의 지속가능한 발전을 도모할 수 있을까?', '현재의 식품생산시스템은 디자인을 다시 할 시점에 이르렀는가?' 등을 꼽을 수 있다.

디자인과 성적 건강DASH, Design and Sexual Health이라는 성공적인 프로그램은 대개 부정적 인식이 따라붙는 사회복지서비스를 생산적으로 활용할 때 신중한 태도와 적극적인 홍보라는 두 가지 속성의 적절한 균형을 맞추는 것에 역점을 두고 전개됐다. 프로젝트팀은 1,200명의 주민, 지역단체의 지도자, 보건의료전문가 등을 대상으로 설문조사를 벌였고 커뮤니케이션, 교육, 의료시설, 서비스 디자인 등으로 이뤄진 통합 프로그램을 개발해 질병이 아니라 진료소에 찾아오는 방문자들의 경험에 초점을 맞추는 방식으로 운영했다.

디자인카운슬의 이사를 역임한 디자인 씽커 힐러리 코탐Hilary Cottam은 한 걸음 더 나아가 이러한 방식을 소지역 단위로 확산시키면서 디자인 씽킹을 높이는 일에 일조한 인물이다. 혁신 전문가 찰스 리드비터 Charles Leadbeater, 디지털 분야의 창업가 휴고 마나세이 Hugo Manassei와 한 팀을 이룬 그녀는 파티시플Participle이라는 단체를 창설하고 지역 커뮤니티와 전 세계의 최고 전문가들과의 협력을 통해 다양한 문제에 대한 참신하고 창의적인 해결책을 찾아내는 일에 주력하고 있다. 디자인이 주도하는 방식을 취하고 윌리엄 베버리지William Beveridge가 주창한 '복지국가' 철학에 기반을 둔 파티시플은 노년기의 외로움, 청소년층의 사회참여 등 다양한 사회 문제들을 대상으로 활동을 벌이고 있다.

그중에 런던 남쪽 사우스워크의 서클Circle 프로젝트는 노인들의 가사 일에 도움을 주는 회원제 클럽을 창설하는 결과를 낳기도 했다. 그리고 노인들은 물론 가족과의 협력을 통해 이 아이디어를 더욱 가다듬고 프로토타입을 제작하는 과정을 거쳐 2009년 사우스워크에 서비스를 개시했다. 코탐은 이처럼 지역 단위에서 나온 창의적인 해결책이 궁극적으로는 전국단위의 지역사회 복지서비스로 확대될 것이라고 믿는다.

미래의
디자인 씽커 만들기

장기적인 파급효과를 일으킬 수 있는 가장 중요한 역할을 맡을 주체는 교육이다. 디자이너들은 그동안 혁신적인 해결책을 강구하는 강력한 방법론을 배워왔다. 그렇다면 이러한 방법론을 차세대 디자이너들을 교육하는 일에만 사용하는 것이 아니라 인간이 축적한 방대한 창의성의 보고를 두드려 활짝 열리게 하는 일에 재활용할 수 있을까? 2008년 나는 캘리포니아 패서데나의 명문 디자인학교 아트센터칼리지오브디자인Art Center

College of Design의 재학생들과 대화할 기회를 가졌다. 이때 나는 우리가 어린 시절 즐겼던 모든 놀이와 활동을 혁신과 창의성에 담긴 특성들과 연결하는 시리어스 플레이serious play에 대해 얘기했다. 첫째, '손'으로 움직여 세상을 탐색하는 능동성, 둘째, 아이디어가 있다면 직접 실체로 빚어냄으로써 시험하는 도전정신, 셋째, 역할연기를 비롯한 셀 수 없이 많은 다양한 활동들은 아이들이 놀 때 자연스럽게 나타나는 특성들이라고 강조했다.

하지만 성인 세계로 진입할 무렵이면 우리는 대부분의 귀중한 재능들을 잃어버린다. 그 첫 단계는 바로 학교에서 시작된다. 분석적이고 수렴적인 사고방식에 초점을 맞추는 교육방식이 너무나 압도적이기 때문에 학생들은 대부분 창의성이 그다지 중요하지 않다는 믿음을 갖거나 아니면 소수의 괴짜들만이 소유할 수 있는 특권이라는 생각을 지닌 채 학교를 떠난다.

디자인 씽킹을 학교라는 공간에 도입하고자 하는 우리의 일차적 목표는 직접적인 실험을 통해 무엇인가를 창조하려는 아이들의 자연적 성향을 뿌리뽑지 않고 강화시킬 수 있는 교육적 체험을 개발하는 것이다. 사회 전체로 볼 때 미래의 혁신을 뒷받침하는 우리의 역량은 디자인 씽킹에 능통한 사람들을 보다 많이 길러내는 데 달려 있다. 이는 마치 기술적인 경쟁력이 수학과 과학에 달려 있는 것과 똑같은 이치이다. 애플, 삼성, HP같이 산업디자인에서 명성을 얻은 기업들을 위한 IDEO 프로젝트의 경우에도 켈로그재단을 비롯해 명문대학들, 공립·사립학교들과의 협력이 점점 커지고 있다.

오먼데일Ormondale은 샌프란시스코 포르톨라밸리의 부유한 지역에 있는 공립초등학교이다. 이 학교의 교직원들은 '21세기형 학습자를 양성하기 위해 18세기 방식은 버려야 한다'는 믿음을 갖고 있다. 기업의 전형적인 모습과 달리 이 학교는 완성된 디자인이 아니라 프로그램을 디자인하는 당사자들(교사들 자신)이 실행까지 책임지고 맡을 수 있는 프로세스를 구축해달라고 IDEO에 요청했다. IDEO는 브레인스토밍을 거쳐 워크숍을 진행하고 교육과정을 위한 프로토타입을 개발했다. 또 야생생물보호단체, 모르몬교의 식품배급망처럼 유사한 성격의 프로그램을 운영했던 조직들을 심층적으로 관찰하는 작업도 진행했다.

오먼데일의 교사들은 '탐구형 학습'을 지지하는 공통된 신념과 교육철학을 기반으로 방법론적 도구를 개발했는데, 이는 지식을 추구하는 학생들이 정보를 수동적으로 받아들이는 것이 아니라 적극적으로 참여하도록 유도하는 방식이다. 참여적 디자인이라는 프로세스가 '참여적 수업방식과 학습환경'이라는 최종 제품을 창출해낸 것이다.

기존의 교육구조에 대해 진지하게 고찰할 수 있는 기회는 세계적으로 명성이 자자한 학문의 전당에서 찾을 수 있다. 샌프란시스코에 있는 캘리포니아칼리지오브아트는 디자인 씽킹의 원칙(사용자 중심의 연구, 브레인스토밍, 유사 관찰, 프로토타입 만들기 등)을 미래의 예술교육 전략을 수립하는 일에 적용했다. 런던의 명문 예술학교인 왕립예술학교RCA는 바로 옆에 있는 임페리얼칼리지Imperial College의 공과대학, 경영대학원과 손잡고 예술, 첨단기술, 경영을 조화시켜 서로의 단점을 보완하고 시너지효과를 낼 수 있는 창조적 문제해결 방식을 모색하고 있다. 캐나다 토론토의 온타리오 칼리지오브 아트앤드디자인Ontario College of Art & Design은 토론토대학의 경영대학원인 로트먼스쿨과 짝을 이뤄 창의성과 혁신을 추구하고 있다. 또 'd스쿨d-School'이라는 별칭을 가진 스탠퍼드대학의 디자인연구센터 하소플래트너디자인연구소에서도 새로운 방식의 실험이 이뤄지고 있다.

d스쿨은 전통적인 디자이너들을 양성하는 조직이 아니며 실제로 어떠한 디자인 전문 교육과정도 제공하지 않는다. 의학, 경영, 법, 엔지니어링 등 다양한 분야에 속해 있는 대학원생들이 모여 공공부문의 디자인 프로젝트를 진행할 수 있는 환경을 제공하는 것이 이곳의 특징이다. 모든 학생 프로젝트에는 인간중심적인 연구, 브레인스토밍, 프로토타입 만들기 등의 과정이 포함된다. 하지만 d스쿨이라는 프로그램 자체가 디자인 씽킹의 핵심원칙을 적용한 사례이기도 하다. 프로그램은 자유롭게 운영되며 교육공간은 시기적절하게 얼마든지 바꿀 수 있다. 또 교과과정은 유동성을 지니고 있다. 다시 말해 교육의 프로세스 자체가 '현재진행형' 프로토타입인 것이다.

디자인 씽킹 원칙을 캄팔라 외곽 지역, 뉴욕의 사회벤처펀드들이 밀집해 있는 금융가, 캘리포니아의 초등학교 교실 등 현실의 사회문제를 해결하는 일에 적용하는 것은 가장 야심만만한 디자이너나 창업가, 학생들을 끌어들일 수 있다. 이러한 다방면의 인재들은 졸업한 뒤, 또는 은퇴한 뒤에 수개월의 시간을 투입해 '뭔가를 사회에 환원하겠다'는 결심이나 이타적인 열망에 의해서만 동기를 품지 않는다. 가장 위대한 도전과제야말로 가장 위대한 기회라는 사실이 이들에게 동기를 불어넣는 진정한 동력이다.

이 장에서 집중 조명한 각종 프로젝트와 인물들은 자선, 인류애, 자기희생 같은 가치에 얽매인 것이 아니라 공통의 이해를 기반으로 한 진정한 상호관계와 밀접하게 얽혀 있다. 물론 학업이나 일을 일시 중단하고 평화봉사단의 일원으로 네팔이나 엘살바도르에 가서 놀이터를 짓는 데 1~2년을 보내는 것이 잘못되었다는 말은 절대 아니다. 하지만 이 책에서 다룬 창의적인 발상과 시도는 고도로 훈련된 전문가들이 자신의 커리어를 중단하지 않고 절실한 도움을 필요로 하는 사람들에게 봉사하는 방법을 제시한다.

타인이 가진 훌륭한 아이디어를 기반으로 발전을 모색하고자 한다면(이는 디자인 씽킹의 핵심 신조이기도 하다) 우리는 한정된 범위의 문제들에 초점을 맞춤으로써 다양한 곳에서 다양한 성공 경험을 쌓아나가야 한다. 그러한 노력은 어린이들의 타고난 창의성에 자양분을 공급해주고 아이들이 지식을 배우고 전문가로 성장하는 과정에서 창조성을 잃지 않도록 지원하는 것이다. 미래의 디자인 씽커를 풍부하게 양성하는 데 그보다 나은 길은 없다.

10장

내일을 디자인하다

Designing Tomorrow

디자인 씽킹이 기업의 성공에 기여할 수 있을 뿐만 아니라 인간의 전반적인 복지를 향상시키는 일에도 큰 역할을 할 수 있다는 주제로 이 책을 그냥 마무리한다면 책의 가치가 떨어질 것이다. 이 책의 1장부터 9장까지 소개된 인물들과 다양한 프로젝트 사례들은 디자인 씽킹의 최첨단에 있다. 그들은 우리가 문제의 핵심을 파고들 때, 그리고 그 문제의 해결책을 모색하는 과정에서 논리적인 결론을 맺으려고 노력할 때 과연 어떠한 일들이 펼쳐지는지 여실히 보여준다.

하지만 디자인 씽킹을 실천하기 위해서는 중요한 전제조건이있다. '아는 것과 실천하는 것의 차이'를 메울 줄 알아야 한다. 디자인 씽커들이 가진 도구들은 우리가 가진 지식의 깊이를 늘려주며 우리가 지닌 영향력의 크기를 증대시켜준다. 세상에 나가 사람들로부터 영감을 받고, 프로토타입을 통해 손으로 익히며, 이야기를 창조해 아이디어를 공유하고, 다른 분야의 전문가들과 하나의 팀에서 협력하는 일 등이 바로 그 도구이다.

이 책을 통해 나는 디자이너들의 역량이 어떤 식으로 광범위한 문제들에 적용될 수 있는지를 보여주는 한편 그러한 역량은 선천적이 아니라 후천적으로 얻을 수 있다는 사실을 전달하고자 노력했다. 이 두 가지 큰 가닥은 가장 어려운 도전과제를 해결하기 위해 적용할 때 동시에 나타난다. 바로 삶을 디자인하는 과제이다.

비록 그 출발이 화려하지는 않았지만 디자인 씽킹은 꾸준히 진화해왔다. 윌리엄 모리스 같은 장인, 프랭크 로이드 라이트 같은 건축가, 헨리 드레이퍼스Henry Dreyfusse, 찰스 임스와 레이 임스 부부 같은 산업디자이너들은 우리가 사는 세상을 보다 개방적이며 아름답고 의미 있는 공간으로 변화시키기를 열망했다. 디자이너들이 자신의 일을 체계화, 일반화시키고 열성을 기울임에 따라 디자인이라는 영역은 점점 복잡해지면서도 세련된 면모를 갖추게 되었다.

이 책을 통해 우리가 접한 디자인 씽커들을 단순한 공식에 따라 분류하기는 어렵다. 사람들은 사고를 하는 사람, 행동을 하는 사람, 분석을 하는 사람, 통합을 하는 사람, 우뇌를 많이 활용하는 아티스트, 좌뇌를 주로 사용하는 엔지니어 등 인간을 이분법적으로 바라보려는 경향이 있다. 하지만 우리는 여러 가지 요소를 갖춘 하나의 인간이다. 특별한 상황에 놓이면 필요한 요소들이 밖으로 고개를 내민다.

예술학교를 갓 졸업했을 때만 해도 나는 디자인을 지극히 개인적인 성향이 짙은 예술이라고 생각했다. 따라서 비즈니스, 엔지니어링, 마케팅 등과 어떻게 연관지을지에 대해서는 전혀 고민하지 않았다. 하지만 일단 전문가들에 의해 실제 프로젝트가 진행되는 현실세계로 진입하자 시각이 바뀌었다. 온갖 다양한 영역이 복잡하게 얽혀 있는 프로젝트에 파묻혀 지내면서 나는 스스로도 몰랐던 성향과 소질에 눈을 뜨기 시작했다. 기회 또는 도전적인 상황이 주어지면 모든 사람들이 이러한 경험을 할 수 있다. 그리고 디자인 씽커가 갖추고 있는 통합적이며 전체론적인 시각과 노하우를 기업에서든 사회에서든 자신의 삶에서든 멋지게 적용할 수 있다.

디자인 씽킹과 당신이 속한 조직의 관계

출발점에서
첫 발걸음 떼기

디자인 씽킹은 확산적 사고에서 시작된다. 손아귀에 쥐고 있는 선택의 범위를 좁히기보다는 확대하기 위한 의도적인 노력을 기울여야 한다. 하지만 참신한 발상의 바다에서 자유롭게 헤엄치려는 디자이너의 경향이 혁신 프로세스의 맨 마지막에서야 불거져 나온다면 그것은 별 가치가 없다. 이미 상황은 종료되고 있기 때문이다.

그러므로 기업들은 디자인 씽커를 회사의 이사진에 포함시키고, 전략적 마케팅을 위한 의사결정에 참여시킴으로써 야심 찬 R&D 계획의 초기 단계에 개입시켜야 한다. 이들은 예기치 못한 신선한 아이디어를 만들어내며 디자인 씽킹 도구를 활용해 경영 전략을 빛낸다. 또 기업 가치사슬의 상향식 흐름과 하향식 흐름을 연결하는 다리 역할을 맡는다.

인간중심적인
접근방식

디자인 씽킹은 본질적으로 통합적인 성격을 지 닌다. 사용자들의 관점과 기술, 경영 사이의 균형을 맞추기 때문이 다. 하지만 특권은 처음부터 사용자에게 부여된다. 이것이 바로 내 가 디자인 씽킹을 가리켜 혁신을 향한 '인간중심적' 접근방식이라 고 끊임없이 강조하는 이유이다. 디자인 씽커는 사람들의 행동을 관찰하고 그들의 경험이 어떤 식으로 상품과 서비스에 영향을 미 치는지를 파악한다. 사물의 기능적인 측면뿐만 아니라 감성적인 측면에 대해서도 관심을 갖는다. 사람들이 미처 표현하지 않았던, 또는 스스로도 깨닫지 못했던 욕구를 알아내고 그것을 새로운 기 회로 엮어내는 것이다.

이러한 인간중심적인 접근방식은 참신한 발상을 빚어낼 뿐만 아니라 그러한 아이디어를 기존의 행동양식과 자연스럽게 연결시 킴으로써 소비자들에게 친밀하게 다가가게 해준다. 이때 적합한 질문을 던지는 것은 상당히 중요한 일이다. 질문은 새로운 상품이나 서비스의 성공을 좌우하는 핵심적인 역할을 한다. 그러한 질문의 예는 다음과 같다. 목표로 하는 대상, 즉 표적 집단의 수요를 잘 충족시키고 있는가? 고객에게 가치뿐만 아니라 의미까지 창출해낼 수 있는가? 'A' 하면 'OO브랜드'가 떠오르는 강렬한 연관성이 있는가? 티핑 포인트를 만들어낼 수 있는가?

전형적인 방식은 마케팅 예산이나 공급망과 같이 현재 비즈니스 세계에서 널리 사용되는 테두리 안에서 질문을 던지고 그것을 바탕으로 추론하는 것이다. 하지만 이러한 전술은 모방하기 쉬운 점진적 아이디어만 잔뜩 만들어낸다. 기술 위주로 접근하는 것은 그 다음으로 많이 쓰이는 방식이다. 그러나 이는 위험을 동반하기 때문에 새로운 기술에 사활을 거는 용감하고 활기찬 신생 벤처기업들에게 맡기는 것이 최상의 선택이다.

인간중심적인 태도로 출발하는 것이야말로 혁신적인 아이디어를 개발하고 그러한 아이디어를 수용하는 시장을 발견하게 한다. 어떠한 경우든지 그 첫걸음은 혁신적인 프로젝트팀이 목표로 하는 고객집단에 가깝게 접근할 수 있도록 지원하는 것이다. 아무리 방대한 시장조사 자료도 세상에 직접 나가 부딪침으로써 얻을 수 있는 생생한 체험을 대체하지는 못한다.

빨리 실패하고
자주 실패하라

첫 번째 프로토타입을 내놓는 데까지 걸리는 시간은 혁신의 문화가 얼마나 활성화돼 있는지를 알 수 있는 척도이다. 얼마나 빨리 아이디어가 가시적인 결과물로 빚어져 시험을 거치고 개선될 수 있는가? 리더들은 실험주의를 장려하고 실패에 마음을 두지 않아야 한다. 실패는 배움의 원천이기 때문이다. 디자인 씽킹이 넘쳐나는 문화에서는 말끔하지 못한 프로토타입이 아이디어를 정당화하는 것만이 아니라 창의적인 과정의 하나로 장려된다.

유망한 프로토타입은 디자인 팀원들 사이에서 큰 호감을 얻고, 마침내 그 프로토타입이 공식 후보로 선정돼 자금과 지원을 받을 때 팀원들을 열렬히 지지하는 역할을 한다. 하지만 프로토타입이 견뎌내야 할 진정한 시험은 조직의 내부가 아니라 세상에서 치러진다. 그 시험의 심사관이자 잠재적인 고객은 농부, 출장을 다니는 비즈니스 여행자, 어린 학생, 외과 의사가 될 수 있다. 프로토타입은 시험을 할 수 있도록 만들어져야 하지만 반드시 물리적인 형태를 갖출 필요는 없다. 스토리보드, 시나리오, 영화, 즉흥연기까지도 성공적인 프로토타입이 될 수 있다. 종류가 다양할수록 좋다.

전문가를
존중하라

나는 절대 내 손으로 이발을 하거나 자동차 기름을 넣지 않는다. 물론 마음만 먹는다면 그다지 어렵지 않은 일들이지만 말이다. 조직의 울타리를 벗어나 바깥으로 발걸음을 옮겨 혁신을 넓히는 일이 더 현명하다는 얘기이다. 이러한 시도 덕분에 고객이나 새로운 파트너와 공동으로 혁신의 성과를 내놓을 수 있다. 또 전문가를 고용하는 편이 효과를 높이는 경우도 있다. 그 대상은 기술자, 소프트웨어 광, 디자인컨설턴트, 또는 열네 살짜리 비디오게이머일 수도 있다.

인터넷의 확장으로 우리는 이미 상품과 서비스가 수동적인 소비의 궤적을 벗어나고 있음을 목격했다. 소비자의 능동적인 참여는 아이디어가 더 많이 생성되도록 할 뿐만 아니라 충성심을 자아내는 효과를 가진다. 혁신가들은 웹2.0을 활용해 팀원들의 효율성을 높이겠지만 그보다 한 차원 높은 혁신가들은 웹3.0시대에 대한 만반의 준비를 하고 있다.

극단적인 성향의 사용자들은 종종 기업가들에게 통찰력을 얻을 수 있는 열쇠가 되곤 한다. 이들은 세상을 전혀 예상치 못한 방식으로 체험하는 전문가들이고, 애호가들이며, '광신자' 수준의 팬들이다. 그들은 고객집단의 가장자리에까지 사고의 촉수를 뻗치도록 요구하며 자칫 숨겨진 채 곪아갈 수도 있는 문제를 끄집어내도록 촉구한다. 이처럼 극단적인 사용자들을 찾고 그들을 소중한 창조적 자산으로 여겨야 한다.

창조적 영감을
공유하라

내부의 네트워크를 잊지 마라. 지난 10여 년에 걸쳐 지식공유를 위한 노력의 상당 부분은 효율성에 초점을 맞춰 왔다. 이제는 지식 네트워크가 창조성을 뒷받침하는 방법에 대해 고민할 때가 되었다. 단지 기존의 프로그램을 능률적으로 운영하는 데 그치는 게 아니라, 새로운 아이디어의 출현을 도모하는 방법을 말하는 것이다. 어떻게 하면 뜻을 함께하는 이들을 연결해 그들이 품고 있는 공통의 열정을 향해 나아갈 수 있게 만들까? 조직 내에서 새롭게 대두된 아이디어들은 대개 어떠한 운명을 맞이하게 되는가? 어떻게 하면 소비자에 대한 통찰력을 활용해 프로젝트를 추진할 수 있을까? 프로젝트의 결과물을 문서에 기록할 때 조직의 지식기반을 다지고 개개인이 배우고 성장할 수 있는 방식으로 디지털 도구를 사용할 수 있을까?

인터넷 가상 협동작업의 증가, 항공료의 상승과 같은 요인들은 사람들을 동일한 공간에 모으는 가치를 잊게 한다. 100여 년이 지나면 이러한 생각조차도 진부하게 여겨질지 모르지만, 적어도 오늘날은 사람들을 한데 모으는 일이 강력한 결속을 만드는 방식이 된다. 따라서 당신이 몸담은 조직의 구성원들이 수없이 많은 회의에 참석하지 않고도 하루 일과를 끝내기 전에 가시적인 결과물을 생성하는 공동의 작업에 더 많은 시간을 투자하도록 하라. 서로 얼굴을 맞대고 보내는 시간은 조직이 보유한 가장 귀중한 자원 중의 하나로 구성원들의 관계를 돈독히 하며 팀을 강화시킨다. 그러므로 생산적이고 창조적인 조직문화를 만들어라. 그러한 문화를 구축해나가는 일은 그 과정이 실시간으로 진행되고 서로를 잘 알고 신뢰할 수 있는 사람들 사이에서 진행될 때 더 잘 이루어진다.

크고 작은 프로젝트를
균형 있게 조합하라

혁신을 이뤄내는 데는 왕도가 없다. 따라서 지름길을 찾기보다 은근하고 지속적인 효과를 낼 수 있는 묘책을 고민해야 한다. 혁신을 향한 다양한 접근방식을 취하는 것은 중요하지만, 우선은 조직의 강점을 가장 극대화시킬 수 있는 방식이 무엇인지 생각해보라.

조직이 보유한 자산을 다변화시켜라. 근시안적 성격을 지닌 점진적 혁신에서 시작해 장기적인 관점을 갖춘 획기적인 아이디어로 뻗어나갈 수 있는 다양한 혁신 포트폴리오를 운영하라. 예컨대 자동차의 연비를 향상시키는 방법에서부터 콩 연료나 태양열로 작동하는 자동차를 연구 개발하는 일에 이르기까지 다양한 발상을 넘나드는 것이다. 대부분의 노력은 전진적 혁신의 영역에서 이뤄지게 마련이지만, 기존의 사고를 뒤엎는 혁신적인 아이디어를 개발하지 못하면 예상치 못한 경쟁자의 출현으로 기습을 당할 수도 있다. 이러한 방식을 취하면 소수의 발상만 실제로 시장에 선보일 수 있다는 단점이 분명 있지만, 그 소수만큼은 시장에서 지속적인 영향력을 행사한다는 장점도 있다.

점진적 혁신의 영역에서 실험을 장려하는 것은 그다지 어려운 일이 아니다. 가 사업부서는 현재의 시장과 상품들을 기반으로 혁신을 위해 질주할 수 있도록 조직돼야 한다. 또 창조적 리더는 조직의 모든 부서가 기존 체제를 뒤엎는 획기적인 돌파구를 찾아나갈 수 있도록 전폭적으로 지원해야 한다. 그것은 사무실에 새로운 가구를 들이는 일이든 초등학교에 새로운 교과과정을 도입하는 일이든 마찬가지이다. 대부분의 조직들은 각 부서의 효율성을 자체적으로 측정하는 도구를 가지고 있다. 이러한 유형의 사고방식은 저마다 자기 부서의 이익만을 추구하게 하므로 효율적인 협업을 저해한다. 그리고 가장 흥미로운 기회는 조직 사이의 빈틈에 자리 잡고 있게 마련이다.

혁신의 속도에 맞는
예산을 편성하라

디자인 씽킹은 걷잡을 수 없이 속도가 빠르고 규칙이 없으며 파괴적이다. 그러므로 비효율적인 예산 기준이나 관료적인 보고 절차를 탈피하는 것이 중요하다. 조직이 보유한 가장 창조적인 자산을 파괴하기보다는 프로젝트가 일관되게 추진되고 이를 통해 각 팀이 좋은 기회를 모색할 수 있도록 예산

기준에 대한 유동성을 가져야 한다.

어느 조직에서나 자원을 유연하게 배분하는 일은 결코 쉽지 않은 과제이다. 특히 조직 규모가 클수록 더 어렵다. 그러나 예산을 철저하게 통제하는 조직에서도 그러한 문제를 해결할 수 있는 방법은 존재한다. 일부 기업은 유망한 프로젝트들을 지원하기 위해 벤처펀드를 실험적으로 운영한다.

또 어떤 기업은 프로젝트가 어떤 시점에 다다를 때까지는 자금의 고삐를 풀어주도록 배려한다. 여기에서 중요한 점은 그 시점을 정확히 예측할 수 없으며 프로젝트는 저마다의 수명을 갖는다는 점이다. 그러므로 예산편성 지침은 몇 번이고 바뀔 수 있어야 한다. 유연한 예산편성의 핵심은 어떤 기준을 기계적으로 적용하는 것이 아니라 주어진 상황에 맡기는 것이다. 이것이 벤처캐피털펀드가 운영되는 방식이며, 민첩하고 유연하지 못하다면 벤처캐피털리스트들은 성공을 맛보지 못한다.

인재발굴을 위해
모든 방법을 동원하라

디자인 씽커는 비록 그 수가 많지는 않아도 모든 조직에 존재한다. 관건은 그러한 인재를 찾아내고, 재능을 키우며, 최고로 잘할 수 있는 일을 자유로이 할 수 있도록 뒷받침해주는 것이다. 당신의 회사에서는 어떤 직원이 고객을 살피고 그들의 소리를 경청하는 일에 시간을 할애하는가? 메모만

하기보다 직접 프로토타입을 제작하는 직원은 누구인가? 혼자 일
하기보다 팀의 구성원으로 일할 때 효과를 내는 직원은 누구인
가? 세상을 다른 시각으로 볼 수 있는 특이한 가치관을 가진 직원
은 누구인가? 이러한 이들이야말로 조직의 귀중한 자산이며 에너
지 공급원이다. 이들은 마치 은행에 저축돼 있는 돈과 같다. 그리고
이들은 사회적으로 소외당하는 데 익숙해져 있기 때문에 흥미진진
한 프로젝트의 초기 단계에 참여할 기회가 주어지면 열정적으로
일한다. 혹시 그런 이들이 디자이너들이라면, 디자인스튜디오에 안
주하지 않고 다양한 분야의 구성원들로 이뤄진 팀에 투입시켜라.
회계, 법률, 인사 부서의 직원들이라면 예술 분야의 일을 맡겨라.

조직 내부에서 인적 자원을 발굴했다면 그 다음에는 어떻게 하
면 외부에서 인재를 끌어올 것인지에 대해 고민하라. 제대로 된
교과과정을 갖춘 학교에서 이제 막 졸업한 가능성 있는 디자인 씽
커를 데려오고 인턴을 고용해 노련한 디자인 씽커와 팀을 이루도
록 해보자. 그런 다음 확산적 사고에 초점이 맞추어진 몇몇 프로
젝트를 진행시켜 그 결과를 공유하라. 디자인 씽킹이 화제의 중심
으로 떠오르게 하라. 그러면 어느새 낡은 사고의 틀을 깨고 변신
하는 추종자들이 나타날 것이다.

디자인 사이클

대다수 조직에서는 18개월 정도를 주기로 직
원들의 업무가 변환점을 맞이한다. 그러나 대부분의 디자인 프로

젝트는 출발점에서 실행 단계에 이를 때까지 훨씬 더 긴 시간을 요한다. 기존의 사고방식을 뒤엎는 획기적인 돌파구를 마련하는 혁신적인 프로젝트일 경우에는 더욱 그렇다.

핵심적인 팀원들이 프로젝트가 마침표를 찍을 때까지 함께할 수 없다면 회사도 개개인도 모두 고통스럽다. 프로젝트를 지배하는 아이디어는 희석되어 사라지고, 개개인들은 학습의 결과가 무용지물이라 느끼며 당황해한다. 한 프로젝트의 전체 사이클을 경험한다는 것은 매우 귀중한 가치를 지닌다.

디자인 씽킹과 당신의 관계

세상에 무엇인가 참신한 아이디어를 내놓는다는 것은 대단히 경이로운 일이다. 그 대상은 영예로운 상을 받은 산업디자인 작품일 수도 있고, 멋진 수학적 증명일 수도 있고, 혹은 고등학교 신문에 처음으로 실린 한 편의 시일 수도 있다. 이처럼 개인적 성취를 격려하는 것이야말로 혁신의 강력한 원동력이다. 또한 비즈니스세계에서도 효율적인 업무수행을 가능케 하는 유용한 도구가 된다. 익숙하거나 고루한 방식 혹은 편법을 사용하는 관행을 거부하기 때문이다.

'무엇'이냐고 묻지 말고
'왜'냐고 물어라

아이를 키우고 있거나 키워본 적이 있는 부모라면 다섯 살짜리 자녀가 끊임없이 "왜?"라는 질문을 하는 게 얼마나 성가신지를 잘 알 것이다. 이런 경우 부모들은 대부분 어느 시점에 이르면 "그냥 그렇다면 그런 줄 알아"라며 다분히 권위적인 태도를 취한다. 하지만 디자인 씽커에게 '왜?'라는 질문을 던지는 일은 문제를 재구성하고, 한계를 재정의하며, 혁신적인 해답을 얻을 수 있는 기회이다. 주어진 한계를 받아들이는 대신, 해답을 구하려는 문제 자체가 과연 옳은 것인지를 파악하는 일부터 시작해보자. 예컨대 진정으로 원하는 것이 더 빨리 달리는 차인지 더 나은 교통수단인지를 생각해보라. TV에서 교양프로와 오락프로 중 어떤 것을 원하는지, 근사하고 세련된 호텔 로비와 포근한 잠자리 중 어떤 것을 원하는지 스스로에게 물어라.

'왜?'라는 질문을 자꾸 던지다 보면 함께 일하는 동료들을 짜증 나게 만들 수도 있지만 궁극적으로는 소중한 에너지를 올바른 문제에 쏟을 수 있다. 틀린 질문에 올바른 대답을 찾아내야 하는 것보다 기운 빠지는 일은 없다. 제대로 된 질문을 하는 것은 일과 가정생활에서 의미 있는 균형을 이루게 하고, 기업을 위한 전략을 수립하거나 업무를 수행하는 일에서도 매우 중요하다.

열린 마음으로
세상을 관찰하라

우리는 정말로 중요한 의미를 가지는 것들을 알아차리지 못한 채 삶의 대부분을 보낸다. 인간은 어떤 상황에 익숙해지면 익숙해질수록 그것을 당연하게 받아들이는 성향을 갖고 있다. 이것이 아마도 친척들이 샌프란시스코를 방문하면 대개 앨커트래즈섬 혹은 금문교에 데려가거나 와인컨트리Wine Country 지역에서 주말을 보내게 되는 이유일 것이다. 내 친구이자 동료인 톰 켈리Tom Kelley는 "혁신은 눈으로부터 시작된다"라는 말을 즐겨 한다. 여기에서 한걸음 더 나아가보자.

훌륭한 디자인 씽커는 관찰을 한다. 위대한 디자인 씽커는 일상을 관찰한다. 적어도 하루에 한 번쯤은 잠시 하던 일을 멈추고 일상적인 상황에 대해 생각해보라. 대부분 한 번 획 보고는 그냥 지나쳐버리는 혹은 아예 쳐다보지도 않는 행동이나 물건을 다시 한 번 눈여겨보라. 마치 범죄 현장을 조사하는 형사처럼 날카로운 시선으로 말이다.

맨홀 뚜껑은 왜 둥근 모양인지, 10대 아이들이 저런 옷차림을 하고 학교에 가는 이유는 무엇인지, 줄을 설 때는 내 앞에 있는 사람과 얼마의 간격을 두어야 하는지, 색맹이 된다면 어떤 느낌인지…… 산업디자이너 나오토 후카사와深澤直人와 재스퍼 모리슨Jasper Morrison이 슈퍼노멀Super-Normal이라 불렀듯이 '평범함 속의 비범함'에 몰두한다면 생활 속에서 우리를 지배하는 불문율에 대한 통찰력을 얻게 된다.

생각하지 말고
그냥 보라

관찰한 내용이나 아이디어를 시각적으로 기록하라. 공책에 대충 끼적거린 그림이라도 좋고 혹은 휴대폰으로 찍은 사진이라도 좋다. 그림을 잘 그리지 못해도 어찌되었건 시도를 해보라. 의사들이 청진기를 지니고 다니듯 내가 아는 모든 디자이너들은 스케치북을 들고 다닌다. 이러한 시각적 이미지들은 훗날 참고하고 공유할 수 있는 귀중한 아이디어의 보고가 된다.

아이디어를 발전시켜나가는 방법에 있어서도 마찬가지이다. 20세기 가장 위대한 철학자인 루드비히 비트겐슈타인Ludwig Wittgenstein의 모토는 '생각하려 하지 말고 그냥 보라'이다. 시각적인 것은 단순히 말이나 숫자에 의존하는 것과는 다른 방식으로 문제를 바라볼 수 있게 해준다.

나는 서문에서 순서대로 목차를 나열하기보다 이 책을 하나의 마인드맵으로 그려보는 것이 더 유용하다고 강조했다. 마인드맵은 리스트화된 목차로부터 얻을 수 없는 종합적 사고를 가능하게 해주기 때문이다. 유전자 연구로 유명한 생물학자 바버라 매클린톡Barbara McClintock은 '생명의 느낌'에 대해 이야기하곤 했다. 그녀가 노벨상을 수상하자 '스킨십' 위주로 과학에 접근한다고 조롱하던 동료들은 입을 다물었다.

그린란드의 빙하가 녹고 있음을 보여준 앨 고어에서부터 수많은 스티로폼 컵을 활용했던 미술가 타라 도노반Tara Donovan에 이르기까지, 그림이나 사진 한 장은 엄청난 이야기를 풀어낼 수 있다. 그야말로 백문이 불여일견이다.

모두가 힘을 합치면
어떤 천재보다도 뛰어나다

누구나 한 번쯤은 무어의 법칙과 플랑크 상수Planck's Constant(노벨물리학상을 받은 막스 플랑크가 제시한 양자물리학의 기본 상수로 에너지 방출에 연관된 최소한의 단위를 뜻한다)에 대해 들어봤을 것이다. 하지만 어떤 아이디어가 처음에 그 아이디어를 생각해낸 사람과 지나치게 극도로 동일시된다면 의문을 품을 필요가 있다. 아이디어가 사유재산과 같은 속성을 지닌다면 시간이 흐르면서 진부해지고 취약해질 가능성이 크기 때문이다. 이와 반대로 어떤 아이디어가 조직을 통해 끊임없이 치환과 결합, 변이를 한다면 그 아이디어는 발전을 거듭할 가능성이 높다.

자연의 서식지가 생태계의 다양성을 필요로 하듯이, 기업은 아이디어들이 서로 경쟁하는 문화를 필요로 한다. 재즈뮤지션이나 즉흥연기자들을 보라. 이들은 동료들이 실시간으로 뿜어내는 다양한 이야기를 바탕으로 새로운 작품을 빚어내는 능력을 발휘해왔다. 우리의 사무실에는 수많은 아이데오이즘IDEOisms의 조각들이 떠다니고 있지만 그중에서도 나를 가장 사로잡는 것은 '우리 모두가 힘을 합치면 어떤 개인보다도 뛰어나다'는 생각이다.

선택의 여지는
풍부하게

머릿속에 처음 떠오르는 아이디어에 안주하거나 제일 먼저 손에 쥐어진 해결책에 사로잡히지 마라. 결코 그게 다가 아니다. 훨씬 더 많은 뛰어난 후보들이 있다는 점을 잊지 말아야 한다. 그러므로 수많은 꽃봉오리들이 꽃을 피우게 하고, 그들을 복합적으로 수정시켜보자. 여러 가지 방안들을 탐색하지 않는다면 결코 확산적인 사고를 시도했다고 볼 수 없다. 그리고 그렇게 결정지은 아이디어는 점진적 혁신에 그치거나 쉽게 모방될 가능성이 크다.

그러나 풍부하고 다양한 해결책을 꾸준히 추구하는 일은 실제로는 매우 어렵다. 시간이 오래 걸릴 뿐만 아니라 상황을 더 복잡하게 만들기 때문이다. 하지만 선택의 여지를 풍부하게 만드는 것이야말로 더 창조적인 해답을 얻을 수 있는 길이다. 한동안은 동료들이 낙담을 하고 고객이 받아들이기 힘들어할지도 모르지만 결과적으로는 모두가 훨씬 더 기뻐하게 된다. 여기에서 명심할 점은 언제 멈춰야 할지를 알아야 한다는 것이다. 그러나 이는 스스로 습득할 수는 있지만 가르칠 수는 없는 역량이다.

마감시간을 정하는 것도 유용한 방법이다. 마감시간은 생산성에 긍정적인 효과를 발휘한다. 마감시간이 다가옴에 따라 훨씬 더

일의 생산성이 높아진다. 마감이 임박하면서 한껏 저주를 퍼붓는 것은 개인의 자유지만 바로 그 시간이야말로 가장 창조적인 시간임을 잊지 마라.

포트폴리오의
균형을 유지하라

디자인 씽킹의 뛰어난 장점들 가운데 하나는 그 결과물이 가시적으로 드러난다는 점이다. 기존에는 존재하지 않았던 어떤 새로운 것이 프로젝트가 끝날 무렵에 나타난다. 그 결과물이 드러날 때까지의 과정을 기록하는 것을 잊지 마라. 비디오를 찍고, 밑그림이나 스케치, 프레젠테이션 문서들을 잘 간직하고, 물리적인 프로토타입을 보관할 장소를 마련하라.

하나의 포트폴리오 형태로 모아짐에 따라 이러한 각각의 요소들은 프로젝트 진행 과정을 담은 소중한 기록으로 남게 되고 많은 이들의 영향력 있는 생각을 축적하는 역할을 한다(이는 또한 업무 평가나 구직 인터뷰, 혹은 자녀들에게 부모가 무슨 일을 하는지 설명할 때도 아주 유용하게 쓰인다). IDEO의 여덟 번째 입사자인 데니스 보일은 자신이 이제껏 만들어온 모든 프로토타입을 보관해오고 있다(비록 우리는 프로토타입 보관을 위해 비행기 격납고를 빌려달라는 그의 요구를 거절하긴 했지만). 이처럼 창작의 결과물을 곁에 두고 있으면 성취와 기여에 대해 자긍심을 느낀다.

인생을
디자인하라

디자인 씽킹은 디자이너들의 교육과정과 실무경험에 뿌리를 두고 있다. 하지만 디자인 씽킹의 원칙은 누구라도 실행에 옮길 수 있고 모든 영역에 적용될 수 있다. 물론 인생을 계획하거나 허송세월하는 것 혹은 새로운 삶을 디자인하는 것에는 저마다 커다란 차이가 있다.

분명 세상에는 인생의 모든 단계를 미리 계획한 대로 살아가는 극소수의 사람들이 있다. 이들은 어떤 대학에 가야 하고, 어디에서 어떤 일을 시작해 어떻게 성공적인 커리어를 구축하고, 언제 은퇴할지에 대한 계획을 미리 세워놓고 있다. 혹시 인생 여정에서 잠시 해이해지는 일이 있더라도 곁에 있는 부모, 에이전트 혹은 라이프코치 life coach(인생 전반에 대해 상담해주는 조언자)들이 고삐를 단단히 쥔다. 불행히도 이러한 방식은 절대로 성공하지 못한다(블랙스완을 상기하라). 게다가 시작하기도 전에 누가 우승할지를 미리 알고 있다면 경기에 참가하는 것이 도대체 무슨 의미가 있겠는가?

우리는 미리 결과를 예측할 수 있다는 착각에 현혹되지 않고도 훌륭한 디자인팀과 마찬가지로 목적의식을 가지고 일을 수행할 수 있다. 바로 창조성이 있기 때문이다. 주어진 한계를 뛰어넘어 과제를 수행하는 디자이너들은 우아한 기품과 경제성, 효율성을 동시에 달성하는 방법을 배워야 한다. 마찬가지로 우리 역시 시민이자 소비자로서 우리 자신을 둘러싸고 있는, 그리고 우리를 지탱하고 있는 부서지기 쉬운 환경을 존중하는 법을 배워야 한다.

인생을 프로토타입이라고 생각해보라. 그렇다면 실험적인 행동이든, 새로운 발견이든, 관점을 달리해 세상을 보는 것이든, 그 무엇이든 할 수 있다. 이러한 마음가짐을 지니면 우리는 일련의 과정을 가시적인 결과물로 전환시켜줄 소중한 기회들을 찾아나설 수 있다. 그때 순식간의 경험으로 지나가버릴 수도 있지만 세대를 아우르는 가보로 남을 수 있는 어떤 것을 창조하는 방법을 배운다. 또 보상이라는 것이 단순히 소비로부터 오는 게 아니라 창조와 재창조의 과정에서 온다는 진리를 깨달을 수 있다. 창조의 과정에 적극적으로 참여하는 것은 우리의 권리이자 특권이다. 그러므로 우리는 은행의 잔고가 아니라 세상을 더 밝게 하는 아이디어로 성공을 가늠하는 방법을 터득해야 한다.

디자인의 틀을 과감히 바꾸다

Redesigning Design

팀 브라운과
배리 카츠

서기 1750년대에 살았던 농부는 자신의 손주 세대보다 기원전 1750년대의 농부와 공통점이 더 많다고 한다. 인류사를 수놓은 주요 혁명들은 처음에는 증기, 이후에는 전기, 그리고 보다 최근에는 컴퓨터의 등장으로 촉발됐는데, 이로 인한 변화의 속도는 동시대 사람들을 어지럽게, 아주 들뜨게, 그리고 종종 공포에 질리게 만들 정도로 대단했다. 하지만 지금 우리가 살고 있는 이 시대의 변화 속도는 가히 상상도 할 수 없을 만큼 한층 더 빨라졌다. 《디자인에 집중하라》가 처음 출간된 이후의 10년이라는 시간을 되돌아보면, 그동안 일어난 일들을 온전히 이해하기 위해서는 책 뒤에 한 장chapter 분량을 추가하는 정도로는 어림도 없고 책한 권이 통째로 필요할 듯싶다. 지난 5년 새 '정보'라는 무형자산의 개념을 자본 투자에서 전기, 가스 같은 유틸리티 개념으로 바꿔버린 클라우드 컴퓨팅; 역사상 가장 성공적인 제품인 애플 아이폰의 등장(2007년); 우버, 에어비앤비, 블록체인 등 공유경제 시대의 산물들(전부 다 2009년 등장)과 더불어 다대다多對多의 분산 생태계가 가능한 이른바 'P2P peer to peer 경제'의 도래; 구글의 자율자동차 프로그램 발표(2010년); 유전자 교정에 쓰이는 첨단 생명과학 기술로 주목받는 'CRISPR 유전자 가위' 발표(2012년); 40년 전 컴퓨터가 그랬던 것처럼 실험실 안에서 세상 밖으로 나오는 궤도를 똑같이 밟고 있는 DNA 기술의 상업화 등을 꼽을 수 있다.

지금으로부터 10여 년 전으로 거슬러 올라가 보면 'Isis'는 고대 이집트의 여신을 연상시키는 단어였고, '페이스북' 초창기 멤버들은 미국 팰로앨토 시내에 있는 한 구슬가게 위의 방 두 칸짜리 비좁은 사무실에서 일하고 있었으며, 윙윙거리며 하늘을 날아다니는 드론의 모습이 흔한 동네 풍경이란 존재하지 않았다. 또 '소셜미디어'라든지 '기후변화' 같은 개념들은 막 퍼지기 시작했을 뿐이었다. 인류 역사상 이처럼 심오하고도 광범위한 영향을 끼치는 변화가 불거진 시기가 과연 또 있었을까 싶을 정도이다.

이러한 변화의 흐름들은, 그 과정에서 수반되는 모든 파괴적 혁신과 혼란을 포함해 하나의 거대한 물결로 합쳐질 때 '4차 산업혁명'이라고 부르기에 모자람이 없을 정도의 깊이와 폭을 지닌다는 의견이 많은 공감을 얻고 있다.

증기, 전기, 컴퓨터의 발명으로 불거진 혁명의 면면을 들여다보면 상대적으로 느릿느릿한 속도에도 불구하고 그 과정은 절대로 온화한 양상을 띠지 않았다. 찰스 디킨스Charles Dickens와 엘리자베스 개스켈Elisabeth Gaskell의 '산업혁명' 시대를 배경으로 한 소설을 읽어봤거나 근대화가들의 미술작품에서 느껴지는 고뇌에 찬 발작의 몸짓을 응시해본 적이 있다면 알 것이다. 하지만 사회적, 문화적 파장이 수십 년에 걸쳐 흡수될 수 있었던 앞선 역사적 혁명들과는 전혀 다르게, 이번 혁명은 초고속으로, 그리고 예전에는 상상할 수 없는 스케일로 진행되고 있다. 그러므로 우리는 반드시 이 혁명을 움켜잡아야 한다. 혹시라도 우리가 오히려 혁명에 지배당하는 신세가 되기 전에 말이다.

시대의 분열이 계속된 결과로 인해 불거진 시련에 대처하기 위해 디자인이란 직업군은 성장을 거듭해왔고 이전에는 찾아볼 수 없었던 방식으로 변화에 적응해왔다. 1970년대 초반, 호스트 리텔Horst Rittel이라는 디자인 이론가는 디자이너들의 초점을 간단한 문제를 다루는 데서 그 자신이 '고약한 문제wicked problems'라 명명한 문제를 해결하는 쪽으로 돌리도록 도전의식을 북돋웠다. 여기서 고약한 문제란 복잡하고 제한이 없으며 모호한 문제, 더 크고 심각한 문제 속에 포함돼 있는 문제, 쉽게 옳고 그름을 판단할 수 없는 문제를 말하는 것이다. 그 이후로 디자인은 도전에 맞서왔다. 오늘날 디자이너들은 미 대륙의 당뇨 문제, 서아프리카의 생식 보건(건강) 문제, 도시의 폭력 문제, 농촌의 빈곤 문제 등을 다루고 있다. 여성의 산전産前 건강관리 그리고 불가피하게 생을 마감하게 되는 문제와 얽힌 까다로운 논의를 이끄는 일도 한다. 물론 디자이너들은 여전히 사람들이 사용하기에 더 편한 가구를 만들고, 보다 알아보기 쉬운 그래픽을 디자인하고, 접근성이 더 뛰어난 디지털 인터페이스를 설계하느라 비지땀을 흘리고 있다. 하지만 그들의 활동 범위는 믿기 힘들 정도로 넓어졌다. 오늘날 디자이너의 역할이 그야말로 전지적이라는 수식어에 걸맞는다고 말하려는 건 아니다. 또 사흘간의 워크숍을 거치기만 하면 누구라도(기업 간부든, 병원 관리자든, 중학교 교사든) 디자인 전문가들이 수 년에 걸쳐 익힌 기술을 숙달할 수 있다는 얘기를 하려는 것도 아니다. 그와는 정반대로, 이 정도 규모의 문제를 다루기 위해서는 다른 관련 전문 분야와 동맹을 맺어야 할 필요성이 있다는 걸 말하고 싶다. 실제로 요즘에는 디자이너 혼자서 일하는 모습보다는 '팀' 단위로 묶인 통합 디자인 조직이 훨씬 더 눈에 많이 띄는데, 여기에는 민족지학 연구자나, 행동과학자, 데이터 과학자 같은 전문가들이 포함될 수 있다. 필자가 속한 IDEO의 경우에는 신경외과 의사, 심장병 전문의, 변호사 같은 직업군이 합류하기도 한다. 디자인컨설팅 프로젝트의 범위가 넓어지고 복잡성도 커지면서 그런 문제들을 다루기 위해 동원해야 할 전문 분야의 수도 증가한 것이다.

오늘날 우리가 당면한 도전과제들이 이처럼 끝없이, 그리고 온갖 영역에 걸쳐 확장을 거듭하고 있지만, 지난 10년 동안 IDEO에서 수행해온 프로젝트의 관점에서 보면 그중에서도 특히 긴급한 사안으로 입증된 주제들을 꼽을 수 있고, 어떤 디자인 영역이 보다 나은 방향으로 발전하기 시작했는지도 알 수 있다. 다음과 같이 요약할 수 있다.

1. 시대에 뒤떨어지는 구식 사회 시스템의 리디자인
2. 참여 민주주의의 부활
3. '자동차 시대'가 거의 막바지를 향하고 있는 추세에 발맞춘 도시 디자인
4. 인공지능, 스마트 머신, 빅데이터 등 첨단기술의 '인간화' 작업
5. 바이오기술과 인간의 출생과 사망을 보다 잘 준비할 수 있도록 도와주는 디자인
6. 자원의 채취 → 대량생산 → 폐기로 끝나버리는 선형경제에서 자원을 재활용하는 순환경제로 전환하는 작업

어떤 디자인 전문가도 이처럼 방대하고 끝없이 확장되는 과제를 기꺼이 떠맡을 만한 재주는 없을 것이다. 아무리 세심하게 작성된 디자인 개요, 한 치의 오차도 없는 정확한 스케줄, 빡빡한 고정예산에 익숙해져 있는 베테랑이더라도 말이다. 하지만 이것이야말로 우리가 반드시 배워나가야 할 일이라고 주장하고 싶다. 이제부터 이 정도 규모의 도전과제들을 현실에서 실제로 반영할 수 있는 유용한 행동방침으로 거듭나게 할 몇 가지 전략을 제안하겠다.

조직의 리디자인

오늘날 우리가 안고 있는 가장 중대한, 그리고 가장 위협적이기도 한 당면과제는 시대에 뒤떨어지는 낡은 사회 시스

템을 재설계하는 일이다. 이를 테면 교육, 헬스케어, 미디어, 직장, 비즈니스 등에 걸쳐 있는 여러 시스템이 그 대상이다. 그동안 우리는 이러한 사안들에 제대로 대처하기 위해 미술이나 엔지니어링, 또는 디자인 학교의 학습 프로그램에 들어 있지 않았던 완전히 새로운 실천방안을 익혀야만 했다. 편의상 우리는 이 방안을 '디자인 씽킹'이라 불러왔는데, 사실 이것이 구체적 단계를 명시하고 보장된 결과를 낼 수 있는 확고한 방법론이 되기를 전혀 의도하지 않았다는 점을 분명히 해둘 필요가 있을 것 같다. 그보다는 하나의 철학, 하나의 사고방식, 21세기에 닥친 문제들에 대한 참신하고 인간중심적 접근방식으로 여겨지기를 바란다.

지난 2011년 우리는 그런 규모의 디자인 프로젝트를 실제로 맡게 됐다. 페루의 고명한 기업인인 카를로스 로드리게스-파스토르Carlos Rodriguez-Pastor(페루 최대 기업 중 하나인 인터코프Intercorp 그룹의 최고경영자)의 요청으로 하게 된 프로젝트인데, 그는 자신의 모국이 겪고 있는 암담한 공교육의 현실에 대해 우려하고 있었다. 그도 그럴 것이 페루는 OECD에서 실시하는 과학, 수학, 독해(읽기) 능력에 대한 국제 조사 결과에서 매번 거의 꼴찌를 면치 못하고 있다. 교육을 제대로 받은 인력이 부족한 탓에 이 나라는 빠른 경제성장 속도로 누릴 수 있는 기회를 자칫 아깝게 날려버릴 위기에 처해 있었다. 따라서 로드리게스-파스토르는 새로운 교육시스템을 설계하고자 했다. 그는 페루에서 새롭게 부상하고는 있지만 아직은 유복한 수준까지는 이르지 못한 중산층 아이들이 접할 수 있고, 전국 단위로 확장할 수 있는 교육시스템을 원했다. 사실 이보다 더 버거운 디자인 과제를 상상하기 힘들 정도로 만만찮은 작업이었다. 하지만 이 정도 규모야말로 실제로 이 시대의 디자인 전문가들이 운영 역량을 습득하고자 하는 수준이다.

인간중심적인 디자인 프로세스의 첫 번째 단계는 의뢰받은 문제의 범위를 파악하는 것이다. 페루 프로젝트의 경우 다섯 명으로 이뤄진 첫 연구팀을 파견해야 했다. 이 팀의 구성원들은 연구 대상인 각 이해관계자 집단의 삶 속으로 들어가는 임무를 수행했다. 교사와 행정관리자들, 비즈니스 리더와 교육부의 관료들, 그리고 학부모와 학생들 이렇게 세 집단이었다. 연구팀은 집 안에서의 관찰, 그룹 인터뷰, 현장에서 나온 생생한 경험담, 현장 방문, 하드 데이터(논쟁의 여지가 없는 명백한 사실, 합리적으로 제시되는 수치 등의 데이터 유형) 등 기본적인 기법과 보조기법 등 여러가지 다양한 연구기법을 창조적으로 잘 조합해 해당 문제와 그 문제를 둘러싼 제약, 그로 인해 불거진 기회 등에 대한 평가작업의 틀을 만들어냈다. 그러고 나서 연구작업에 돌입했다.

다음 단계에서 규모를 확대한 연구팀은 디자이너의 툴킷을 깊게 파고들면서 단순한 전략으로 쓰일 뿐만 아니라 확장 가능한 유형의 K-2 학교 시스템을 실행하고 관리할 수 있는 도구를 만들어냈다. 커리큘럼, 교육용 기술과 연구자원, 교사 트레이닝과 개발, 건축물, 운영 계획, 데이터 대시보드, 지식공유시스템, 그리고 학교가 월 130달러의 사용료만 청구하도록 허용하는 기초재정모델

등을 포함했다(보통의 시장 메커니즘을 통해 유지할 수 없는 이상적인 아이디어는 그야말로 그저 '이상vision'으로만 남게 될 가능성이 크다). 2018학년도는 페루 전역에 걸쳐 있는 49곳의 이노바 스쿨Innova School 프로젝트로 시작했다. 이 과정에 입학한 학생 수가 3만 7,000명을 넘어섰고 고용된 교사 수도 2,000명 이상이었다. 현재 멕시코에서도 이 과정을 응용한 파일럿 프로젝트가 전개되고 있는데, 남미 지역에서 민간 펀딩으로 지원한 교육 프로젝트들 중에서 아마도 가장 야심 찬 활동으로 간주되면서 환호받고 있다.

학교 교실을 위한 혁신적인 좌석 배치안을 디자인하는 일도 리디자인 사례의 하나로 꼽을 수 있다. 우리는 사무용 가구업체인 스틸케이스와 일하면서 비슷한 성격의 프로젝트를 맡은 적이 있다. 하지만 이노바 스쿨 프로젝트 정도나 되는 규모의 문제를 떠맡는 일은 스틸케이스의 문젯거리와 씨름하는 일과는 확연히 다른 기술과 사고방식을 필요로 했다. 페루 프로젝트에서 우리가 얻은 교훈은 통합된 전체 시스템 디자인의 가치가 엄청나다는 점이었다(이는 정말로 절대적인 중요성을 가진다). 다시 말해 가장 근본적인 차원에서 문제를 이해하고 가장 광범위한 맥락 안에 둔 다음, 그 문제를 해결하는 데 가장 필요한 전문 영역들(이 경우에는 건축과 커리큘럼 디자인, 그리고 행동과학이 해당됐다)을 동원하는 것을 말한다. 이노바 스쿨 프로젝트에서 끌어낸 핵심적인 통찰은 선글라스나 길가의 표지판, 전기 스쿠터 못지않게 학교 역시 엄연히 디자인의 대상이라는 점이다. 그리고 우리 시대가 낳은 다른 어떠한 문명의 산물과 마찬가지로 학교 역시 잘 디자인되었거나, 형편없이 디자인되었거나, 아니면 단순히 더는 별 관련성도 없는 문제에 대처하도록 디자인되었던 것일지도 모른다.

이노바 스쿨에서의 경험은 거의 필연적으로 "우리가 이런 일을 다시 해볼 수 있을까? 교육이 아닌 다른 분야에도 시도해볼 수 있을까?"라고 자문하도록 만들었다. 교육 분야는 아마도 과도기에 있는 문화의 수요를 가장 강력하게 보여주는 지표라고 볼 수 있을 것이다. 하지만 디자이너의 창조적인 개입을 기다리고 있는 이들, 디자이너 같은 사고를 하고자 하는 이들, 그리고 실제로 디자이너처럼 행동할 준비가 되어 있는 이들도 이미 아주 많다.

민주주의의 리디자인

딘 로건Dean Logan이 바로 그런 인물이다. 그는 로스앤젤레스 카운티의 기록원이자 서기라는 전혀 디자이너 같지 않은 직책을 맡고 있다. 자신의 업무영역에서 로건은 미국에서 가장 방대한, 그리고 아마도 인구통계학적으로 가장 복잡한 선거관할권을 관장하고 있다. 미국의 50개 주들 중에서 42개를 합친 것보다 더 규모가 큰 투표인구를 자랑하는, 그래서 업무적으로 지원해야 하는 언어 종류만 열 가지가 넘는 권역이다.

지난 2000년 대통령직이 구멍이 제대로 뚫리지 않은 펀치 카드 방식의 투표용지에 그 운명을 맡긴 듯한 상황이 벌어졌던 플로리다주의 선거 참사 직후, 미국 선거 시스템에 대한 신뢰는 역대 최저수준으로 떨어졌다. 이에 대한 대응 차원에서 미 의회는 'HAVA Help America Vote Act'라는 법안을 제정해 통과시켰다. 지방자치단체에서 각종 선거지원장비를 업그레이드할 수 있는 기금을 조성하도록 허용하는 법이었다. 로스앤젤레스의 상황을 점검하는 작업을 한 뒤 로건은 우리를 찾아와 단도직입적으로 물었다. "모든 유권자들에게 통하는 새로운 투표시스템을 만들 수 있을까요?" 민주주의를 다시 디자인한다고? 안 될 것도 없는 일이다! 과거에는 민주주의의 리디자인이라는 말을 50년 묵은 투표 기계를 다시 설계하는 일로 규정지어버렸을지도 모른다. 하지만 오늘날에는 다르다. 이제 디자이너들은 독립형 제품이 아니라 제품이 내장된 전체 시스템, 그러니까 소비자들의 행동과 뜻, 그리고 힘이 작용하는 복잡한 사회적 네트워크의 차원에서 사고하는 법을 배우고 있다. 실리콘밸리가 낳은 디자인 선구자로 인터랙션 디자인의 대가이자 우리의 멘토인 빌 모그리지가 얘기하곤 했듯이, 명사가 아니라 동사를 생각하는 법을 터득해나가고 있는 것이다(이를테면 '어떻게 더 나은 투표 기계를 디자인할 수 있을까?'가 아니라 '민주주의적 체험의 질을 끌어올리는 더 나은 방법은 무엇일까?'라는 질문을 하는 법을 배운다는 얘기다). 과거에 한 세기나 되는 세월에 걸쳐 디자이너들이 했던 것처럼 명사에 집중할 때는 더 좋은 칫솔, 더 편안한 책상용 의자, 더 조용한 에어컨 등 그저 점진적 혁신을 이루는 데만 초점을 맞춘 사고방식에 우리 자신을 가둬버리게 된다. 하지만 동사를 바탕으

로 사고할 때는 문제 자체의 틀 따위는 날려버리고 고약할 정도의
복잡한 특성들을 다 아우르는 방식으로 접근할 수 있다. 이런 접
근방식이야말로 언제나 진정한 혁신의 조건으로 자리매김해왔고
말이다.

결국 우리가 로스앤젤레스 카운티, 그리고 첨단기술 분석업체
인 디지털 파운드리 Digital Foundry 팀과의 협업으로 고안해낸 투표시
스템 디자인은 기계공학이나 소프트웨어 엔지니어링 분야만큼이
나 사회과학이나 행동과학 분야의 연구에 바탕을 둔 결과물이었
다. 복잡한 시스템에는 복잡한 이해관계자들이 자리하고 있기 마
련이고, 그런 상황에서는 각기 다른 이해관계자 집단들을 대표하
는 전문가들과 소통하는 일이 아주 중요하다는 점을 알 수 있었
다. 따라서 이 팀은 유권자들을 투표함으로 이끄는 동기가 무엇인
지, 혹은 거의 3분의 2에 해당하는 유권자가 투표장을 찾지 않게
만드는 동기는 무엇인지 이해하기 위해 실제로 그들을 관찰하고
얘기를 귀담아 듣고 사용자 테스트 세션을 진행하는 등의 작업에
엄청난 시간을 투자했다. 팀원들은 휠체어에 앉은 채로 투표장을
찾아야 하는 유권자들, 발달장애가 있는 유권자들, 그리고 시각장
애를 지닌 유권자들(스타 싱어송라이터인 스티비 원더Stevie Wonder도 새로운
투표시스템 모델 중 하나의 타당성을 입증하기 위한 작업에 참여했다)을 만났
다. 그들은 인부들이 카운티 전역의 투표지 4,800곳으로 갈 배달
트럭에 기계를 싣는 모습을 관찰했다. 안전, 프라이버시, 신뢰 같
은 무형의 요소들만이 아니라 물리적인 장애물들도 확인했고, 정

치와 입법, 그리고 규제를 둘러싼 염려스러운 환경을 다루는 법도 배웠다. 이 광범위한 연구를 바탕으로 프로젝트팀은 일련의 디자인 법칙들을 내놓은 다음 수십 개 프로토타입을 만들어 테스트를 실시했다. 그리고 결국에는 절대적인 중요성을 지닌 한 가지 철학에서 나온 운전모형을 만들어냈다. 그 철학이란 바로 '모두를 대상으로 한 하나의 기계'이다.

'프로젝트 VOX'는 과연 미국의 민주주의를 병들게 하는 해악들을 말끔히 해결할 수 있을 것인가? 그렇지는 않을 확률이 높아 보인다. 우리는 우리 자신을 야심만만하고 낙관적인 태도를 가진 일꾼으로 여기고 싶지만 그렇다고 해서 오만하거나 순진해 빠진 존재가 되고 싶지는 않다. 우리는 지금은 고인이 된 애플의 창업자 스티브 잡스가 스탠퍼드대학의 2005년 졸업반 학생들에게 한 연설에서 촉구했듯이 '우주에 충격을 가하려고' 여기에 있다. 그 충격의 강도가 얼마나 되겠냐고? 그 답은 2020년 미국 대선에 맞춰 3만 1,000대의 새로운 투표 기계가 선보일 때 알게 될 것이다.

도시의 리디자인

우리는 지난 30년에 걸쳐 세상에 내놓은 각종 제품과 기기들을 자랑스럽게 생각한다. 애플 마우스, 팜V 디지털 보조 장치, 제약기업 엘리 릴리 Eli Lilly를 위해 인명구조 장치로 개발한 인슐린 전달 시스템 등이 대표적이다. 우리는 의미 있는 결과물을 더 많이 내놓고 싶다. 그런데 우리가 감명받은 부분이 또 있다. 우리 회사의 포트폴리오와 더불어 이 생태계 안에 있는 우리 친구와 파트너 업체, 경쟁업체 등이 보유한 포트폴리오가 지난 10년 동안 어떤 식으로 확장을 거듭하면서 4차 산업혁명 시대의 수요를 충족시켜왔는지를 보고 느낀 감동이다. 이러한 성장을 이끌어온 동력은 지속적인 신기술의 등장과 오늘날의 '연결된 세계'의 끝없는 통합이다. 이는 하나의 물리적인 제품도 경험에서 나온 빙산의 일각일 뿐이라는 점에 대한 이해를 촉진시켰다. 심리적, 문화적, 환경적, 그리고 윤리적인 파급효과를 잔뜩 거느리고 있고 그 사이에 딱딱한 경계는 존재하지 않는, 그런 빙산 말이다.

주목할 만한 사례는 도시의 미래와 불가분의 관계에 있는 자동차의 미래에 관한 것이다. 많은 이들은 여전히 1세기 전의 사람들이 자동차를 상상했던 방식대로 '자율주행차'를 상상하고 있는 듯하다. 옛날엔 말 없이 굴러가는 마차를 생각했다면 오늘날엔 운전자 없이 굴러가는 자동차를 생각하는 것이다. 하지만 우리가 자동차의 역사에서 무엇인가를 배웠다면 여기서 이야기의 본질은 운송수단 자체가 아니라 그 수단이 우리 삶의 모든 측면에 영향을 끼친 방식에 있음을 알아야 한다. 미국인들의 일상에서 두드러졌던 교외의 성장을 비롯해 일반 도로와 고속도로, 주차장, 주유소, 자동차 대리점, 자동차 수리시설, 폐차장에 할당된 광활한 도시 인프라, 그리고 자동차문화와 미국에서만 연간 3만 5,000명에 이르는 고속도로 교통사고 사망자 수를 대수롭지 않게 받아들이는 상대적인 안일함 등을 말하는 것이다. 포드 같은 자동차기업들이 사고thinking의 범위를 '자동차automobiles'에서 '이동성mobility'으로 바꾸면서 디자이너들은 자동차라는 기계가 아니라 그 차가 해결하고자 하는 문제를 출발점으로 삼는 법을 배워나가고 있다. 그리고 이러한 변화는 우리로 하여금 그동안 늘 디자이너의 비밀 무기로 활용돼왔던 유형의 추측일 뿐인 실험을 시도하도록 만들었다.

하나의 디자이너 그룹이 어떠한 문제에 열정적인 관심을 갖게 될 때면 그들이 그 문제를 연구할 수 있도록 자원을 따로 배정하고, 관점을 개발한 다음, 물리적인 것이나 디지털 혹은 체험(실험)에 바탕한 프로토타입을 만들어보는 게 맞다. 그 결과물은 세상에 내보내 잠재적으로 관심을 보일 만한 파트너들과 대화를 시도해보는 데 활용될 수 있다. 실제로 우리는 이동성mobility에 대해 연구하는 활동의 차원에서 그러한 프로젝트 하나를 수행한 적이 있었는데, 그 팀 구성원들은 앞으로 다가올 '운전자 없는 차량의 시대'에 특별히 맞춰진 이들이었다. 이 팀은 '자동차에 의한 이동성의 미래Future of Automobility'라는 코드명을 가진 프로젝트를 진행하면서 자율주행차의 근간이 되는 기술(현실적으로 가능할 것으로 기대되는 기술과 그렇지 않은 기술)을 파악하기 위해 나섰다. 그런 다음 가능성의 영역에 속하는 다양한 시나리오들을 개발했다. 네 장의 디지털 '챕터'에서 그들은 조만간 다가올 미래에 오늘날 자동차가 갖춘 사양들 중에서 가장 위험하고 신뢰할 수 없는 요소를 제거하는 일이 가능해진다면 어떻게 사람과 사물과 공간을 이동시키며 또 우리가 함께 이동할 수 있을지를 탐색해봤다.

자동차에 의한 이동성은 영화 〈배트맨〉 시리즈에서 배트맨이 타고 다니는 '배트모빌'의 스타일링을 미래지향적으로 근사하게 한다거나 차세대를 호령할 기술을 발명한다거나 하는 일이 아니다. 그런 작업은 전자의 경우 공상과학소설을 쓰는 작가, 후자의 경우 실험실의 과학자가 떠맡는 과제이다. 디자이너로서 우리는 가까운 미래에 직면하게 될 가능성이 높은 상황을 예측하고 새롭게 떠오르는 기술을 너무 늦기 전에 어떻게 통제할지 고민하는 것이 본연의 역할이라고 여긴다. 새롭게 부각된 기술에 무조건 적응하도록 강요받는 상황이 오기 전에. (마땅히 그래야 하는) 그 반대의 상황이 아니라 말이다. 미국인이 평균적으로 해마다 교통체증 때문에 길거리에서 허비하는 48시간을 어떻게 생산적인 시간으로 변모시킬 수 있을까? 어떻게 하면 우리 지역에 있는 상품과 서비스를 가장 효율적인 방식으로 이동시킬 수 있을까? 기존의 도시 인프라를 활용해 휴대용 기기로 디지털 사무실을 불러오고 미팅이 진행되는 동안에는 그 기기를 도킹 스테이션에 연결할 수 있는 방법은 무엇일까? 또 어떻게 하면 각각의 승객이 자신만의 맞춤형 예약 좌석을 배정받아 신문이나 책을 읽거나 졸음에 빠지거나, 아니면 누구도 듣기를 원치 않는 음악을 남몰래 들으면서 혼자 즐길 수 있는 매일 아침의 출근길 풍경을 공유하는 일이 가능할까? 이것은 레이저를 이용한 거리측정 센서기술인 LIDAR(자율주행 자동차의 핵심기술로 꼽는다)나 초음파 근접각 센서, 고도계, 자이로스코프

(항공기, 선박 등의 평형상태를 측정하는 데 사용하는 기구) 같은 기술을 활성화시키는 차원의 문제가 아니다. 이동성이라는 개념 자체를 규정짓는 문제이다.

인공지능
리디자인

　　세상사는 '좋든지 나쁘든지'의 문제라고들 한다. 그리고 디자이너로서 우리의 할 일은 '더 좋은 것'을 실현하는 것이다. 놀라운 수준으로 빨라진 기술변화의 속도는 현 시대를 잘 드러내는 특징이다. 10년 전까지만 해도 인공지능은 1980년대, 심지어 1960년대, 그러니까 스탠퍼드대와 MIT, 그리고 당시 CIT Carnegie Institute of Technology라 불렸던 카네기멜론대학 소속의 과학자들 몇 명이 스스로 학습할 수 있는 기계의 가능성을 막 파고들기 시작했던 시대의 꿈에 불과했다. 또는 로봇 개발업체 보스턴 다이내믹스에서 개발 중인 휴머노이드 로봇으로 뒤로 공중제비까지 넘는 로봇 '아틀라스Atlas'와 스탠퍼드연구소Stanford Research Institute에서 선보였던 '셰이키 더 로봇Shakey the Robot'의 불안정한 걸음을 비교해보면 두 시기 사이의 간극을 더 제대로 인식할 수 있을 것이다. 오늘날 인공지능과 로봇공학은 엄연한 현실이다. 첨단기술의 현실은 안면 인식 소프트웨어와 몸짓과 대화를 인식하는 인터페이스, 추론 기능까지 갖춘 첨단기술로 가득 차 있다. 하지만 그 실질적인 영향력을 가늠하고 다루는 문제는 간신히 시작한 단계이다. 디자인은 항상 기술을 인간의 요구에 알맞게 만드는, 즉 접근성을 높이고, 알기 쉽게 만들며, 심지어 즐길 수 있도록 만드는 과업을 맡아왔다. 그리고 이제 그러한 일의 중요성은 그 어느 때보다 크고 절박해진 상황이다.

증기기관의 발명으로 도래한 제1의 기계시대에는 디자이너들이 예술을 산업용 물품에 적용시키기 위해 애쓰는 식으로 상품의 대량생산이라는 흐름에 대응했다. 산업디자인이라는 전문적인 업무가 형태를 갖춘 건 점진적으로 일어난 일이다. 이와 유사하게, 대중매체의 지면을 아름답게 장식하는 일을 추구했던 상업적인 아티스트의 자리는 숙련된 그래픽디자이너가 대체했다. 컴퓨터와 디지털 제품들의 출현은 또 다른 탄생을 유도했는데, 바로 프린트 레이아웃과 컴퓨터 사이언스의 '강제 동거'로부터 나온 영역인 인터랙션 디자인이었다. 인간중심적인 디자인의 원칙을 인공지능이나 스마트 머신, 빅데이터 같은 첨단기술과의 생산적인 동맹에 반영한다는 건 어떤 의미를 가지게 될까? 쌍방 다 의심쩍은 파트너들이 마지못해 하는 짝짓기가 아니라 완전히 새로운 디자인의 한 분야로서 말이다.

1960년대로 돌아가 보면 당시 컴퓨터 분야의 선구자였던 더글러스 엥겔바트Douglas Engelbart(컴퓨터용 마우스를 발명하는 등의 혁신으로 디지털 문화에 한 획을 그은 인물) 박사는 스탠퍼드연구소의 전신이라 할 수 있는 증강연구센터 ARC, Augmentation Research Center를 세웠는데, 그 연구소의 목표는 기계를 만드는 게 아니라 인간의 지능을 '증강'

시키는 것이었다. 그리고 1968년 '모든 데모의 어머니the mother of all demos'라 평가받는 역사적인 기술 시연회에서 그 실체가 어떠할지 가늠해볼 수 있는 연구 결과를 세상에 처음으로 공개했다. 그로부터 반 세기가 흐른 뒤 IDEO는 엥겔바트의 사례에서 영감을 받아 시카고 소재의 데이터 사이언스 전문업체 데이터스코프Datascope를 공식적으로 인수했다. 우리는 함께 D4AI, 정확히 말하면 'Design for Augmented Intelligence'라는 새로운 업무 활동을 개시했다. 휴대전화, 자동차, 의복, 의약품, 서비스 등의 영역에서 정말로 똑똑한 차세대 스마트 기기들은 앞으로 역동적이고, 유연하며, 일상생활의 리듬에 잘 맞추는 방식으로 사용자들과 관계를 맺어나갈 수 있어야 한다. 이는 엄청난 단위로 솔루션을 실행하는 데이터 엔지니어나 새로운 통계모델을 연구하는 데이터 사이언티스트를 거론할 문제가 아니다. 우리가 여기서 말하는 대상은 진정으로 인간중심적인 인공지능, 다시 말해 인공적으로 느껴지지 않는 인공지능을 만들어내기 위해 데이터와 알고리즘을 다루는 법을 반드시 배워야 하는 데이터 디자이너이다.

인간의 생과 사를 아우르는 리디자인

무어의 법칙에 대해 모르는 사람은 거의 없을 것이다. 컴퓨팅의 비용이 12~18개월 정도의 주기마다 반값으로 떨어질 것이라는(반도체 집적회로의 성능이 두 배로 향상된다는) 정확한 예측을 한 유명한 이론이다. 그보다 덜 알려진 법칙으로 칼슨의 곡선Carlson Curve이란 게 있다. 이 곡선은 인간 DNA의 염기base가 어떤 순서로 늘어서 있는지 분석해주는 '게놈 시퀀싱genome sequencing'의 염기당 기본 가격을 차트 형태로 보여준다. 국제컨소시엄으로 진행됐던 인간게놈프로젝트HGP, Human Genome Project가 종료된 2001년 무렵의 가격이 무려 1억 달러 수준이었다. 우리는 모든 중학생들이 배낭 속에 미국항공우주국NASA이 세 명의 우주인을 달에 보냈을 당시의 프로세싱 성능을 뛰어넘고 인터넷 접속도 가능한 컴퓨터를 넣고 다니는 수준으로까지 컴퓨터 분야의 비용이 곤두박질쳤을 때 어떤 일이 발생했는지 알고 있다. 이제 유전학도 그에 맞먹는 잠재적 영향력을 지닌 채 똑같은 궤도를 따르고 있음을 보여주는 징후가 많다. 실험실의 시연용 제품에서 산업용 기기로, 그리고 나중에는 일반적인 소비자 시장으로 이동하는 궤도를 밟고 있는 것이다.

컴퓨터라는 발명품이 은행, 항공, 군대의 뒷방에서부터 베이비부머 세대의 데스크톱 PC, X세대의 노트북 PC, 그리고 밀레니얼 세대의 팜톱 같은 기기들로 그 사용처를 옮겨온 것처럼, 유전 정보를 다루는 소비자 애플리케이션도 극적인 상승세를 타고 있다. 미국 생명공학기업 23앤드미23 and Me는 2007년부터 DNA 테스트 킷을 제공해왔는데, 지난 5년 사이에 그 가격이 90퍼센트나 떨어졌다. 2018년도 CES(해마다 미국 라스베이거스에서 열리는 글로벌 IT 행사)에서 그러한 조짐이 보였다면, 우리 조상부터 자손, 그 사이를 잇는 모든 혈통의 계보에 대한 정보를 제공하려고 준비 중인 스타트업들이 수백 개는 나와 있었다는 사실을 주목할 만하다. 미국 캘리포니아 오클랜드에 있는 바이오테크 중심지의 가장자리에 위치한 해빗Habit이라는 업체는 유전적으로 권장할 만한 식이요법을 위해 몇 방울의 혈액, 뺨 안쪽에서 채취한 DNA 샘플, 그리고 신진대사에 대한 기초정보를 거래할 계획이다(그 결과를 담은 식단표를 고객의 집에 배달할 예정이다). 〈내셔널 지오그래픽〉은 구독자들에게 호모 사피엔스의 친척 인류로 통하는 네안데르탈인과 연결해주는 '지노 2.0 Geno 2.0'이라는 앱을 69.95달러에 휴대폰으로 편리하게 내려받을 수 있는 서비스를 제공하고 있다. '소비자의 DNA'라는 멋진 신세계를 마음껏 누비는 비전문가 대중이 흔한 풍경은 어떤가?

우리는 이 질문을 실제로 탐색해볼 기회를 얻었다. 실리콘 밸리에는 유전학 분야에서 떠오르고 있는 이 새로운 소비자 시장으로 몰려드는 스타트업 수가 갈수록 증가하고 있는데, 그중 하나인 헬릭스Helix가 우리를 찾아왔을 때였다. 비록 지난 10여 년 동안 주목할 만한 움직임이 보였던 건 맞지만 윤리적인 이슈들, 골칫거리가 많은 규제환경, 그리고 그런 제품들을 잠재적으로 적용하는 데 따른 문제 등은 극복해야 할 미지의 영역이다. 기술이 빠른 속도로 무르익어가고 투자 커뮤니티는 한 걸음 앞으로 나서면서 우호적인 환경이 조성됐다. 그러나 사람들이 자신의 유전자 데이터를 어떻게 사용할지는 덜 확실한 부분이다.

이 질문에 대한 답을 찾기 위해 우리는 민속지학 전문가, 데이터 사이언티스트, 디자이너 등으로 구성된 팀을 조직해 현장에 내보냈고, 이들은 미국 전역에 있는 다양한 지역에서 1,000명 정도 되는 규모의 샘플집단을 대상으로 조사를 실시했다. 신제품을 파악하는 데는 누구보다 잽싼 얼리어답터, 자신의 몸을 숫자로 측정하는 '자기수량화'에 열심인 셀퍼selfer들, 그리고 호기심 충만한 초보자들이 그 대상이었다. 이 조사를 통해 우리는 다른 수많은 프로젝트에서 얻은 몇 가지 중요한 교훈을 다시 한 번 확인할수 있었다. 사람들은 단순히 정보만 얻기를 원하지는 않고(요즘에는 그 누구라도 감당하기 어려울 정도로 많은 양의 정보가 있는데도 말이다), 의미와 적절한 관련성이 있는 정보를 원하며, 실제로 활용할 수 있는 정보를 원한다는 사실이다. "실행에 옮길 수 있는 정보를 주세요." 한 응답자는 이렇게 딱부러지게 말했다. "유용한 조언과 구체적인 실행계획, 앱(응용 프로그램), 도구를 제공해주세요." 또 다른 응답자의 요청사항이다. "정보란 실제로 사용하기 전까지는 그저 공기처럼 널려 있는 거잖아요." 이 같은 반응 덕에 우리는 한 묶음의 주제를 찾을 수 있었는데, 이 주제들은 다시 하나의 브랜드 전략에 영향을 끼친 일련의 디자인 방침으로 거듭났다. 80달러(20억 달러가 아니라)의 일회성 비용을 받고 헬릭스는 고객을 위한 게놈 시퀀싱 작업을 한 다음 그 고객이 혈통, 가족, 피트니스, 건강, 영양, 그리고 엔터테인먼트까지 아우르는(그렇다, 자신들의 염기 배열순서가 'A-G-T' 식으로 찍혀 있는 토트백에도 돈을 지불할 사람들이 분명히 있기 마련이다) 다양한 영역에서 DNA 기반의 정보가 있는 온라인상의 앱스토어를 방문하게 할 것이다. 누워서 떡 먹기처럼 쉬운 일이다.

우리의 DNA는 태어날 때 주어진 불가피한 것이다. 그러나 생애주기의 마지막 단계에서 불거지는 의문점은 더 당혹스럽기 마련이다. 우리 모두가 게놈 시퀀싱 작업을 하고, 운전자가 없는 차를 타고, 미국 대선에서 투표권을 행사하거나 페루에 있는 학교를 다니기로 결정하지는 않을 것이다. 하지만 우리 모두는, 한 명도 빠짐없이, 인생의 어떤 시점에서 이 세상을 떠날 수밖에 없다. 그렇다면 이 불가피하고 보편적인 불변의 진리가 반드시 두려움과 불길한 예감의 원천이 되어야만 하는 것일까?

사실 그리 멀지 않은 과거에만 해도 헤어드라이어와 전기식 자동 연필깎기를 디자인하느라 바쁜 나날을 보내면서도 만족해했던 디자이너들이 이제는 그처럼 심오한 문제들을 붙들고 씨름하고 있다는 사실이 좀처럼 믿어지지 않는다. 하지만 그것이 바로 현재 펼쳐지고 있는 풍경이다. '오픈 IDEO'라는, IDEO에서 운영하는 오픈 소스 기반의 개방형 혁신open innovation 플랫폼이 있다. 우리는 이 플랫폼을 통해 거의 100곳에 이르는 세계 도시들의 시민 디자이너 10만 명을 결집시킨 자원봉사 커뮤니티를 만들었는데, 이들은 실제로 그처럼 심도 있는 문제들을 해결하는 데 집단지성을 발휘하고 있다. 음식쓰레기, 대량 투옥(범죄예방 차원에서 범법자를 되도록 많이 잡아들여 되도록 오래 감옥 안에 가두는 게 좋다는 이론으로 1970년대 이후로 미국 형법의 핵심 원칙으로 자리잡았다), 세계 각지의 난민 캠프에서 고통에 시들어가고 있는 3,300만 명의 아이들에게 교육용 자료를 제공하는 일 등이다. 우리는 모든 고약한 문제들 중에도 최대 난제를 해결하는 임무를 디자인이 맡을 시대가 도래했다고 생각했다. 우리 자신과 우리가 사랑하는 이들을 위해 생의 마무리를 수놓는 경험을 어떻게 다시 구상할 수 있을까? 어떻게 죽음에 대해 다른 방식의 사고를 할 수 있을까?

오픈 IDEO 소속의 팀은 서터헬스Sutter Health 병원과 헬릭스재단의 후원, 그리고 의료, 법률, 종교 분야의 전문가들로 구성된 자문회의 든든한 지원에 힘입어 '임종 체험'에 관한 디자인 과제를 만드는 한편 매개변수를 설정하고 구체적인 목표와 목적을 세웠다. 생의 마지막 경험을 희망적이고 뜻깊게 만들기 위해 죽는다는 경험을 재해석하기, 유서 깊은 문화적 전통을 영예롭게 기리고 그로부터 배우기, 뚜렷한 연관성이 없었을지도 모르지만 그렇기 때문에 필수적인 통찰력과 자원을 선사해줄 수도 있는 사람이나 단체, 전문가들과 파트너십을 맺어보기 같은 목표들이다. 인간중심적이고 누구나 공감할 수 있는 방식으로 인간의 조건을 향상시키는 일에서 동기를 부여받는 디자인 씽킹 전문가로서 우리는 어떻게 이 금기시되는 주제 위에 드리운 어두운 장막을 벗겨낼 수 있을까?

미래의 리디자인

지금쯤은 디자인이 새로운 시대에 접어들었다는 점이 누구에게나 명확하게 느껴지리라 본다. 우리 삶을 관통한 지각

변동으로 더 이상은 낡은 규칙이 통하지 않는 그런 시대 말이다. 우리는 쓸모없고 하찮은 제품을 만들어낼 정도로 자기 자신과 타협을 한다. 또 신기술의 등장으로 인한 도전과제를 제대로 대처하지 못하는 경우에는 사회와 타협을 한다. '지속가능한 지구'라는 내의를 희생하고 당장 눈앞에 보이는 이익에 얽매이고 말 때 우리는 미래에 대한 타협을 하는 것이다. 디자이너들과 디자인 씽킹을 하는 이들이 2012년 이래 '순환경제'라는 흐름에 초점을 맞추기 시작한 것은 그처럼 보다 폭넓은 관점을 지지하는 행보라 볼 수 있다.

현대세계는 인류의 자원이 무궁무진하고 고갈되지 않을 것이라는 가정을 전제로 만들어졌다. 그 어느 누가 언젠가는 기름이 한 방울도 남지 않게 될 것이라고 상상이나 했겠는가? 혹은 울창한 산림이나 물고기, 또는 갈수록 더해가는 물질적인 풍요로움이 낳은 부산물을 처리할 공간이 남아나지 않을 것이라는 상상을 누가 했겠는가? 하지만 그처럼 안타까운 풍경이 바로 우리가 지금 처한, 모든 변화의 지점에서 맞닥뜨리게 되는 곤경의 실체이다. 그런데 그런 한계에 직면해서도 자원이 순환되지 않고 광산이나 채석장, 석유 굴착 장치에서 시작해 쓰레기 매립지에서 끝나는 선형경제의 굴레에 갇히는 상황이다.

산업 시스템이 복원력과 재생력을 갖추도록 리디자인 작업을 할 수 있는 능력, 폐기물을 차세대 산업을 위한 자양분으로 탈바꿈시키는 능력, 그리고 제품의 라이프사이클에는 반드시 시작과

중간, 마지막 지점이 포함되어야 함을 다시 생각해볼 수 있는 능력은 우리 세대에 대해 판단을 내릴 잣대가 될 것이다. 이건 강력한 목소리를 내려는 것이지 도덕적인 얘기는 아니다. 그와는 정반대로, 순환경제의 미학은 이타심과 기회, 양심과 상업성 사이에서 하나를 택하도록 요구하지 않는다는 데 있다. 우리는 기업들이 그 원칙을 수용함으로써 더 많은 돈을 벌어들이고, 재료에 드는 비용을 줄이며, 보유자산을 더 잘 활용하고 고객들과 보다 강력한 유대관계를 창출할 수 있다고 믿는다. 우리 삶의 터전인 지구와 지구인들을 더 잘 보살피면서 말이다.

이는 예전만 해도 현대경제의 친환경적 수익구조에 대해 목소리를 내온 소수 환경운동가들의 주장에 불과했던 게 사실이다. 하지만 이제 재활용 기술을 통해 자원을 지속 활용하는 순환경제로의 전환은 유럽연합이 공식 선언한 목표이며, 중국의 열한 번째 5개년 개발계획에 담긴 국가정책으로 공표되기도 했다. 또 세계의 저명한 인사들이 모이는 모든 핵심적인 행사 중에서도 가장 주류라고 할 수 있는 세계경제포럼에서도 논의의 중점사항으로 다뤄져왔다. 그리고 점점 더 많은 기업들이 이 흐름에 동참하면서 실천에 앞장서겠다고 약속했는데, 그 명단에는 애플, 필립스, 스틸케이스, 로레알 등 글로벌 기업들도 포함되어 있다.

2017년 IDEO는 악순환의 고리를 끊어내기를 바라지만 어떻게 시작할지 잘 모르는 기업들을 위한 실용적인 로드맵을 만들어내겠다는 목적에서 엘렌맥아더재단Ellen MacArthur Foundation과 협업 관계를 맺었다. 우리는 온라인상에서(그리고 무료로) 볼 수 있는 '순환경제 가이드Circular Economy Guide'를 통해 복원과 재생이 가능하고, 새로운 가치를 창출해낼 수 있으며, 장기적인 차원의 경제적 번영과 생태적 안정을 불러올 수 있는, 게다가 수익성도 갖춘 비즈니스 모델을 추구하는 최근의 움직임에 산업계 리더들을 끌어들이기 시작했다. 도덕적 훈계를 하는 데 치우쳤던 이전 세대와 다르게(물론 그러한 훈계 없이는 지금의 수준에 도달하지 못했겠지만) 우리는 이제 이 중대한 계획을 위해 구체적이고 실용적인 방안을 제안할 수 있게 됐다. 프로토타입으로 만들고, 파일럿 프로젝트를 진행하며, 얼마든지 조정도 가능한 24개의 방안들이다.

디자인 자체를
리디자인하다

100년이 넘는 역사를 거치는 동안 디자인의 여정은 위대한 역사학자 아놀드 토인비Arnold Toynbee가 말했던 '지긋지긋한 일의 반복one damn thing after another'처럼 답습이 아니라 끝없는 경계의 확장으로 수놓여왔다. 예전에는 디자이너들이 알람시계, 상점 인테리어, 책 표지 같은 데 기량을 발휘해달라는 요구를 받았지만, 오늘날에는 질문의 틀을 다시 짜고 보다 폭넓게 사고하는 법을 배우고 있다. 이를테면 우리가 원하는 바가 자동차인지, 아니면 교통문제인지? 기능이 개선된 투표 기계인지 아니면 풍부한 민주적 경험을 누리게 하는 것인지? 더 나은 교실

113장

용 가구인지 우리 세대의 아이들을 앞날의 문제들에 대비하도록
준비시키는 교육에 초점을 맞추는 것인지? 그리고 인공지능, 합성
생물학, 스마트 재료, 우주여행 같은 비현실적인 단어들이 우리 눈
앞에 현실로 펼쳐지고 있는 상황에서 과연 어느 방향으로 에너지
를 집중시켜야 하는지의 문제도 있다. 우리는 피자를 뒤집어주는
로봇을 필요로 하는가, 아니면 안전하고 공평하고 접근 가능한 인
터넷을 필요로 하는가? 요가 수업에 늦었다고 알려주는 앱이 필요
한가, 아니면 소아비만, 미성년자(10대) 임신, 말기의 노인 환자 완
화치료 같은 문제를 해결하는 데 집단 지성을 이끌어내는 수단이
더 필요한가? 바로 이런 식의 질문들을 끝없이 던질 수 있다.

　핀란드 출신으로 미국을 주무대로 활약했던 저명한 디자이너
이자 건축가 에로 사리넨Eero Saarinen은 부친이 했던 조언을 회상한
적이 있다. "무엇인가를 디자인할 때는 항상 그 다음으로 큰 맥락
을 고려하거라. 방 안에 있는 의자, 집 안에 있는 방, 어떤 환경에
속한 집, 도시계획 속의 환경, 이런 식으로 말이다." 에로 사리넨의
부친으로 역시 뛰어난 건축가였던 엘리엘 사리넨Eliel Saarinen의 지
혜로운 가르침은 예언이나 다름없음이 입증됐다. 그의 말은 바로
디자인이 성취하고자 무던히 애써온 지향점이라고 할 수 있으니
말이다. 그건 복잡한 상호접속망 안에 있는 가장 보잘것없는 것조
차도 인식하고, 그런 미약한 문제를 최대한 많이 인식하고 설명하
는 것이야말로 '완전한 숙달'의 경지에 이르렀음을 나타내는 표식
임을 깨닫는 일이다.

그 경계가 자꾸 넓어짐에 따라, 그리고 엘리엘 사리넨이 말했던 '그 다음으로 큰 맥락'이 우주를 향해 뻗어가기도 하고 인간 게놈 속으로 파고들기도 하면서 우리는 디자인을 하나의 '플랫폼', 다시 말해 많은 조직들이 들어설 수 있는 토대로 여기는 법을 배워가고 있다. 그중에는 IDEO.org 같은 비영리단체, 디자인 스튜디오 D-Rev에 속한 우리의 업계 동료들, 또는 디자인 댓 매터스Design that Matters 같은 사회적기업 등 자신들의 전문 영역을 지구촌 빈민 문제까지 확대하기 위해 존재하는 조직들이 있다. 또 노스웨스턴대학의 '디자인 포 아메리카Design for America', 스탠퍼드대학의 '최고의 적정성을 위한 기업가적 디자인Design for Extreme Affordability' 과정 같은 학문적인 프로그램들은 경제적 격차와 사회적 불평등의 문제들을 잘 다룰 수 있도록 차세대 디자이너들을 대비시키고 있다. 디자인은 '현재진행형'의 성격을 지닌 일이다. 점점 더 복잡해져만 가는 이 세계의 난제들에 맞서도록 해줄 도구들을 날카롭게 만드는 과정에서 끊임없이 펼쳐지는 실험의 여정이다.

IDEO 공동 창업자인 데이비드 켈리는 지난 40여 년에 걸쳐 우리가 맡아온 수천 가지 프로젝트들 중에서 가장 아끼는 프로젝트가 무엇이냐는 질문을 받았다. 한순간도 망설이지 않고 그는 답했다. '다음에 할 프로젝트the next one'라고. 데이비드 켈리의 이러한 마음가짐은 잠재적으로 가장 귀중한 자산들을 인간사회로부터 빼앗아가버리는 수없이 많은 문제들, 예컨대 빈곤이나 기후변화, 테러, 차별 같은 난제들을 바라보면서 우리가 느끼는 방식과도 상당히 닮았다. 누가 생각이나 했겠는가? 최초의 산업디자이너들이 간판을 내걸었을 때, 최초의 그래픽디자이너가 인쇄된 페이지를 펼쳤을 때, 또 첫 세대 디지털디자이너들이 인터넷의 풀리지 않는 미스터리를 붙잡고 씨름할 때, 비정통적인 방식의 교육과 기존 체제에 반하는 실행방식을 자주 택한 덕분에 미래의 어느 시점에는 그런 문제들을 다루는 데 중대한 역할을 하게 되리라는 것을 말이다.

하지만 바로 그런 일이 실제로 벌어졌고, 이제 우리는 그중에서도 가장 큰 도전과제에 직면해 있다. 그건 바로 디자인 자체를 리디자인하는 일이다.

맺는말
———
새로운 디자인 씽커를 기다리며

나는 디자인 씽킹이라는 개념은 말할 것도 없고 디자인이란 전
문적인 직업 영역이 존재하기 이전의 시대를 살다 간 나의 영웅
에 대한 이야기로 이 책을 시작했다. 바로 빅토리아 시대의 위대
한 엔지니어 이점버드 킹덤 브루넬이다. 산업혁명 시대를 거치면
서 온갖 종류의 도전과제들이 인간 삶의 구석구석으로 퍼져나가
자 브루넬의 깃발을 이어받은 대담한 혁신가들이 출현했다. 이들
은 나의 사고체계에 지대한 영향을 주었듯이 세상의 새로운 틀을
만들었다. 그중엔 이 책을 통해 소개된 디자인 씽커들도 많다. 윌
리엄 모리스, 프랭크 로이드 라이트, 레이먼드 로위, 찰스 임스와
레이 임스 부부 등이 바로 그 주인공들이다.

그들이 공통적으로 지녔던 자산은 낙관주의, 실험주의에 대한
열린 자세, 스토리텔링에 대한 열정과 사랑, 협력의 필요성에 대
한 인식, 손으로 사고할 줄 아는 본능이다. 다시 말해 거장이 지닌
단순함의 미학을 바탕으로 복잡다단한 아이디어를 구축하고 프로

토타입으로 시각화시킬 수 있으며, 세상과 소통할 줄 아는 능력을 말한다. 이들은 단지 디자인을 '한' 게 아니라 디자인을 삶으로 '살아낸' 것이다.

나는 이처럼 위대한 사고체계를 지닌 디자인 씽커들에게 진심으로 깊이 감사하는 마음을 품고 있다. 하지만 이들은 흔히 커피 탁자 위에 놓인 책에 묘사돼 있듯이 현대 디자인의 '아이콘'이니 '거장'이니 '선구자'니 하는 존재로 여겨져서는 안 된다. 이들은 미니멀리스트도 아니었고 비전을 전수받은 소수의 선택된 디자인 엘리트도 아니었다. 전위예술가처럼 검정색 터틀넥 스웨터만을 입지도 않았다. 이들은 사고와 행동의 간극을 메울 수 있는 창의적인 혁신가였다.

그것은 더 나은 삶과 더 나은 세상을 만들겠다는 목표에 헌신적으로 매진했기 때문에 가능한 일이었다. 우리는 이러한 헌신을 본받아 새로운 가능성의 세계를 탐험하고 선택의 폭을 넓혀야 한다. 또한 참신한 해결책을 세상에 내놓을 수 있는 수단으로서 디자인 씽킹이 지닌 힘을 신뢰해야 한다. 그 과정에서 우리는 보다 건강한 사회를 만들어나가며, 수익성이 뛰어난 사업을 운영할 뿐만 아니라 삶을 더욱더 풍요롭고 영향력 있게, 또 의미 있게 꾸려나 갈 수 있다.

팀 브라운 Tim Brown

세계적인 아이디어 제국 IDEO의 CEO이다. 애플의 최초 마우스와 PDA 시장을 새롭게 개척한 팜V, 자전거 정수기 아쿠아덕트를 개발한 세계적인 디자인 기업! 인류학을 전공한 엔지니어, 심리학에 심취한 건축가, MBA 학위를 취득한 디자이너 같은 T자형 인재가 일하는 곳, 그곳이 바로 세계에서 가장 혁신적인 컨설팅 기업 IDEO이다.

2000년 CEO에 취임한 후 IDEO를 세계적 컨설팅 기업으로 성장시킨 그는 〈하버드비즈니스리뷰HBR〉를 통해 디자인을 혁신적 경영 전략의 제1조건으로 내세웠다. 그가 내세운 '디자인 씽킹Design Thinking'을 통한 경영 혁신 전략'은 전 세계 CEO에게 큰 반향을 불러일으켰고, 수많은 전략기획자들은 디자인 씽킹에 주목하기 시작했다. 그리고 빠르게 변화하는 소비자의 욕망을 리드하고, 기업의 지속적 성장을 위해 IDEO의 디자인 씽커가 그들과 함께 해줄 것을 요구했다.

팀 브라운은 이 책을 통해 기업의 성장과 혁신을 위한 도구로서의 '디자인 씽킹'을 명쾌하게 정의하고, 미래 글로벌 리딩 기업이 되기 위한 강력한 해법을 제시한다. 그는 현재 〈포춘〉 100대 기업의 중역과 이사회 멤버들에게 자문역을 맡고 있으며 마이크로소프트, 펩시, P&G, 스틸케이스, 노키아 등 글로벌 기업들과 전략적 관계를 유지하고 있다.

옮긴이 고성연

'경계'를 넘나드는 융합형 콘텐츠 크리에이터. 디자인, 아트, 식문화, 여행, 디지털 트렌드까지 다채로운 라이프스타일 콘텐츠를 다루는 저널리스트. 〈한국경제신문〉에서 국제부, 증권부, 산업부 IT팀에서 7년 동안 기자로 일하다가 2008년 '창의산업creative industries'을 대표하는 도시 런던으로 떠났다. 임페리얼 대학교에서 디자인 씽킹에 초점을 둔 경영학석사MBA 과정을 밟으면서 IDEO의 CEO인 팀 브라운을 비롯해 폴 스미스, 제임스 다이슨 등 세계적인 크리에이티브 리더들을 인터뷰했다. 2014년부터 세계적인 경영지 〈하버드비즈니스리뷰〉 한국판의 에디터로 3년간 일했고, 현재 〈조선일보〉 섹션 잡지 〈스타일 조선〉 피처 디렉터이자 '아트+컬처' 총괄 디렉터, 서비스 디자인 컨설턴트 등으로 다방면에서 활동하고 있다. 〈영국의 크리에이터에게 묻다: 좀 재미있게 살 수 없을까〉〈CJ의 생각〉 등을 저술했으며 옮긴 책으로 〈스타 비즈니스 법칙〉〈세계를 무대로 투자지도를 그려라〉〈대붕괴 신질서〉(공역) 등이 있다.

디자인 씽킹의 마인드맵

서비스로의 이동

규모가 큰 시스템
차원의 프로젝트

지속 가능성

새로운 사회?

조직의 변혁

디자인 씽킹의
혁신적 물결

디자인 씽킹,
기업의 심장을 파고 들다

디자인 씽킹을
기반으로 혁신
포트폴리오 꾸려나가기

혁신에 대한
체계적 접근 방식

흥미로운 스토리텔링의 힘

스토리텔링의
중요성

4차원의 디자인

체험의 디자인

디자인 씽킹과
마케팅

체험담

아이디어가 떠오르
즉시
실행에 옮겨라

소비

참여

손으로 사고하기

체험의 공학

프로토타입이란

체험문화의 구축

적극적인
프로토타입 제작

조직을 위한
프로토타입 만들기